Thomas Hecken
Avantgarde und Terrorismus

Thomas Hecken (Dr. phil.) ist Privatdozent für Deutsche Philologie an der Ruhr-Universität Bochum. Letzte Veröffentlichungen: »Gegenkultur und Avantgarde 1950-1970. Situationisten, Beatniks, 68er«, Tübingen 2006; »Witz als Metapher. Der Witz-Begriff in der Poetik und Literaturkritik des 18. Jahrhunderts«, Tübingen 2005.

Thomas Hecken

Avantgarde und Terrorismus

Rhetorik der Intensität und Programme der Revolte
von den Futuristen bis zur RAF

[transcript] X T E X T E

Bibliografische Information der Deutschen Bibliothek
Die Deutsche Bibliothek verzeichnet diese Publikation in der Deutschen Nationalbibliografie; detaillierte bibliografische Daten sind im Internet über http://dnb.ddb.de abrufbar.

Umschlaggestaltung und Innenlayout: Kordula Röckenhaus, Bielefeld
Coverabbildung: »Rien ne va plus« von HP ZIMMER, 1967. Öl a. Leinwand, 180 x 150 cm. 1971 teilweise ausgepolstert. © VG Bild-Kunst, Bonn 2006.
Projektmanagement: Andreas Hüllinghorst, Bielefeld
Satz: Justine Haida, Bielefeld
Druck: Majuskel Medienproduktion GmbH, Wetzlar
ISBN 3-89942-500-6

Gedruckt auf alterungsbeständigem Papier mit chlorfrei gebleichtem Zellstoff.

Besuchen Sie uns im Internet: *http://www.transcript-verlag.de*

Bitte fordern Sie unser Gesamtverzeichnis und andere Broschüren an unter: *info@transcript-verlag.de*

Inhalt

Einleitung

Möglichen Verbindungen nachzugehen, an deren Ende terroristische Aktionen stehen, ist ein zweifelhaftes Geschäft. Nicht selten dienen solche Überlegungen dazu, die Ansichten politischer Gegner zu diskreditieren, denen man selber zwar keinerlei gewalttätige Handlungen nachweisen kann, die aber durch die Vermutung, sie hätten den Boden für solche Handlungen bereitet, in einem Atemzug mit den Tätern genannt werden. Wenn der Tatbestand direkter Anstiftung nicht erfüllt ist, müssen solche Behauptungen notwendigerweise immer einen spekulativen Charakter tragen, eindeutige Zusammenhänge von Ursache und Wirkung kann es nicht geben. Wenn man demnach nicht auf jeden Erklärungsversuch geschichtlicher Ereignisse verzichten möchte, kann sich selbst der wissenschaftliche Beitrag nicht prinzipiell von der schlichten Denunziation unterscheiden; die jeweiligen Vermutungen bleiben ›nur‹ durch den Grad an Plausibilität und Sorgfalt voneinander getrennt.

Auch in hoch seriösen Beiträgen zur Terrorismusgeschichte bemüht man sich natürlich zumeist um mehr als eine genaue Rekonstruktion von Anschlägen; gerade dort trifft man vielfältige Deutungsversuche an. Dazu zählt auch die Vorgabe, dass es sinnvoll sei, dem Verhältnis von Avantgarde und Terrorismus nachzugehen.[1] An kurzen Absätzen oder Thesen zur Nähe von historischer Avantgarde (Futurismus, Dadaismus, Surrealismus) und terroristischen Kadern der 70er Jahre des 20. Jahrhunderts fehlt es nicht,[2] als Bindeglieder werden dabei häufig Gruppen wie die Subversive Aktion und die Kommune I genannt[3] – oder genereller der aktionistische Impuls vieler linker Gruppierungen der Zeit um 1968.[4] Umfassendere Analysen allerdings liegen bislang nicht vor. Dies gilt ebenfalls für den angloamerikanischen Raum, obwohl der Zusammenhang bei den militanten Weathermen und bei der Angry Brigade mindestens genauso (stark oder schwach) aufscheint wie bei den Tupamaros Westberlin und bei der RAF.

In einem ersten Anlauf will die vorliegende Studie versuchen, diese Lücke zu schließen. Als Ansatzpunkt dient dabei Jürgen Habermas' Vermutung, dass es fruchtbar sein könnte, wenn eine Untersuchung aktionistischer und terroristischer Bestrebungen das Programm einer »Entdifferenzierung der zunächst streng geschiedenen Bereiche von Politik und Kultur« nachzeichne.[5]

Habermas verbindet diese These sogleich mit einer Wertung. Der versuchten »Aufhebung von Kunst und Literatur« steht er skeptisch gegenüber. Zwar mögen die »kulturrevolutionären Abschaffungsparolen«, die sich gegen vorgegebene Muster und sogar gegen die Werkkunst schlechthin richten, ausreichen, um »Klaviere zu zerstückeln und Aggressionsphantasien zu enthemmen« – in Habermas' Augen bleibt das aber eine bloße »Kulturstürmerei«. In gleicher Weise richtet er sich gegen die Auffassung, dass »nicht nur bestimmte Traditionen« immer wieder »aufgesprengt« werden müssten, sondern »die Kontinuität der Geschichte als solche«; ebenso verwirft er die Annahme, dass »nicht nur epochale Stellungen der Subjekte zu den Symbolsystemen ihrer Welt- und Selbstdeutung« immer wieder »preisgegeben« werden müssten, sondern gleich alle symbolischen Vermittlungen. Derartig totale Verwerfungen hält Habermas schlicht für gefährliche Illusionen. Der versuchte Austritt aus distanzierenden »Sprachsystemen« hinein ins unmittelbare Leben schwört für Habermas dunkle, stumme Mächte herauf. Die »abstrakte Aufhebung von Kultur« habe zur Folge, dass die »subjektiv freigesetzten ›Glaubensmächte‹ und Expressionen der Übersetzung in revolutionierte, wieder mitteilungsfähig gemachte Sprachsysteme« entzogen würden. Weil sie dadurch keiner »kritischen Aneignung« mehr unterlägen, verkehrten sie sich in »dämonische Gewalten.«[6]

Weniger schillernd erscheint eine Gefahr, die andere Kritiker der Avantgarde hervorheben. Weil viele avantgardistische Theoretiker offen für eine Aufhebung von Arbeitsteilung und hierarchischer Ordnung plädieren, ergibt sich der Vorwurf, unter ihrer Anweisung könne nichts anderes als eine totalitäre Gesellschaft entstehen, wie von selbst, auch wenn die Anklage gegenüber einzelnen Avantgarde-Gruppen oder ihren Vertretern häufig auf schwachem Boden steht.[7]

Grundsätzlich sind beide Vorwürfe, die jeweils das avantgardistische Prinzip ganz beim Worte nehmen und die Konsequenzen seiner Verwirklichung scharf akzentuieren, vollkommen stimmig. Sie übergehen allerdings, dass die avantgardistische Grundformel der Aufhebung der Differenz von Kunst und Leben viele Vorschläge und Praktiken mit sich geführt hat – vom ready-made bis zur bewusst schwer zu ortenden Provokation –, die sich der genannten prinzipiellen Kritik entziehen.

Die Frage, der die vorliegende Arbeit nachgeht, lautet darum, ob es zwischen solchen konkreten avantgardistischen Bestrebungen und terroristischen Maßnahmen eine Beziehung gibt. Allgemeinere Übereinstimmungen, die Avantgardisten nicht nur mit Terroristen, sondern vielen anderen modernen Akteuren teilen, sollen dabei nicht völlig übergangen werden, spielen aber insgesamt eine nur geringfügige Rolle (wie etwa die avantgardistische Auffassung, der Zeit voraus bzw. mit dem Fortschritt im

Bunde zu sein; oder die Gewissheit, nur auf sich selbst und die Richtigkeit der eigenen säkularen Anschauung vertrauen zu können, selbst wenn man sich in der Minderheit befindet und vielleicht sogar gegen geltendes Recht verstößt; ganz zu schweigen von dem Umstand, dass die Avantgardisten zur Vertiefung überraschender Aufmerksamkeitserfolge in der Öffentlichkeit ebenfalls neuere technische Medien nutzen). Anders gesagt: Am Ende des Buches soll nach einer konzentrierten Aufbereitung und Analyse umfangreichen internationalen historischen Materials die Frage beantwortet werden, ob ein besonderer Weg etwa von den Futuristen, den Surrealisten oder den Situationisten zu terroristischen Gewalttätern führt.

I »Terrorismus« und »Avantgarde«

»Terrorismus«

Bei der Bestimmung des Terrorismus lohnt es sich, von einigen Überlegungen der Terroristen selbst auszugehen. Auch sie verfügen zum Teil über Unterscheidungen, die nicht weit von wissenschaftlicher Begriffsklärung entfernt liegen. In die Tradition des Tyrannenmordes etwa stellen sie ihr Handeln eher selten. Allein die russischen Attentäter der Narodnaja Volja hängen noch stark an der Auffassung, dass es ein genau lokalisierbares Zentrum der Macht oder zumindest tragende Stützen der Gesellschaft gibt – und dass eine Liquidierung der Person, die jene Macht verkörpert, unmittelbar zum Ende dieser Herrschaft (wenigstens ihrer schlechten individuellen Handhabung) führt.[1] Sogar in der Narodnaja Volja aber verschaffen sich – noch vor dem Mord an Alexander II. im Jahr 1881 und der anschließenden teilweisen Zerschlagung der Gruppe – einige gegensätzliche Stimmen Gehör. Die »Eliminierung einzelner Personen« habe lediglich »deren Ersetzung durch andere« zur Folge; alles, was man durch Attentate erreichen könne, sei, dass statt zwei künftig drei Striche hinter dem Namen Alexanders stünden, lauten die vollkommen skeptischen Einschätzungen von A. Kvjatkovskij und G.V. Plechanov.[2]

Gerade in einer demokratischen – und an Funktionen, nicht an Personen ausgerichteten – Gesellschaft wird das Argument natürlich Schule machen. Oskar Negt und vor allem Rudi Dutschke werden es beispielsweise gebrauchen, um sich gegen »terroristische Gewalt gegen Menschen« in den »Metropolen« der Ersten Welt[3] oder speziell gegen die RAF auszusprechen.[4] Angesichts einer Reihe weiterer Begründungen, weshalb terroristische Anschläge durchgeführt werden sollten, reicht das Argument aber nicht aus. Die weniger traditionellen Begründungen sehen ihr Ziel nämlich nicht in der konkreten Vernichtung oder Zerstörung von Leben oder Eigentum, sondern in den damit verbundenen Wirkungen auf Dritte.

Der terroristische Akt zeichne sich durch eine Aufsehen erregende, agitatorische Qualität aus; zudem stifte er innerhalb des Machtapparats

Angst und Chaos, was ebenfalls den revolutionären Geist breiterer Schichten beflügeln könne – so rechtfertigt die russische Sozialrevolutionäre Partei im ersten Jahrzehnt des 20. Jahrhunderts ihre Anschläge.[5] In Frage steht dann noch, ob die terroristische Aktivität – vom Attentat bis zur Zerstörung von Eigentum – eine Massenbewegung zum Umsturz mehr oder minder aus dem Nichts erwecken und schaffen oder doch nur zusätzlich anstacheln kann. Wer die zweite Antwort bejaht, muss darum terroristische Gruppen, die isoliert agieren, scharf kritisieren.[6]

Lässt man derartige Einschätzungen und Spekulationen außen vor, kann man festhalten, dass es sich beim so verstandenen Terrorismus um einen gewaltsamen, politisch motivierten Beeinflussungsversuch handelt, der sich nicht in der Zerstörung konkreter Dinge oder dem Mord einzelner Personen erschöpfen soll: Die glaubhafte Androhung von Gewalt oder tatsächliche Anschläge sollen Dritte zu Reaktionen bewegen, die im Sinne einer längerfristigeren terroristischen Strategie vorteilhaft erscheinen.

Es überrascht nicht, dass viele wissenschaftliche Untersuchungen mit dieser Definition operieren;[7] durch sie können andere wichtige Bewertungen und mögliche Streitfragen erst einmal ausgeklammert werden. Dank dieser Bestimmung wird vor allem die Frage nach der Legalität oder Legitimität des Terrorismus nicht bereits begrifflich vorentschieden (und wird z.B. auch nicht definitorisch festgelegt, dass terroristische Handlungen immer das Werk kleiner Gruppen und nie das von Staaten sind).[8] Problematisch an der Definition bleibt allerdings, dass Abgrenzungen zu kriegerischen Attacken kategorial nicht trennscharf gezogen werden können; das Ziel von Kriegshandlungen (und in noch stärkerem Maße das von Guerilla-Aktionen) ist nicht nur die Zerstörung gegnerischer (bzw. regulärer) Truppen und deren Infrastruktur, sondern u.a. auch die Demoralisierung der überlebenden Soldaten und der Bevölkerung. Darum muss man sich mit der graduellen Unterscheidung begnügen, dass terroristische Maßnahmen in viel geringerem Maße ihr Ziel in der physischen Vernichtung bestimmter Personen oder Dinge suchen.

»Avantgarde«

Das Wort »Avantgarde« stammt aus der Sprache des Militärs. Die Avantgarde befindet sich vor dem übrigen Heer, sie soll die Bewegungen des Feindes aufklären. Als Vorhut muss sie immer gefechtsbereit sein, um bei einer plötzlichen Konfrontation den Gegner aufhalten und ersten Widerstand leisten zu können.[9] Im kunstpolitischen Feld taucht der Begriff ab 1825 auf; die Frühsozialisten um Saint-Simon heben mit ihm die entscheidende Rolle der Künste bei der allgemeinen Verbreitung neuer Ideen heraus.[10] Später dient er vor allem der gelegentlichen Auszeichnung jener Künstler (etwa den Impressionisten), die modern – sprich: den anderen voraus – sind und ihre Originalität unter Beweis stellen.[11]

Gleich zu Beginn des 20. Jahrhunderts kann sich die Metapher glänzend entfalten. Nun wird der aggressive Anteil der künstlerischen Avantgarde besonders deutlich hervorgekehrt. Der Bruch mit der weit bis ins 18. Jahrhundert geltenden Regel, Kunst zeichne sich durch die Nachahmung alter (klassischer antiker) Muster aus, könnte extremer nicht ausfallen. Jetzt treten fast im Jahresrhythmus einander bekämpfende oder ablösende Kunstrichtungen wie Kubismus, Vortizismus, Suprematismus usw. auf, die sich ganz auf der Höhe der Zeit wissen oder die jeweils letzte künstlerische Innovation schnell wieder als veraltet hinter sich lassen:

»Avantgarde. Vorhut! Sieh da die Losung, unter welcher alle modernen und ultramodernen Gruppen der ganzen Welt in Richtung einer gänzlich neuen Ausdrucksweise in allen Formen der Kunst aufmarschieren.«[12]

Interessanterweise spielt der Begriff »Avantgarde« in den Debatten der 10er Jahre jedoch zunächst fast gar keine Rolle.[13] Die Avantgardisten nennen sich selber nicht so. Bei den kriegsbegeisterten Futuristen, der ersten wichtigen, ultramodernen Strömung des neuen Jahrhunderts, fällt der Begriff 1912, drei Jahre nach Veröffentlichung des Gründungsmanifests, zum ersten Mal ganz traditionell im Rahmen einer Schlachtenbeschreibung. Filippo Tommaso Marinetti, der führende Kopf der Futuristen, schildert dort, wie die »Avant-gardes« immer näher an den Feind heranrücken, bis das Gefecht ausbricht.[14]

Nach dem Ersten Weltkrieg bezeichnet Marinetti die Futuristen dann als Avantgardisten – aber zuerst nur, wenn sie Kampfverbänden angehören. Ende September 1918 spricht Marinetti zur Kriegsfreiwilligenorganisation der »Arditi«, um diese »Avantgardisten«, diese »ruhmvollen Sturmtruppen« des Ersten Weltkriegs für die Futuristen zu gewinnen.[15] Der Führer der »Arditi«, Mario Carli, stimmt in das Lob ein und übernimmt zugleich die futuristische Ausrichtung: »Was könnte italienischer, lebendiger, futuristischer sein als das Corps der Arditi?«, fragt er rhetorisch und rühmt die »Arditi«, die »Avantgarde im Kriege«, ebenfalls als »wahre Avantgarde der Nation«. Der »Ardito« ist für Carli der »Futurist des Krieges«, er zählt ihn zu der »Avantgarde, die zu allem bereit ist« und welche die »agile und fröhliche Kraft von zwanzig Jahren« darstellt, er rechnet ihn zur furchtlosen »Jugend, die Bomben schmeißt, während sie Erinnerungen des Variètes pfeift«.[16] Tatsächlich kommen die »Arditi d'Italia« schnell beim versuchten paramilitärischen Anschluss Dalmatiens an Italien im Winter 1918/19 zum Einsatz. Wiederum ist Carli – und mit ihm Marinetti – des Lobes voll: Die »ersten Schlachten der Inanspruchnahme Dalmatiens« seien von den »Avantgardetruppen der Kriegsveteranen geführt« worden und hätten folgerichtig »den Duft der heiligen Idealität des Krieges« verströmt.[17]

Erst danach beginnen die Futuristen, den militärischen Begriff »Avantgarde« auch insgesamt zur Selbstbezeichnung zu nutzen.[18] Das ist deshalb erstaunlich, weil es von Beginn an zum zentralen Anliegen der Futuristen gehörte, die Kunst mit der Intensität des gewaltsamen Lebens zu verbinden. Gerade weil sie sich nie nur als Künstlerbewegung sahen, sondern die Kunst in der Geschwindigkeit des Krieges aufgehen lassen wollten, wäre der avantgardistische Titel nahe liegend gewesen. Wenn auch spät, so doch nachdrücklich zieht Marinetti 1919 darum folgende Bilanz: »Mit seinem totalen Programm war der Futurismus eine avantgardistische Stimmung.«[19]

Zu diesem »totalen Programm« schlägt Marinetti die »Liebe zum Neuen«, die »systematische Denunziation des Antiken« und die »leidenschaftliche Kunst der Geschwindigkeit«; ebenfalls dazu gehört für ihn ein »stets schußbereites Maschinengewehr«.[20] Da hier jedoch das geladene Gewehr ›nur‹ eine Metapher bildet, die den Zerstörungswillen der Futuristen gegenüber der alten Welt deutlich machen soll, gerät das Programm gar nicht so total, wie es angekündigt wurde. Deshalb kann Marinetti sogar den künstlerischen wieder vom politischen Futurismus scheiden, wenn er erklärt, dass die (politische) »Partei des italienischen Futurismus« viel stärker das Bewusstsein des Volkes treffe, als es einer oft »befehdeten Avantgarde« obliege. Als »Avantgarde der künstlerischen Sensibilität Italiens« sei die »Bewegung des künstlerischen Futurismus« nämlich notwendigerweise stets der »langsamen Sensibilität des Volkes« voraus.[21]

In diesem gar nicht mehr umfassenden Sinne stellt Marinetti weitere zehn Jahre später in einem Enzyklopädieartikel zum Stichwort »Avantgarde« den Futurismus in eine Reihe mit anderen »künstlerischen Revolutionen« wie den Kubismus, den Dadaismus, den Konstruktivismus, den Surrealismus und den Imaginismus.[22] Weil besonders der Kubismus aber im Unterschied etwa zum Dadaismus und zum Futurismus selbst eine klar erkennbare Kunstrichtung darstellt, die ausschließlich malerische Werke hervorbringt und kein allgemeineres Ziel verfolgt, bleibt von der oben ausgerufenen Totalität nur die künstlerische Innovation übrig. Die oft beschworene Formel der ›totalen Avantgardisten‹, die programmatisch eine Einheit von Kunst und Leben anstreben, verliert dadurch ihre Prägekraft. Als Unterscheidungsmerkmal der Avantgarde wird ihr die angestrebte Modernität vorgezogen.[23]

Es bleibt darum anderen vorbehalten, schärfere Konturen zu ziehen. Besonders Trotzki ist hier zu nennen. Er stellt 1924 sehr deutlich heraus, dass sich vor allem der italienische Futurismus im Gegensatz zu einer konzentrierteren Auffassung von Kunst stets »mit der politischen und gesellschaftlichen Ordnung in Verbindung brachte« und nicht auf den »Rahmen der künstlerischen Form beschränkte«. Dank dieser klaren Bestimmung fällt es Trotzki sehr leicht, die Hoffnung, »dass die weitere Evolution der Kunst auf dem Wege wachsender Verschmelzung mit dem Leben gehen wird«, als sichere Voraussage auszugeben.

Trotzki bringt diese Einschätzung in einer Auseinandersetzung mit den linken, russischen Futuristen vor, deren dringende Forderung nach einer Kunst, »die das Leben nicht verziert, sondern formt«, er auf die Art und Weise – noch halbwegs in der hegelianischen Tradition des Marxismus[24] – zwar anerkennt, aber auf eine ferne Zukunft vertagt.[25] Den Begriff Avantgarde gebraucht er dabei nicht, wenn er auch ihr Prinzip, Kunst »mit dem Leben« zu verbinden, mehrfach deutlich benennt.[26] Die Frage bleibt dann, ob man nach Maßgabe dieser Formel auch andere Avantgarde-Gruppen ausfindig machen kann, von denen das abstrakte Prinzip mit einem Leben gefüllt wird, das sich von den futuristischen Methoden unterscheidet. Die Frage ist umso berechtigter, als auch die Futuristen selbst weit mehr als nur eine Antwort darauf gegeben haben, wie die reine Werkkunst überwunden werden soll.

2 Die Avantgarde im Feld der Kunst

Futurismus

Die Geschichte der Avantgarde beginnt bescheiden und unauffällig, ein Unterschied zur alten Welt der Kunst ist auf den ersten Blick nicht festzustellen. Das erste Manifest des Futurismus von Filippo Tommaso Marinetti erscheint Anfang 1909 als Vorsatz zum Buch eines italienischen Lyrikers, »Le Ranocchie Turchine«. Der Dichter heißt Enrico Cavacchioli, der Lyrikband auf Deutsch »Die blauen Frösche«.[1] Ob zu Recht oder zu Unrecht – der Dichter und sein Buch mit dem auch Anfang des 20. Jahrhunderts nicht mehr vollkommen ungewöhnlichen Titel sind längst vergessen. Wäre Marinettis Beitrag auf diesen Gedichtband beschränkt geblieben, müsste man sich einen anderen avantgardistischen Ausgangspunkt suchen.

Bei der Poesie bleibt es aber nicht. Bereits im Februar wird das futuristische Programm in Mailand auf leuchtend roten Plakaten annonciert. Auch sonst zieht Marinetti alle Register. Er verliest das Manifest bei einer Theaterpremiere, druckt es auf Flugblätter, schickt es an Kritiker, bringt es in verschiedenen italienischen Zeitungen unter. In Berlin, zwei Jahre später, wird seine rasante Werbemethode, Flugblätter vom fahrenden Auto den Passanten zuzuwerfen, besondere Aufmerksamkeit erregen und sogleich von einem Lektor der Universität angezeigt.[2]

Der größte Erfolg gelingt Marinetti aber zuvor auf traditionellere Weise. Dank persönlicher Beziehungen schafft er es, das Manifest am 20. Februar 1909 auf der ersten Seite des Pariser *Figaro* zu lancieren, weitere Veröffentlichungen in anderen europäischen Sprachen folgen schnell darauf. Im *Figaro* war 1886 ebenfalls die Ausrufung einer inzwischen längst zu Ruhm gekommenen dichterischen Richtung erschienen, »Le Symbolisme«;[3] der Gedanke liegt nahe, dass Marinetti daran anknüpft.[4] Im Unterschied zu Moréas' Symbolismus-Artikel jedoch, der bereits auf Schriftsteller wie Baudelaire und Verlaine verweisen kann, gibt es bei Marinetti keine Anknüpfungspunkte. Er kommt ohne andere Autoritäten und auch weitgehend ohne Begründungen aus.

Vielleicht ist sein Aufsatz deshalb unter dem Titel »Manifest« erschienen.[5] Die bisherige geschichtliche Nähe des Manifests zur Staatsproklamation könnte Marinetti bewogen haben, für sein Gründungsdokument des Futurismus eben diesen Titel zu wählen. Zwar besitzt ›Manifest‹ im Italienischen auch die Bedeutung ›Plakat‹ und ›Programmzettel‹ – das macht die Überlegung auf den ersten Blick weniger zwingend –, allerdings hat es bis dahin kaum künstlerische Manifestationen unter dieser Gattungsbezeichnung gegeben. Mit Marinetti ändert sich das sehr schnell; nach 1909 gibt es mehr als genug avantgardistische Direktiven und Bestimmungen, die als Manifest firmieren.

Liest man nun das erste futuristische Manifest,[6] fällt eine mögliche politisch-militärische Abkunft zunächst überhaupt nicht ins Auge. Marinetti berichtet zu Beginn, wie er und seine Freunde als Dichter-Bohemiens die Nacht zum Tage machen. Er spart nicht an ausgewählten Beiworten, um den extremen Zug ihrer Lebensweise überdeutlich werden zu lassen. Bis zu den »äußersten Grenzen der Logik« seien sie in ihren Diskussionen gegangen und hätten »viel Papier mit irren Schreibereien geschwärzt«. Die besessenen Anstrengungen darf man sich freilich nicht zu zielgerichtet oder kontinuierlich vorstellen, denn im gleichen Augenblick heißt es, dass die Freunde ihre »atavistische Trägheit« auf »weichen Orientteppichen« ausgebreitet hätten.

Auf einmal jedoch platzt in die dekadente Szenerie das »Aufbrüllen hungriger Autos« hinein. Marinetti – bzw. sein fingierter Ich-Erzähler – wird davon unmittelbar zur Absage an die schläfrige, selbstgenügsame Welt getrieben, sofort verlässt er die Wohnung und bricht auf: »Los, sagte ich, los, Freunde! Gehen wir!« Der Gang führt sie zuerst auf die Straße, dort warten ja bereits die erstaunlichen Autos, um sie von der alten Fortbewegungsart zu befreien. Am Ende der folgenden jagenden Fahrt – »zerbeult und mit verbundenen Armen, aber unerschrocken« – sind er und seine Freunde bereits so umgewandelt, dass sie gleich ihren »ersten Willen allen lebendigen Menschen dieser Erde« diktieren. Zu den elf Punkten, die dann das eigentliche Manifest des Futurismus bilden, gehört auch konsequenterweise die Beschwörung der neuen, gleich als unabänderlich gedachten Zeit: »Zeit und Raum sind gestern gestorben«, lautet der Satz ebenso knapp wie endgültig. »Wir leben bereits im Absoluten, denn wir haben schon die ewige, allgegenwärtige Geschwindigkeit erschaffen.«

Obwohl diese Gewissheit vorherrscht, führt das Manifest oftmals in die ›Vergangenheit‹ zurück. Zur alten Welt zählen besonders »die Museen, die Bibliotheken und die Akademien jeder Art«. Sie können gar nicht heftig genug geschmäht werden. An dem Punkt erkennt man deutlich, dass es sich um das Manifest von Dichtern und Denkern handelt; sie kleben an ihrer Tradition, fühlen sich von ihr gebunden, deshalb legen sie großen Wert darauf, sie in Worten zu vernichten. Die »neue Schönheit« müssen sie darum ganz woanders finden, Marinetti vor allem in der

»Schönheit der Geschwindigkeit«. Ein entsprechender Vergleich bringt ein eindeutiges Ergebnis: Für die Futuristen ist der hypermoderne Rennwagen schöner als eine antike Skulptur.

Trotz des klaren Befundes scheint Marinetti besorgt zu sein, dass die Schönheit nicht erkannt wird. Das kann man nur als kleinmütig bezeichnen, denn wenn die neue Schönheit so groß, so herrlich, so ewig ist, wie Marinetti ständig sagt, dann muss sie sich auch durchsetzen! Die Furcht vor dem Alten überwiegt noch das Vertrauen aufs Neue, darum ruft Marinetti sogar dazu auf, die angesprochenen Museen, Akademien, Bibliotheken zu zerstören. So stark ist seine Angst vor dem Alp der Tradition, dass er sich genüsslich ausmalt, wie das Feuer die Bücherregale verzehrt, wie das Wasser die »alten, ruhmreichen Bilder« verfärbt.

Ganz ernst kann man die Zerstörungsanweisungen freilich nicht nehmen. In einem weiteren Absatz gestattet Marinetti immerhin, die verhassten Stätten einmal im Jahr aufzusuchen, »wie man zu Allerseelen auf den Friedhof geht«. Um sie im Zuge solch eines leeren Rituals zu betreten, müssen die Aufbewahrungsorte der alten Meisterwerke noch existieren – der Aufruf, sie niederzubrennen, war demnach nur eine besonders hochgetriebene rhetorische Formel dafür, sich von ihnen abzukehren.

Irritierend wirkt zudem, dass Marinetti es nicht beim Lob der neuen, schönen Geschwindigkeitszustände belässt, sondern ausführliche Anweisungen gibt, wie literarische Werke auszusehen haben, also genau jene Werke, die bisher für den sicheren Bestand von Bibliotheken und Akademien gesorgt haben. Marinetti preist nicht allein die Schönheit des Autos, in wiederholten Anläufen zählt er ebenfalls auf, was der Dichter in seinen Werken »besingen« soll, als da sind die »Liebe zur Gefahr«, die »angriffslustige Bewegung«, die »Fabriken, die mit ihren sich hochwindenden Rauchfäden an den Wolken hängen«, die »vielfarbige vielstimmige Flut der Revolutionen in den modernen Hauptstädten« und manch anderes mehr.

Vielstimmig ist das alles gerade nicht. Es handelt sich vielmehr um das eine Lied, gesungen zur Feier intensiver Momente, einer Intensität, die von der (männlichen) Aggression lebt. Die Parole, den Fahrer zu besingen, der das Steuer eines dahinjagenden Wagens hält, zählt darum noch zu den harmloseren. Im ersten futuristischen Manifest steigert sich das von der Aufforderung an die Literatur, den Faustschlag zu preisen, bis zur angestrebten Verherrlichung des Krieges, des Patriotismus und – in einem Atemzug – der »Vernichtungstat der Anarchisten«.

Wegen der absonderlichen Mischung unvereinbarer Dinge – Patriotismus und Anarchismus – liegt wiederum der Gedanke nahe, Marinetti gestatte sich einfach die dichterische Freiheit, die angestrebten Intensitätszustände einigermaßen wahllos, aber vielleicht gerade deshalb eindrucksvoll zu illustrieren. Der Gedanke wird dadurch bestärkt, dass Marinetti – wie die meisten Romantiker und alle Ästhetizisten vor ihm – gegen (bürgerliche) »Zweckmäßigkeit«, gegen feigen »Eigennutz« polemisiert und stattdessen die »schönen Ideen, für die man stirbt«, anpreist. Die schönen Ideen, für die man das ordentliche, gefesselte Leben aufgibt, wären dann eben sowohl kriegerischer Patriotismus als auch gewalttätiger Anarchismus. Schön wären sie, weil sie einen losreißen, ungeachtet ihrer unterschiedlichen politischen Ziele. Gemeinsam wäre ihnen folgerichtig das gewaltsame Moment des Bruchs.

Tatsächlich spricht Marinetti 1910 von der »bellezza della violenza«, von der Schönheit der Gewalt,[7] er stimmt mit Georges Sorel in den Vorrang der »violence« gegenüber der »force« ein.[8] Sorel macht den Gegensatz anschaulich als Widerspruch eines heroischen Krieges, der im Akt gewaltsamer individueller Bewährung besteht, zum Eroberungskrieg, der »materielle Vorteile« schaffen will (196). Der bellizistische Fanatiker Sorel nutzt den Widerspruch genau dazu, um einen Generalstreik als »Mythos« zu entdecken (144), der den Kampf der proletarischen »Massen« von politischen oder ökonomischen Forderungen löst, um ihn als reine zerstörerische Aktion zu gewinnen (203). Sorels Lehre hat nichts mit dem Marxismus zu tun, ihm geht es nicht um die Überwindung von Ausbeutung und Unterdrückung, sondern um die Bekämpfung des »juste-milieu«, des Mittelmaßes (36). Der gewerkschaftlichen »Arbeiteraristokratie« (140) gilt seine Verachtung ebenso wie der Sozialpolitik der ›feigen Bürger‹ (79). Als martialischer Ideologe möchte Sorel den – in seiner Sicht die Gegenwart dominierenden – parlamentarischen Kompromiss, die »Dekadenz des Bürgertums«, die »humanitären Plattheiten« überwinden und auch die zum großen Teil ebenfalls befriedeten Arbeiter durch die Gewalt des Klassenkampfes zum gloriosen Zustand des ehrenvollen, moralisch erhebenden, reinen Kriegs (zurück-)führen (96ff.). Der Generalstreik, den Sorel wegen dessen Verwandtschaft mit dem heroischen Krieg propagiert, ist ausschließlich negativ gekennzeichnet durch die Abwesenheit jeglicher materiellen Ziele (197). Positiv kann man ihn ›nur‹ als »absolute Revolution« bezeichnen (36).

Mit den (Anarcho-)Syndikalisten hat diese Revolution im Bilde des kriegerisch-reinen Generalstreiks tatsächlich insofern etwas zu tun, als sie gleichfalls die »direkte Aktion« bevorzugen. »Direkt« heißt hier »antipolitisch«, heißt antiparlamentarisch und antirepräsentativ, ohne Beachtung angeblicher geschichtlicher Gesetze, im Vertrauen auf den eigenen Willen, die eigenen, spontanen Taten der Arbeiter. Im Gegensatz zum maximalistischen Sorel zählen zu solchen »direkten Aktionen« der gewerkschaftlichen Verbindungen natürlich auch lokale Streiks, ausgehandelte Kollektivverträge.[9] Ebenfalls unter den Begriff fallen allerdings Sabotageakte und Anschläge, so dass die heutige unmittelbare Assoziation von »direkter Aktion« mit »Gewalt« historisch nicht unbegründet ist.

Bei Anarchisten wie Bakunin, die ihre freiheitlichen Ziele für so bedeutsam halten, dass sie neben allen anderen autoritären, zentralistischen Staatsformen auch das Konzept einer kommunistischen (vorübergehenden) Diktatur des Proletariats scharf verurteilen und trotzdem das Mittel gewaltsamen Zwangs zur Durchsetzung ihrer Ziele keineswegs ablehnen, finden sich denn auch in einigen besonders radikalen Schriften Gewaltbekundungen, die denen Sorels nahe kommen. In dem berühmt-berüchtigten »Katechismus eines Revolutionärs« ist zwar vom Generalstreik keine Rede, dafür aber wird eine »schreckliche, totale, unerbittliche und allgemeine Zerstörung« angestrebt.[10] Die anarchistische »Propaganda der Tat« setzt auf (gewaltsame) Aufstände, auch auf Desertion, Diebstahl und Überfälle, schließt aber Attentate oftmals keineswegs grundsätzlich aus.[11] Wird Sorel bei seiner Zerstörungsvision darauf vertrauen, dass das Gefühl des erhabenen Kampfes – wie im Kriege – »Haß und Rachegeist« unmöglich mache,[12] rechnen Bakunin und Netschajew mit der »Natur des wahren Revolutionärs«, welche »sogar persönlichen Haß, persönliche Rache« verdränge.[13] Derart ›gebändigt‹, kann bei beiden der Angriff auf die »bürgerliche Ordnung« beginnen, auf die »ganze zivilisierte Welt mit den Gesetzen, Konvenienzen, der Moral und den Konventionen, die allgemein in dieser Welt Gültigkeit haben«.[14]

Marinetti steht deutlich im Banne solcher Zerstörungsvisionen. Wie Sorel – im Unterschied zu Bakunin – denkt er die Zerstörung ebenfalls genauer nach dem Vorbilde des Krieges. Wie beim späteren Sorel[15] – erneut in durchgehendem Gegensatz zu Bakunin – verbindet sich bei ihm der entfesselte Krieg aber dann doch wieder mit nationalistischem Antrieb. Im ersten futuristischen Manifest feiert Marinetti den Krieg als die »einzige Hygiene der Welt«; er wird den Ausspruch in zahlreichen Reden und Texten wiederholen. In den weiteren Manifesten – vor allem den beiden politischeren Manifesten – wird allerdings deutlich, dass Marinetti seinen Krieg doch nicht gewaltsam unvermittelt führen kann – dazu ist er ein zu starker Patriot, dem am besonderen Sieg Italiens gelegen ist. Am Ende des Ziels aller nationalen Ambitionen, dem »Panitalianismus«,[16] müsste auch Marinettis Kriegsbegeisterung weichen, darf man vermuten: Die Grenze der Gewalt sollte das unbegrenzte Italien sein.

Ob die Vermutung zutrifft, kann jedoch nicht endgültig geklärt werden. Für andere Nationalchauvinisten dürfte deshalb ein Programm, das in derart starkem Maße die Mächte der Gewalt entfesselt – und dies erst einmal unabhängig von strategischen Überlegungen –, eine Gefahr darstellen; immer scheint nämlich dabei die Möglichkeit auf, dass die faszinierende Gewalt selbst vor dem geplanten Großreich Italien nicht Halt machen würde. Hinzu kommt, dass Marinetti alles andere als ein gewöhnlicher Patriot ist. Häufiger als auf die Kräfte des Volkes, auf sein Wesen oder seine Rasse, setzt Marinetti auf Italien als hervorragenden Ort avancierter, zumal kriegerischer Technik. Das unterscheidet ihn ebenfalls nachhaltig von den vielen Literaten, Feuilletonisten und Wissenschaftlern am Vorabend des Ersten Weltkriegs, die auf die kommende Schlacht ›nur‹ hoffen, weil sie dem langweiligen, arbeitsteiligen bürgerlichen Leben dadurch zu entkommen glauben.[17]

Betrachtet man dies alles zusammen, scheint der Titel »Avantgarde«, mit dem man die Futuristen später belegt, in der Hinsicht vollkommen berechtigt, stammt der Begriff doch – wie gesehen – aus der Sprache des Militärs. »Avantgarde« bezeichnet die Vorhut des Heeres – und die kriegsbegeisterten Futuristen sind sogar so weit voraus, dass sie nicht nur das Terrain sondieren, sondern (beinahe) immerwährend voranmarschieren wollen! Unklar bleibt danach allerdings, wieso ausgerechnet Künstler und Künstlergruppen mit diesem Titel bedacht werden, die nun einmal von Hause aus keinerlei militärische Funktion einnehmen.

Selbst die nahe liegende Erläuterung, dass der Begriff »Avantgarde« metaphorisch gemeint sein muss, überzeugt zuerst nicht ganz. Sicher, Marinetti behauptet im ersten futuristischen Manifest, vollkommen auf der Höhe der Zeit und somit allen anderen voraus zu sein. Hinter ihm liegt bereits die überholte Vergangenheit, schreibt er pathetisch (auch wenn er paradoxerweise immer wieder zu ihrer Zerstörung anstiftet). Trotz aller rhetorischen Begeisterung stellt sich aber die Frage, worin denn diese überragende zeitgemäße Leistung des künstlerischen Futurismus bestehen soll. Schaut man sich das erste futuristische Manifest an, findet man durchaus vertraute Anforderungen wieder. Die wichtigen Punkte dieses Manifests sind bereits benannt worden: Die Literatur wird dazu aufgerufen, den Krieg und verschiedene andere ekstatisch-gewaltsame Momente zu verherrlichen. Angesichts solch eines Programms kann nun wahrlich keine absolute Modernität eingeklagt werden. Dass Literatur sich mit hymnischer Begeisterung oder epischer Weite der Gewalt und dem Krieg verschreibt, fällt geradezu mit dem Beginn der Literatur zusammen! Neu ist allenfalls die Radikalität, die Einseitigkeit, mit der Kunst darauf verpflichtet wird, nicht aber das Prinzip selbst.

Es muss also noch etwas anderes geben, um den Begriff der futuristischen Avantgarde zu rechtfertigen. Ein wenig blitzt das bereits im ersten Manifest auf, wenn Marinetti davon spricht, dass es Schönheit nur noch im »Kampf« geben könne,[18] oder wenn die futuristischen Maler Umberto Boccioni, Carlo Dalmazzo Carrà, Luigi Russolo, Giacomo Balla und Gino Severini im Februar 1910 in einem weiteren Manifest zur »Erneuerung aller künstlerischen Ausdrucksmittel« aufrufen.[19] Zwei Monate später bringt ein »Technisches Manifest« zur futuristischen Malerei größere Klarheit: Die futuristische Kunst wird sich nicht darin erschöpfen, bestimmte Tathandlungen herauszustellen, sondern sie wird, wie Marinetti bereits dunkel andeutete, selber zur Handlung.

Um das zu erreichen, soll die Malerei aufhören, Personen und Dinge nachzuahmen, stattdessen muss sie deren »Atmosphäre« einfangen. An den Maler ergeht die Aufforderung, den Betrachter ins Bild hineinzuziehen, da sich auch im täglichen Leben die Gegenstände nicht fein säuberlich getrennt vor dem Wahrnehmenden aufbauten. Eindrucksvoll schildern die Manifestschreiber, in welcher Weise sich ihrer Meinung nach die Wahrnehmung einer Straßenbahn vollzieht: Die vorüberfahrende Bahn dringe förmlich in die umstehenden Häuser ein, die sich wiederum in gleicher Manier auf die Straßenbahn stürzten. Für die menschliche Wahrnehmung befinde sich alle Wirklichkeit im Fluss, vollziehe sich alles mit großer Geschwindigkeit, meinen die futuristischen Künstler, deshalb muss in ihrer Sicht auch das Bild eine »dynamische Empfindung« darstellen.[20]

Der technik- und kriegsbegeisterte Marinetti wird in seinen Manifesten zur futuristischen Literatur die Geschwindigkeit noch deutlich verschärfen. Im ersten Manifest vom 11.5.1912 möchte er die Sprache dem Propellerflugzeug anpassen,[21] in einem zweiten Anlauf ein Jahr darauf misst er sie an den Momenten des Ausnahmezustands. Was passiert, fragt Marinetti, wenn man sich in einer »Zone intensiven Lebens (Revolution, Krieg, Schiffbruch, Erdbeben usw.)« befindet? Seine Antwort lautet: In der Erregung des gefährlichen Augenblicks wird man unmittelbar auf syntaktische Einheiten und ausgesuchte Beiworte verzichten, die Worte dienen in dem Moment allein dem Zweck, alle »Vibrationen« des Ichs wiederzugeben.[22] Diese Zwänge des Ausnahmezustands und der Geschwindigkeit von (Kriegs-)Maschinen erhebt Marinetti nun umstandslos zur Notwendigkeit aller (literarischen) Sprache: Die »befreiten Worte« konzentrieren sich auf einen telegrammartigen Stil ohne Adjektive und gebeugte Verben, lyrisch gesteigert durch Klangmalerei und kühne Analogien[23]:

»Vorhut [Avant-gardes]: 200 Meter pflanzt-die-bajonette-auf vorwärts schlagadern anschwellung wärme gärung haare achselhöhlen haarknoten rotblond blond atemzüge + tornister 18 kilo vorsicht = schaukel schrott sparbüchse weichheit : 3 schauder befehle steine wut feind magnet leichtigkeit ruhm heldentum vorhut: 100 meter maschinengewehre gewehrschüsse ausbruch geigen messing *pink pum pank pank bim bum* maschinengewehre *tataratatarata* Vorhut: 20 meter bataillone-ameisen reitereispinnen straßen-furten general-inselchen meldereiter-heuschrecken sand-revolution haubitzen-volksredner wolken-gitter gewehre-märtyrer schrapnells-heiligenscheine multiplikation addition division haubitzen-abziehen granate-tilgung triefen fließen erdrutsch blöcke lawine Vorhut: 3 meter durcheinander hin-und-her festkleben loslösen zerreißen feuer entwurzeln baustellen erdrutsch steinbruch brand panik verblendung zermalmen eintreten hinausgehen laufen.«[24]

Das avantgardistische Prinzip ist dadurch deutlich erklärt (auch wenn das literarische Beispiel einen nicht unbedingt mitreißt). Keineswegs geht es nur um eine Verpflichtung der Kunst auf gewaltsam-ekstatische Themen. Die Kunst soll vielmehr genauso aggressiv, genauso dynamisch sein wie der Aufruhr und die technischen Geschosse. Die futuristische Kunst ist »nichts anderes als ein höheres Leben«, ebenso weit entfernt vom täglichen Leben wie die intensiven Momente der Revolutionen, Naturkatastrophen und Kriege selbst.[25] Ziel dieser Kunst ist es, das Publikum aus dem alltäglichen Leben herauszureißen und es in eine »Atmosphäre grellen intellektuellen Rausches zu schleudern«.[26] Präziser bestimmt, lautet das Ziel, das italienische Publikum für jene »Geschwindigkeiten« und »waghalsigen Unternehmungen« zu trainieren,[27] die der kommende Krieg und die hoch technisierte Nation verlangen.[28]

Das Wort vom ›Training‹ stellt dabei keine futuristische Metapher dar, die sich der begeisterten Rhetorik des Künstlermanifests verdankt. Es handelt sich sogar eher um eine Untertreibung, denn da die futuristische Kunst sich nicht vom Leben unterscheiden soll, müsste sie über eine bloße Simulation auf markiertem Übungsgelände hinausgehen, die kaum intensive Momente zulassen würde.

Im nächsten Schritt muss dann allerdings die Frage gestellt werden, ob die behauptete Einheit von Kunst und intensivem Leben mehr als ein rhetorischer Superlativ ist. Marinetti scheint die Schwierigkeit, beide zur Deckung zu bringen, zu ahnen, wenn er an einigen Stellen einfach dem Krieg höchste Schönheit zuschreibt.[29] Angetrieben von den Erfahrungen des italienischen Lybien-Feldzuges 1911/12, zeichnet Marinetti in zahlreichen Schriften den Krieg als Stifter reiner, völlig entgrenzter Gewalt und Schönheit aus – und nicht die Revolution oder gar die Kunst. Nach der Besetzung Tripolis' etwa, die Marinetti als Kriegsberichterstatter miterlebt, feiert er die »großartigen Symphonien der Schrapnelle« und fordert im Gegenzug unmissverständlich dazu auf, Verse und Orchester beiseite zu lassen, solange der Krieg andauere.[30]

Andererseits verurteilt Marinetti das alte Theater als vollkommenen Gegensatz zur ungeheuren »Geschwindigkeit des Krieges«[31] und stellt das futuristische Theater konsequent unter das Motto »jeden Abend Krieg«,[32] wohl wissend, dass es durchaus einen Unterschied zwischen solchen ›Kriegen‹ und den nationalistischen Schlachten gibt. Es muss also noch Gemeinsamkeiten zwischen Kunst und intensivem Leben geben, die weniger totalitär als die über alles hinwegrasende Gewalt ausfallen.

Einen Anhalt, nach solchen feineren Gemeinsamkeiten zu suchen, bietet erst einmal die Biographie der Futuristen. Marinetti z.B. hatte sich Anfang des Jahrhunderts einen Ruf als symbolistischer Schriftsteller erworben. Beim Abdruck des ersten futuristischen Manifests stellt der *Figaro* den Verfasser darum als Dichter vor, nicht als Brandschatzer. Das ist kein Missverständnis vonseiten der kultivierten Zeitung. Viele der darauffolgenden Bemühungen Marinettis, die Futuristen bekannt zu machen, spielen sich weiterhin in der Kunstwelt ab, in der Welt der Galerien, der mondänen Zirkel und intellektuellen Zeitschriften.

Das beschränkt sich nicht auf die Anfangsjahre. Selbst der entschiedenste politische Eingriff führt bei den italienischen Futuristen auf seltsamen Wegen wieder ganz in die traditionelle Welt der Kulturinstitutionen zurück. Zuerst deutet wenig darauf hin, denn mit ihrem technisch-kriegerischen Nationalismus und dem damit verbundenen Aufruf, die alte Welt in ihrer Gesamtheit zu zerstören, gewinnen die Futuristen nach dem

Ende des Ersten Weltkriegs erkennbare politisch-revolutionäre Gestalt: Die »Arditi« (die »Kühnen«), jene nun paramilitärischen Einheiten unter Führung des Futuristen Mario Carli, treten 1919 in Benito Mussolinis »Fasci di Combattimento« ein. Zu ihren spektakulärsten Aktionen gehören die Besetzung der Mailänder Scala und die Verwüstung der Redaktionsräume der sozialistischen Zeitung *Avanti*. Bei einer Wahl im November 1919 treten Marinetti, einer der Leiter der Mailänder »Arditi«, und Mussolini gemeinsam als Kandidaten der lokalen faschistischen Liste an (die Faschisten erhalten in Mailand knapp 4800 Stimmen, die Sozialisten dagegen 170.000, 74.000 die Volkspartei). Bereits im Jahr darauf verlassen jedoch die Futuristen wieder die Faschisten, weil sie ihr antimonarchistisches und antiklerikales Programm bei ihnen nicht durchsetzen können (so Marinettis Begründung). Nach dem Machtantritt Mussolinis Ende 1922 aber erklären Marinetti und andere Futuristen dem nun erfolgreichen Führer sofort öffentlich ihre Unterstützung. Beim versuchten Anschluss an die Macht vergisst Marinetti nicht, die Verdienste der eigenen Bewegung am Faschismus, den er als »futuristisches Minimalprogramm« betrachtet, hervorzuheben. Der Versuch, maximale Verdienste zu reklamieren, glückt allerdings nicht. Zwar beschränkt sich Marinetti in der Folgezeit stark darauf, den Futurismus ungeachtet seiner viel weitergehenderen kriegerisch-technologischen Ansprüche ins Zentrum der staatlichen Kunstpolitik zu rücken, doch selbst auf ein futuristisches Kunstprogramm lassen sich die italienischen Faschisten nicht festlegen. Die heftige Bewegung aus dem Feld der Kunst in die Welt der Politik führt die Futuristen so in die aus ihrer Sicht traditionelle staatliche Kunstpolitik zurück: Es bleibt bei einer Reihe von Ausstellungen und – 1929 – bei der ehrenvollen Aufnahme Marinettis in die italienische Akademie.[33]

Die faschistische Kulturpolitik lässt dadurch besonders deutlich werden, was schon zuvor – trotz der Orientierung der futuristischen Kunst am Ziel der gewaltsamen Auflösung – sichtbar war: Auf ihren Status als Künstler kann man die Futuristen einigermaßen leicht zurückführen, weil sie nicht allein Manifeste hervorbringen, die zur Aktion anstacheln, sondern Werke. Die Nähe zu den alten kulturellen Institutionen bleibt insofern gewahrt, als weiterhin die für sie passenden Gegenstände hergestellt werden. Das gilt besonders für die bildenden Künstler unter den Futuristen. Ihre ›dynamischen‹ Bilder bleiben doch immer Bilder, die ein Rahmen umschließt und stillstellt.

Natürlich haben die Futuristen dieses Problem erkannt. Zur möglichen Entgrenzung der futuristischen Werkkunst muss darum programmgemäß der erregte Betrachter beitragen. Wie gesehen, haben die Futuristen tatsächlich nie versäumt, darauf hinzuweisen, dass ihre Kunstwerke von einer Intensität sein müssen, die den Betrachter unweigerlich mitreißt. Die Differenz zu den direkten, modernen Vorläufern der

Avantgardisten, die radikal auf ihrer Autonomie bestanden und Kunst um der Kunst willen (»l'art pour l'art«) betreiben wollten, ist damit deutlich erklärt.[34]

Gegenüber der alten Kunst jedoch, die sich Wirkungszielen keinesfalls verschloss, geht das nicht so einfach. Hier bleibt der Avantgarde allein der Weg – den sie nur allzu gern beschreitet –, die Wirkungsabsicht besonders extrem anzusetzen, um wenigstens eine graduelle Unterscheidung zu gewährleisten; moralisch oder physisch angreifender Schock und verwirrender oder erregender Reiz scheinen den Avantgardisten die geeigneten Mittel dafür zu sein.[35] Die *erste*, noch schwächliche, *Formel* der neuen Künstler lautet deshalb: Die avantgardistische Kunst muss über eine Kraft verfügen, die den Zuschauer den Sog des intensiven Lebens spüren lässt.[36]

Bei der *zweiten*, bereits vollkommenen, *Formel* der Avantgarde kann es keinerlei Verwechslungsmöglichkeit mehr geben: Sie besteht in der Forderung, Kunst und Leben einander – so weit es eben geht – anzunähern. Die Futuristen wollen dies erreichen, indem sie ihre Rede an der befreiten Sprache des Ausnahmezustands ausrichten – wodurch umgekehrt das futuristische Werk für den alltäglichen Betrachter zur »Schule der Freude, der Geschwindigkeit, der Kraft, der Tollkühnheit und des Heroismus« werden soll.[37] In ähnlicher Weise wendet sich die futuristische Musik von den bekannten Tönen ab und jenen Geräuschen zu, die aus dem »unregelmäßigen Gewirr des Lebens zu uns« dringen.[38] Im Reich des Theaters läuft die Verwischung der Grenze zwischen Leben und Kunst über die Aufhebung der Kluft von Bühne und Parkett; zu diesem Zweck schlagen die Futuristen vor, die Zuschauer an der Handlung zu beteiligen oder sie so heftig zu überraschen und zu provozieren, dass sie nicht ruhig auf ihren Plätzen sitzen bleiben können;[39] zumindest letztes wird bei den futuristischen Theaterabenden gegen Ende der Veranstaltung hin auch erreicht, nicht selten beschließt eine Prügelei die Aufführung.[40]

Die futuristische Vorstellung, wie sich der Graben zwischen Kunst und Politik überwinden lässt, kann man noch leichter auf den Punkt bringen. Wenn Marinetti nicht einfach – wie zumeist – auf die übergreifende politisch-künstlerische nationalistische Gewalt und Geschwindigkeit setzt, fordert er vollkommen einseitig: »die Kunst und die revolutionären Künstler an die Macht!« Trotz der autoritären Selbstermächtigung handelt es sich bei diesem Aufruf Marinettis aus dem Jahr 1919 um eine vergleichsweise menschenfreundliche politische Vision. Marinetti setzt stark auf den technischen Fortschritt; dank ihm werden die Künstler-Politiker zumindest alle »intelligenten Menschen« von der Lohnarbeit befreien können. Bei allen anderen, die weiter dem mühseligen Arbeitsleben unterworfen sind, soll das »Problem des Wohlstands« auf »geistig[e]«, künstlerische Weise gelöst werden. Ganz humanistisch schlägt Marinetti die kostenlose Verteilung von Büchern und tägliche, freie Konzerte in allen Stadtteilen vor. Das Ziel dieser kulturpolitischen Maßnahmen ist weitreichend. Erst einmal geht es darum, die »ökonomische Hölle« durch die »unzähligen Feste der Kunst« zu verschönern. Langfristig soll damit aber mehr als nur ein Ausgleich des ernsten Lebens durch die aufheiternde Kunst verbunden sein: Der »Kunst-Alkohol« muss allen solange eingeflösst werden, bis viele selbst zu Künstlern werden. Im Sinne eines »anarchistischen Individualismus«, dem »Ziel und Traum eines jeden starken Geistes«, würde dann irgendwann – gemäß Marinettis Plan – eine Zeit anbrechen, in der das Leben für alle ein »Kunstwerk-Leben« wäre – ungehemmt von materieller Pression.[41]

Einen amüsanten Vorschlag, wie sich das ästhetizistische Lebensprogramm des elitären Dandys zur politisch-künstlerischen Praxis der Massen wandeln könnte, hatten bereits 1913 die russischen Futuristen Michail Larionov und Il'ja Zdanevic vorgebracht. »Nun ist es Zeit, daß die Kunst ins Leben eindringt«, rufen sie ganz allgemein, aber einprägsam aus. Ihr besonderes Anliegen ist ebenfalls von großer Prägnanz: Sie fordern dazu auf, sich das Gesicht zu bemalen![42] Wie Baudelaire, der in der Schminke das (neben der Mode) einzige Mittel der Frau sah, der Natur zu entfliehen und so dem Dandy wenigstens etwas nahe zu kommen,[43] treten sie dabei für äußerste Künstlichkeit ein. Sie wenden sich gegen jene Schminke, die lediglich die Natur nachahmt, und plädieren stattdessen für eine viel auffälligere Bemalung. Anders als Baudelaire jedoch sehen sie in der bewusst künstlichen Stilisierung keinen Akt der Abgrenzung gegenüber der Masse. Im Gegenteil, für sie ist die »Selbstbemalung« eine der »neuen Kostbarkeiten, die wie alle heutzutage dem Volk gehört«.[44]

Nach der Oktoberrevolution 1917 wird der Bezug auf das Volk, genauer gesagt: auf die proletarischen Massen, dann bindend. Jetzt zeigt sich sehr eindrücklich, dass der futuristische Avantgardismus politisch auch ganz anders ausgerichtet sein kann als bei den italienischen Gewaltdynamikern. Patriotismus, Militarismus und Frauenverachtung gelten den russischen Konstruktivisten Naum Gabo und Anton Pevsner 1920 in deutlichem Kontrast zu den futuristischen Faschisten schlicht als »provinziell«.[45]

An vielen Vorschlägen der sowjetischen Konstruktivisten und Kubofuturisten zur Überwindung der Kluft zwischen Kunst und Leben kann man allerdings ablesen, dass die italienischen Faschisten in dieser Hinsicht theoretisch sehr avanciert gewesen sind. Nicht wenige der russischen Künstler suchen in traditionellerer Manier einfach die Öffentlichkeit; sie wollen sie aufklären und beeinflussen. Avantgardistisch ist daran lediglich die bewusste Abkehr von der hergebrachten bürgerlichen Öffentlichkeit der Salons und Galerien: Die Pevsners etwa möchten ihre Werke auf der Straße zeigen,[46] Vladimir Majakovskij, David Burljuk, Vasilij Kamenskij wollen – als »Führer des russischen Futurismus« – 1918 das »freie Wort der schöpferischen Persönlichkeit« auf die Automobile, die Straßenbahnen und auf die »Kleidung aller Bürger« schreiben.[47]

Das ›freie Wort‹ soll dabei wenig später – wenn es in der prosaischeren Wirklichkeit doch nur auf Plakaten und Zeitungsseiten steht – natürlich nicht Ausdruck solcher Persönlichkeit sein, sondern der kommunistischen Agitation und Information dienen. Als Vertreter der avantgardistischen Novyi Lef (»Neue Linksfront der Künste«) – nicht etwa einer stalinistischen Kunstauffassung – stellt Sergej Tretjakov noch 1927 der schönen, fiktionalen Literatur hart die Reportage – die »Literatur der Tatsachen« – entgegen.[48]

Tretjakov belässt es nicht bei diesen Hinweisen, die auch ein Schriftsteller der deutschen Neuen Sachlichkeit unterschreiben könnte. Der kommunistisch-operative Anspruch führt den Autor weg vom Schreibtisch in die ländliche Kolchose »Roter Leuchtturm«, wo er sich u.a. darum bemüht, Aushänge und Kolchos-Blätter einzuführen.[49] Walter Benjamin wird Jahre später aus Tretjakovs Initiative das wahrhaft avantgardistische Projekt herauslesen, die »Unterscheidung zwischen Autor und Publikum« zu beenden. Damit wird der Versuch, die Kluft zwischen Kunst und Leben zu überbrücken, um eine weitere Variante bereichert: Jeder Arbeiter wird zum Schreibenden, indem er als Sachverständiger, der über seine Arbeitsverhältnisse berichtet, »Zugang zur Autorschaft« gewinnt. Die »Arbeit selbst kommt zu Wort«, da braucht es die spezialisierte Tätigkeit des Journalisten oder gar Belletristen nicht mehr.[50]

Benjamins kühne Beleuchtung verdankt sich nicht allein der Distanz des deutschen Theoretikers zum sowjetischen Alltag. Recht besehen, macht Benjamin nichts anderes, als die linksfuturistischen Maximen der Jahre seit 1918 auf Tretjakovs Bericht aus der landwirtschaftlichen Kommune zu übertragen. Der Punkt, an dem Kunst und Leben eins werden, ist nun nicht mehr die kriegerische Gewalt wie bei den italienischen Futuristen, sondern – konsequent marxistisch gedacht – die Produktion.

Bereits 1918 hatte Alexander Bogdanov, einer der führenden Propagandisten der »Proletkult«-Vereinigung, die Einheit von Kunst und Technik postuliert. Kollektiv ausgeübte Kunst und Arbeitsleben sollen verschmelzen, schreibt Bogdanov; er hofft auf eine »aktive und ästhetische Umwandlung« des ganzen proletarischen Lebens.[51] Nur der vollendete »Übergang der Künstler von der Abbildung zur Konstruktion« sichert ihnen einen Platz in der revolutionären Sowjetunion mit ihrem Prinzip der »gesamtgesellschaftlichen Organisation« und der »kollektiven Arbeit«.[52] Der ›Künstler‹ wird zu einer Art Forscher, der bei der Gestaltung des Alltags- und Arbeitslebens nützlich ist, weil er über brauchbare Kenntnisse etwa beim Umgang mit dem Material Sprache oder Farbe verfügt.

In den folgenden Jahren werden die Projekte der Produktionskunst mit ihren weitreichenden konstruktivistischen und linksfuturistischen Anliegen genauer benannt: Das reicht vom ›Theater‹ als biomechanischer Übungsstätte bis zur ›Literatur‹ als Warenwerbung. Weit über eine dekorative Gebrauchskunst hinaus, soll vor allem die bildende Kunst im Verbund mit den technischen Wissenschaften ihren Beitrag zur Gestaltung von Städten, Wohnungen, Fabriken und Produktionsmaterialien leisten.[53] Das futuristische Programm der avantgardistischen Vereinigung von Kunst und Leben hat damit in wenigen Jahren vor und nach dem Ersten Weltkrieg den ganzen Weg zwischen zwei Extremen durchlaufen: Von der totalen Zerstörung zum kompletten Lebensdesign.

Dadaismus

Mit Stalins sozialistischem Realismus enden die sowjetischen Bestrebungen, die Institution Kunst und deren einzelne Werke (Buch, Gemälde, Theaterstück) in der gesamtgesellschaftlichen Produktion aufzuheben. Über kleinere Versuche waren die linksfuturistischen Bemühungen aber bis zu diesem Zeitpunkt ohnehin nicht hinausgekommen. Die materiellen Mittel dazu standen nie zur Verfügung. Bereits Lenin hatte sich 1920 eindeutig gegen die Theorien des Proletkult gewandt und stattdessen eine Konzentration aufs vorrevolutionäre kulturelle Erbe eingefordert.

Ohne politischen Rückhalt, auf den viele russische Künstler in den Anfangsjahren der Sowjetunion einmal große Hoffnung setzen konnten, werden die Avantgardebewegungen in all den nachfolgenden Jahrzehnten wieder auf den Stand zurückgeworfen, den die Dada-Bewegung in den Jahren nach 1915 einnimmt: Auf eine Hand voll Künstler, die mit ihren Mitteln den Aufstand gegen die (etablierte) Welt zumeist im Saale, im Kabarett oder in der Galerie proben.

Viele dieser Mittel kennt man nun bereits. Ähnlich wie die Futuristen setzen die Dadaisten auf das befreite Wort, auf Geräuschmusik und Zuschauerprovokation, betonen dabei aber stärker die Rolle des Zufalls und treiben das freie Wort bis zum Lautgedicht. Zusätzlich operieren einige von ihnen mit Montagebildern und Abfallstücken; der größte Affront gegen die Werkkunst liegt im Dadaismus darin, einfach Gebrauchsgegenstände unverändert auszustellen; zumindest zu solcher Konsequenz hatten es die Futuristen nie gebracht.

Der entscheidende Unterschied zu den avantgardistischen Vor- und Nebenläufern liegt aber woanders. Ganz im Gegensatz zu den italienischen Futuristen ist den Dadaisten jede nationalistische Haltung und fast alle Kriegsbegeisterung fremd. Auf die Gräuel des Krieges im höheren Auftrag des Vaterlandes reagieren sie mit einer totalen Verweigerung gegenüber jener (bürgerlichen) Welt, die aus ihrer Sicht den verheerenden Krieg 1914-1918 betrieben hat. Richard Huelsenbeck und Raoul Hausmann variieren im Rückblick immer wieder polemisch den Satz, dass der deutsche Soldat mit Schiller und Goethe im Tornister in die Schlacht gezogen sei. Auf die ungeheure Zumutung, dem massenhaften Morden einen besonders hohen national-ideellen Wert beizumessen, antworten sie mit der versuchten Zerstörung schlichtweg jeden Sinnangebots, weshalb sie gelegentlich auch wieder auf martialische Gebärden zurückgreifen.[54]

Die Abneigung gegenüber eindeutigen Sinnofferten geht so weit, dass die Dadaisten sich weigern, ihrem selbstgeschaffenen Logo »Dada« feste Kontur zu geben. Von ihnen wird sogar die Losung ausgegeben, sie selbst könnten keine Dadaisten sein, weil sie dadurch erneut auf eine Identität, ein sinnhaftes Programm festgelegt wären.[55] Im Auftrag des »Nichts«[56] bestehen darum ihre Manifeste im Gegensatz zu denen der Futuristen weniger aus Befehlen und Zielangaben, sondern stärker aus bewusst verwirrenden und widersprüchlichen Signalen und Brüchen, aus humoristischen Täuschungen und Bluffs.[57] Trotzdem bleibt aber insgesamt mehr als genug an Texten, Passagen und Wiederholungen übrig, die es erlauben, feste Positionen und klare Botschaften der Dadaisten auszumachen.

Da ist zum einen die entschieden »antibourgeoise« Haltung.[58] Sie ist so stark, dass sie sich viel heftiger als bei den italienischen Futuristen gegen einzelne Typen oder konkrete Eigenschaften richtet und sprachlich bis zur Verhöhnung des »Bürgerschwein[s]« geht.[59] Da ist zum anderen die nun schon bekannte Aufforderung, die Kunst ins Leben zu überführen.[60] Besonders die Berliner Dadaisten wenden sich mit aller antibourgeoisen rhetorischen Radikalität von der gewöhnlichen Kunst ab,[61] um sich dem aufregenden Leben hinzugeben.[62]

Die Hinwendung zur »ungeheure[n] Ironie«, die wie das »Leben selbst« sei, schließt zwar jede »Belustigung«, auch und gerade die in »Worten, in Formen, Farben, Geräuschen«, ein.[63] Die Berliner Dadaisten spüren aber, dass unter dem Zeichen der Kunst – und sei es einer Anti-Kunst – die angestrebte verstörende Wirkung kaum erreicht werden kann. Selbst die Aufhebung der Kluft zwischen Bühne und Rampe findet immer im ausgewiesenen künstlerischen Raum des Kabaretts oder Theaters statt und kann so leichter als Ulk oder Experiment abgetan werden. Selbst wenn das nicht der Fall ist, besteht das grundsätzliche Problem darin, dass die Reaktionen zumindest erst einmal am dafür vorgesehenen künstlerischen Aufführungsort verpuffen und über Feuilletondebatten hinaus folgenlos bleiben.[64] Darum verlagern die Berliner Dadaisten eine Reihe ihrer provozierenden, verwirrenden Aktionen in andere öffentliche Räume, in Kirchen und politische Versammlungen; einige vorübergehende Tumulte sind die Folge, Spektakel, die von der Presse gerne aufgegriffen werden und manchmal kleinere Gerichtsverhandlungen nach sich ziehen.[65]

Bei allen Aktionen verzichten die Dadaisten allerdings nicht darauf, ihre Künstler-Signatur »Dada« anzugeben. Auch wenn ihre Künstlerschaft natürlich umstritten ist und sie selber darauf dringen, für unendlich mehr als einen abgeschlossenen Kunstbereich zu stehen, sind sie doch in der Öffentlichkeit als wilde Dichter und Theateraktionisten gut bekannt und eingeführt. Deshalb besitzen ihre Provokationen und Bluffs von vornherein immer nur eine begrenzte Reichweite. Parolen wie »dada ist die einzige Sparkasse, die in der Ewigkeit Zins zahlt« wären sogar ohne den »dada«-Ausweis wegen ihrer Übertreibung sofort als satirische Sätze zu erkennen;[66] auch eine Information wie die, dass die Dadaisten wegen ihrer »Beziehungen zur Jungfrau Maria« in den Besitz eines geheimen Memorandums gelangt seien, in dem die SPD ihren Übertritt zum Katholizismus anbiete, will selbstverständlich niemanden ernsthaft täuschen.[67]

Genau darum wird das Flugblatt, auf dem der »Oberdada« Johannes Baader sich zum Präsidenten Deutschlands ausruft und das er bei der Gründungsversammlung der ersten deutschen Republik 1919 in Weimar abwirft, ebenfalls nicht als Akt des Staatsstreichs, sondern als anarchistische Parodie jeder Herrschaft wahrgenommen.[68] Weil das Flugblatt aber immerhin nicht in einer Galerie verlesen wird, sondern am Ort der politischen Macht zum Einsatz kommt, ist die Aufregung groß; Baader wird festgenommen, alle Zeitungen berichten. Im Rückblick bilanziert Hans Richter: »Damit hatte Dada die führenden Politiker des Landes wenigstens belästigt, die ganze Öffentlichkeit nahm Kenntnis davon.« Was Richter im nächsten Satz dann als Wirkung der Aktion verbucht, kann zumindest als ihr Ziel festgehalten werden: »Das Gelächter stärkte die Opposition, säte Konfusion und schwächte die Autorität.«[69]

Surrealismus

Die einzigen dadaistischen Informationen, die von der Öffentlichkeit für bare Münze genommen wurden, waren Meldungen, die Dadaisten selbst betrafen. Die erfundene Nachricht, dass Hans Arp und Tristan Tzara sich ein Pistolenduell geliefert hätten, geht 1919 durch die internationale Presse.[70] Einige Monate später wird auch noch vermeldet, dass Walter Serner beim ersten »Weltkongreß der Dadaisten« mit einer Browning vier Schüsse auf Tzara abgegeben habe.[71] Serner lässt einen weiteren eigenen Bericht allerdings mit folgenden Worten enden: »Zwanzig Dadaisten schossen aus Kinderrevolvern minutenlang auf Dr. Serner, der ununterbrochen stöhnte: ›*Ah, c'est bon! Encore! Encore!*‹«[72]

Durch die Kinderrevolver verlieren die Browningschüsse sofort wieder jeden Wirklichkeitsgehalt. Der Anschlag gewinnt darum die gleiche Qualität, die dadaistische Forderungen auszeichnet. Ihre Manifeste zeugen von einer rhetorisch hochgetriebenen Vehemenz, der keine genau entsprechende Handlung folgt. Die Ideen, Wertvorstellungen und Sätze sind bereits die Taten. Richard Huelsenbeck kündigt schon im Zürcher

»Cabaret Voltaire« 1916 an, dass seine Worte die Zuhörer »wie eine Kugel treffen« werden.[73] Später spricht er davon, dass er »mit dem Revolver in der Tasche Literatur« schaffe.[74] Jene Intensität, die Manifeste und gewaltsam lebendige Kunst auszeichnen muss, macht materielle Zerstörungen überflüssig. Wenn Huelsenbeck schreibt, dass der »Bürger«, jener »satte Karpfen und Viehhändler, der sich am Sonntag für 20 Mark Kunst kauft, um am Alltag seinen verbrecherischen Fellhandel mit Vorteil weiterbetreiben zu können«, von »Dada ermordet, abgemurkst, für immer unschädlich gemacht werden« soll, dann muss niemand direkt um sein Leben bangen.[75]

Freilich weiß man erst im Nachhinein genau, dass dies keine tatsächliche Morddrohung ist (von Huelsenbeck sind jedenfalls keine Kapitalverbrechen bekannt). Dass die Furcht erregenden Worte von einem (Anti-)-Künstler stammen, macht die Vermutung, es handle sich um Metaphern, aber gleich wesentlich sicherer. An dem Punkt können die aktionistischen Künstler kaum mehr auf unmittelbare Wirkung hoffen. Nun kann man ohne jede Übertreibung feststellen: Je fürchterlicher die Worte, desto weniger Angst verbreiten sie. Wenn Wieland Herzfelde ausführt, dass der Berliner Dadaismus weder eine Kunstrichtung war noch sein wollte, dann mag das zu einem großen Teil stimmen; wenn er jedoch fortfährt, dass die dadaistische Absage an die Kunst auf »absurde, aber treffende«, auch die »expressionistische und abstrakte ›Avantgarde‹ bewußt verletzende Weise« erfolgte,[76] dann offenbart sich im ›Absurden‹ doch wieder die allgemein weniger gefährliche Kunst.

Einschränkend muss jedoch gesagt werden, dass diese Auffassung nur zutrifft, solange jeder womöglichen Kunst – auch derjenigen, die ganz direkt wirken will – ein Freiraum zugestanden wird. Falls der Bürger auf ein literarisches Manifest genauso reagiert wie auf ein politisches Pamphlet, ist die Ansicht, Kunst sei ungefährlich, hinfällig. Weil der Freiraum sich daraus ergibt, dass künstlerische Aussagen als unwirkliche Sätze wirken, hängt es ganz von der erfolgreichen Distanznahme des Kunstbetrachters ab, ob die prekären Aussagen nicht persönlich oder als politische Handlungsanweisung genommen werden.

Die bürgerliche Gelassenheit der Kunst gegenüber bietet den avantgardistischen Anti-Künstlern einerseits Schutz, andererseits treibt diese sie gerade zur Verzweiflung. André Breton, aus dem Kreis der Pariser Dadaisten, muss darum besonders kritisch sehen, dass – nach seinem Urteil aus dem Jahr 1922 – die Anhängerschaft der Dadaisten »nur noch aus ein paar armen Teufeln besteht, die sich auf ihre Poesie zurückgezogen haben« – wo doch selbst die »Missetaten von einst«,[77] auf die Breton seine Mitstreiter wieder verpflichten möchte, durchaus im Kunstrahmen verblieben. Das gilt selbstverständlich auch für Breton, etwa wenn er bei einem dadaistischen Abend, der in Eierwürfen der Zuschauer gipfelt,[78] in einem Sketch einen Regenschirm mit »Revolverkrone« spielt.[79]

Mit dem Surrealismus nimmt Breton deshalb einen neuen Anlauf.

Erneut geht es darum, »außerordentliche Situationen« zu erleben, nicht bloß über sie zu schreiben. Im Namen der (unbewussten) Phantasie und des Wunderbaren hofft Breton im ersten surrealistischen Manifest 1924 gleich auf »schreckliche Revolten«. Vor allem die Kunst wird dabei als Möglichkeit gesehen, das Ziel zu erreichen. Ihre Ausgestaltung unterscheidet sich deutlich von denen der Dadaisten und Futuristen: Écriture automatique und die überraschende Kombination von Dingen und Worten in Gemälden oder zu sprachlichen Bildern stehen diesmal im Mittelpunkt der künstlerischen Versuche. Solche »Poesie zu praktizieren«, bedeute, die »Begierden« im »anarchischen Zustand« zu halten, hält Breton fest.[80] Andererseits weisen die Surrealisten mit aller nun schon bekannten avantgardistischen Vehemenz darauf hin, dass der Surrealismus »keine dichterische Form« sei. Sie wehren sich dagegen, von der kunstinteressierten Öffentlichkeit als Schriftsteller oder Maler missverstanden zu werden; vielmehr seien sie »Spezialisten der Revolte«, die sich aller »Aktionsmittel« – u.a. eben auch der Literatur – bedienten.[81]

Zu diesen Mitteln zählt Breton ausdrücklich die Gewalt. Seine Worte scheinen nicht nur Metaphern zu sein. Noch 1930 – vollkommen ungeachtet der inzwischen begonnenen Annäherung an die kommunistische Partei – heißt es im zweiten surrealistischen Manifest, dass die »einfachste surrealistische Haltung« darin bestehe, »mit Revolvern in den Fäusten auf die Straße zu gehen und blindlings in die Menge zu schießen«. Weit entfernt von anarchistischen Anschlägen auf Regenten oder aufständischer Gewalt ist das eine Maxime purer Vernichtungswut. Selbst die reine zerstörerische Kraft, die der Futurismus feiert, ist dagegen immerhin noch oft genug nationalistisch ›eingehegt‹. Liest man bei Breton weiter, wird die Aussage jedoch wieder beträchtlich relativiert. Gleich im nächsten Satz wird der Kreis der ›einfachen‹ Surrealisten nämlich auf all diejenigen ausgeweitet, die »wenigstens einmal in ihrem Leben Lust« hatten, auf solch mörderische Weise »mit dem derzeit bestehenden elenden Prinzip der Erniedrigung und Verdummung aufzuräumen«.[82] So verkehrt sich die grundlegende Aktion augenblicklich in ein vorübergehendes Gefühl, in einen intensiven Wunsch. Zur Verteidigung Louis Aragons, dessen Gedicht »Front rouge« u.a. zur Ermordung von Sozialdemokraten aufruft, wird Breton 1932 sogar das ganz traditionelle Argument benutzen, lyrische Zeilen dürfe man nicht buchstäblich lesen.[83]

Lust dazu, mit terroristischem Furor die allgemeine ›elende Dummheit‹ zu beenden, dürften die Surrealisten wahrscheinlich fast alle gehabt haben, Gewaltakte haben sie tatsächlich aber keine verübt. In aller (paradoxen) Deutlichkeit heißt es in einem »Posthumen Papier« Jacques Rigauts unmittelbar nach der Schilderung eines Brandanschlags auf den Gaumont-Palace: Die Geschichte sei zwar nicht wahr, aber da die Vorstellung daran eine dermaßen große Freude bereite, sei an ihr auch nichts »gelogen«.[84] Der letzten argumentativen Drehung Rigauts zum Trotz: Dass der Unterschied von Phantasie und Realität viel größer ist, als es die

Surrealisten theoretisch annehmen, zeigt sich auch an solch einem simplen Beispiel der Differenz von Gedanken und Tat. Die »Aktionsmittel« der Surrealisten beschränken sich darum in noch viel stärkerem Maße als bei den Dadaisten auf Worte und Bilder. Aufmerksamkeit gewinnen sie abseits ihrer Erklärungen und künstlerischen Veröffentlichungen durch ganz andere einfache, überhaupt nicht surrealistische Handlungen – indem sie ihr Vaterland und seine Würdenträger öffentlich in äußerst beleidigender Weise schmähen.[85]

Wie schon bei den Dadaisten und einem großen Teil der Futuristen bleibt der Bezug von Leben und Kunst in erster Linie durch die seit dem 19. Jahrhundert gut bekannte Boheme-Manier der Lebenskunst gewahrt. Die zumeist fehlende Grenze zwischen Arbeits- und Privatleben und die Politisierung oder wenigstens Ausstellung intimer Handlungen bilden deren Grundlage, bei den Surrealisten kommen im Besonderen z.B. Schlafexperimente und endlose Fahrten mit Vorortzügen hinzu. Auch die Gewalt kann hier ihren Ort finden, allerdings in ganz anderer Weise, als es Bretons Terrorphantasie ahnen lässt: In der zweiten Nummer der Zeitschrift *La Revolution Surréaliste* bestimmt René Crevel den Selbstmord als »richtigste und radikalste aller Lösungen«; allein der Selbstmörder unterdrücke nicht »aus einer Feigheit heraus, von der nahezu die gesamte Menschheit befallen« sei, jene Stimmung, »die an sich so überwältigend ist, daß sie einstweilen, d.h. bis wir klarer sehen, als ein Erfühlen der Wahrheit betrachtet werden muß«.[86]

Über den ersten Surrealisten, der sich umbringt – Jacques Rigaut – schreibt Breton in ähnlicher Stimmung, er habe sich jeden Abend einen Revolver unter das Kopfkissen gelegt. Der elegante Dandy Rigaut hat sich nach dem weiteren Bericht Bretons bereits mit 20 Jahren selbst zum Tode verurteilt und von da an »Stunde zu Stunde, zehn Jahre lang, ungeduldig auf den Augenblick gewartet, da es angemessen wäre, seinem Leben ein Ende zu setzen«.[87] Die »ausserordentliche Situation« wird von diesem Surrealisten auf Dauer gestellt, indem er sich selbst richtet. Die »Lösung« des Selbstmords weist allerdings über ihre Funktion, ein besonders nachdrückliches Bild für die angestrebte surrealistische Lebensintensität zu liefern, ein gravierendes Problem auf: Mit der Vollstreckung des Urteils ist mehr als nur eine »Situation« zu Ende und alle Begierde gelöscht.

Situationismus

In den Jahren nach dem Zweiten Weltkrieg wird das Verlangen nach politisch-künstlerischer Intensität vor allem von der Lettristischen Internationale und ihrem Nachfolger, der Situationistischen Internationale (S.I.), einer kleinen europäischen Künstler- und Bohemegruppe mit Sitz in Paris, lebendig gehalten.[88] Die Verbindung ist leicht herzustellen: Im Gründungstext der S.I. heißt es programmatisch, dass es das »Ziel einer revolutionären Aktion auf dem Gebiet der Kultur« sein müsse, das »Leben« zu erweitern.

Ganz ausdrücklich wird die »Avantgarde« auf solch eine »Gesamtforderung« festgelegt, die davor schützt, auf »bestimmte harmlose und konfuse, heruntergekommene Formen der Neuheit« reduziert zu werden. Die Übereinstimmung mit dem radikalen ›lebenskünstlerischen‹ Anspruch der historischen Vorläufer ist damit deutlich erklärt. Bei den Futuristen, Dadaisten und Surrealisten – und nur bei ihnen! – finde man »denselben universalistischen Willen zur Veränderung«, lobt der Cheftheoretiker der S.I., Guy Debord, Mitte der 50er Jahre.[89]

Besonders die surrealistische »Behauptung der Souveränität der Begierde und der Überraschung« findet den Beifall der Situationisten. Sie schätzen daran auch – im Gegensatz zum »kindisch technische[n] Optimismus« der Futuristen und der reinen Negation der Dadaisten – die »konstruktiven Möglichkeiten«. Abgelehnt wird von den Situationisten nicht dieser surrealistische Vorschlag einer »neuen Anwendung des Lebens«, sondern der von den Surrealisten bevorzugte Modus seiner Verwirklichung: Der grundlegende Irrtum des Surrealismus liege in der »Idee des unendlichen Reichtums der unbewußten Phantasie«. Die Situationisten dagegen setzen auf mehr »Rationalität« – das sei die »Vorbedingung«, um mehr »Leidenschaft« in die Welt zu bringen.[90]

Die Rolle der Künstler wird von den Situationisten kurz und bündig darin gesehen, sich an der »Konstruktion« intensiver »Situationen« zu beteiligen, die solche Leidenschaften hervortreiben.[91] Das Ziel der Intensität soll genau durch die Aufhebung der Differenz von Kunst und Leben erreicht werden. Die beiden wichtigsten avantgardistischen Punkte sind somit vereint. An die Stelle der trennenden, konsumistischen, den Zuschauer zur Passivität und zur Wiederholung verurteilenden »Spektakel« wollen die Situationisten eine »ständige Neuerschaffung« des alltäglichen Lebens setzen.[92]

Weil sie kaum einen Unterschied zwischen dem ›Spektakel‹ institutionalisierter Werkkunst und dem des Fernsehens oder der Sportarenen machen, achten die Situationisten noch wesentlich stärker als ihre avantgardistischen Vorläufer darauf, dass keine Kunstwerke mehr produziert werden, sondern alle künstlerischen Techniken der Lebenssteigerung abseits von Museen und Bibliotheken dienen. Der Auftrag ist eindeutig: Wie bereits von den sowjetischen Futuristen und Konstruktivisten ausgeführt, soll der Künstler neue Techniken erfinden, um »das Licht, den Schall, die Bewegung« so zu nutzen, dass die Lebens-»Umgebung« entscheidend beeinflusst wird.[93]

Im Unterschied zu den Konstruktivisten betonen die Situationisten (hier wieder im Einklang mit allen anderen historischen Avantgardebewegungen) allerdings nicht nur das Ziel der Intensität stärker; ihre Vorschläge richten sich vor allem sehr viel seltener auf die Welt der Produktion. Zwar sind viele der Situationisten Sozialisten genug, um davon auszugehen, dass ihre Pläne nicht mit der kapitalistischen Ordnung vereinbar sind, und sehen sich deshalb mit dem Proletariat im Einklang. Andererseits sind sie jedoch Avantgardisten genug, um zu glauben, dass die »Revolution« sich nicht in der Frage erfassen lasse, »welche Produktionsstufe die Schwerindustrie jetzt erreicht hat und wer sie beherrschen wird«. Zusammen mit der »Ausbeutung des Menschen« müssten auch die »Leidenschaften«, »Kompensationen« und »Gewohnheiten« sterben, »die die Produkte der Ausbeutung waren«. Der »kapitalistischen Lebensweise« sollen deshalb bereits hier und jetzt »wünschenswerte Lebensweisen« entgegengesetzt werden,[94] die dank der bewussten Konstruktion leidenschaftlicher Situationen entstehen sollen.

Wenn man so will, simulieren die Situationisten den Klassenkampf kurz nach ihrer Gründung bereits in den eigenen Reihen. Konstrukteure, die kommunistische Ausrichtung mit avantgardistischen Lebenskonzepten verbinden wollen, stehen gegen Künstler, die letztlich doch nicht von der Werkschöpfung lassen können. Der Gegensatz trifft die deutschen Mitglieder, die der Münchener Malervereinigung Gruppe SPUR angehören,[95] fast vollständig auf der ›falschen‹ Seite an. Als hätte das Großprinzip – Ende der Kunst – nicht schon ausgereicht, um zum Ausschluss der Gruppe SPUR aus der S.I. zu führen, fallen noch andere schwerwiegende Unterschiede ins Auge. Vor allem das expressiv-humanistische Erbe der deutschen Gruppe verträgt sich schlecht mit den Konstruktions- und Konditionierungshoffnungen der Situationisten. Von »schöpferischer Selbstentfaltung«, von dem Anspruch, dass »jeder Künstler« als »ganzer Mensch« und »Fremdkörper in der modernen Massengesellschaft« ein »ganzes Werk verwirklichen« müsse,[96] trennt die Situationisten nicht zuletzt diese moderne Welt.

Auch wenn sie es verdammen, gehen die Situationisten bereits in den frühen 50er Jahren von der Allgegenwart des Fernsehens aus. Amerikanische Verhältnisse werden also auf Europa übertragen; in ihnen sieht man richtigerweise das Modell für die kommende kapitalistische Freizeitgesellschaft – und bei aller Kritik an deren zur Passivität verdammenden Instrumenten und Medien wird doch immer offenbar, dass die S.I. nicht wenige der Konstruktions- und Manipulationsmöglichkeiten schätzt, die in Urbanismus, Funktionalismus, Design, Marketing, Psychologie, Film liegen. Constant z.B. hatte frühzeitig angemerkt, dass der angestrebte »schockierende Charakter«, der von den Umgebungskonstruktionen ausgehen solle, Malerei und Literatur, die »abgenutzten«, »herkömmlichen Kunstgattungen«, von vornherein ausschließen würde, und das Augenmerk auf die Erfindung neuer Techniken, »visueller, sprachlicher, psychologischer« Techniken, gerichtet.[97]

Vielleicht hat Constant eine der Methoden der Gruppe SPUR – das Übermalen von Comics – als solche Technik akzeptiert, schließlich galt es in der Redaktion der S.I. offensichtlich bereits als gelungene Verfremdung, Comic-Strip-Seiten und Fotos von Bikini-Pin-ups mit situationistischen Slogans zu versehen. Zudem gibt sich die Gruppe SPUR sichtlich Mühe, in ihren Schriften situationistische Prinzipien direkt zu übernehmen, wenn auch etwas humanistischer ausgekleidet (die Parole, dass man die Malerei als »individuelle Kunst« aufgeben solle, »um sie in einem neuen Rahmen ›situationistisch‹ zu verwenden«, bekommt den Nachsatz, dass eine damit geschaffene »grundlegend neue Situation« sich durch erkennbar »schöpferische« und »freie« »Individuen« auszeichne; die »schaffenden Individuen« ihrerseits werden aufgerufen, sich »selber eine eigene Welt [zu] schaffen«, da sie sich weder in die bestehende Gesellschaft eingliedern noch aus ihr zurückziehen sollten[98]). Nicht zuletzt reihen sich einige Aktionen der Gruppe in eine kleine Tradition provokativer Störungen und Autoritätsverletzungen ein: Die Lettristen hatten Charlie Chaplin beschimpft und im Mönchsgewand vor einer Gemeinde den Tod Gottes verkündet, die Situationisten mit Vorliebe ihnen nahe stehende Professoren beleidigt, und die Gruppe SPUR stellt aus Satzfragmenten einen prätentiösen Nonsenstext zusammen, der – als Tonbandvortrag des in den 50er Jahren berühmten avantgardistischen Theoretikers Max Bense ausgegeben – das Publikum zu ernsthaftem Beifall animierte.

Trotzdem kommt es 1962 endgültig zur Trennung. Die bildenden Künstler werden aus der S.I. ausgeschlossen. Darin kann man die Handlungsweise unkünstlerischer Menschen sehen, wie Hans Platschek, ein Freund der Gruppe SPUR und selber zeitweiliges Mitglied der S.I., es nachträglich tut: »Solche Leute nehmen Sozialkritik zum Vorwand, Kunst herabzuwürdigen, wohl deshalb, weil die eigene Begabung nicht viel hergab.«[99] Andererseits entfalteten jene unkünstlerischen Dogmatiker eine rege schriftstellerische Aktivität, was Theoriebildung und Urteilsfindung anbelangt; hier kann man ihnen auch das Talent keineswegs absprechen.[100] Heimrad Prem konnte deshalb frühzeitig, im April 1959, auf einer Konferenz der S.I. in München das Argument ins Feld führen, dass es sich bei der Malerei ebenfalls um eine »theoretische Arbeit« handele.[101] Wenn das so ist (kann man den Satz zur Schlussfolgerung ergänzen), dann muss auch die künstlerische Arbeit weitergeführt werden – oder die Theorieproduktion gehört gleichfalls beendet. Zwei Jahre später, auf einer weiteren Konferenz in Göteborg, wird Prem direkter; er denunziert die »theoretische Macht«; sie sei »unfruchtbar« und – »in der heutigen Zeit« – »unfähig«, »die Dinge praktisch zu modifizieren«. Die »großen Gelegenheiten«, die sich auf dem Feld der »Kulturpolitik« böten, dürften deshalb keineswegs »sabotiert« werden.[102]

Prems schlüssiger Gedanke, auch die Theoriebildung am Maßstab der Wirkung zu messen – wieso sollte ein Kunstwerk weniger zur Änderung und Ausgestaltung von Lebenssituationen beitragen als ein theoretischer Text? –, stößt jedoch auf keine Unterstützung. Der Konferenzbericht vermerkt weiter: »Andere deutsche Situationisten treten dann Prem entgegen«; »keiner von ihnen fasse die Theorie als von den praktischen

Resultaten getrennt auf. So endet die dritte Sitzung mitten in der Nacht und nicht ohne heftige Aufregung und Lärm – ›Die Theorie ist genau das, was einem eines Tages aufs Maul zurückfällt!‹ kann man von einer Seite hören, auf der anderen Seite Rufe wie: ›Zuhälter der Kultur!‹«[103]

Es bleibt die Frage, weshalb die Mitglieder der Gruppe SPUR – also die »deutschen Situationisten«, also die Maler – nicht von vornherein abgestoßen waren von der antikünstlerischen Rhetorik. Immerhin propagierte Heimrad Prem in einer »Erklärung der deutschen Sektion« bereits auf der 4. Konferenz der S.I. in London (24.-28. September 1960), dass die Avantgardekünstler das situationistische Programm alleine verwirklichen sollten; die Arbeiter verfügten über keine »revolutionären Fähigkeiten« mehr;[104] die S.I. spreche zu Unrecht von der »Unzufriedenheit und Revolte der Leute«, tatsächlich wolle die »Mehrheit immer noch nur den Komfort«.[105] Nach den Worten Helmut Sturms zählte es sogar zum Selbstverständnis der Gruppe SPUR, dass »erst eine freie Kunst, eine Kunst, die etwas wagt, sich selbst in Frage stellt, [...] die gesellschaftlichen Verkrustungen auflösen« könne.[106] Gegen solch einigermaßen konventionelle engagiert-modernistische Veränderungsüberzeugungen stand doch der ganze willentlich herbeigeführte Dogmatismus und Steuerungsfuror der S.I. gerade an! Die Erklärung für die in der Hinsicht merkwürdige Teilnahme der Gruppe SPUR an der S.I. gibt Sturm dann selber: dem Unterschied in den Mitteln – zu denken vielleicht an Konstruktion vs. freie künstlerische Produktion – hätten »ähnliche Ziele« gegenübergestanden, die von den Situationisten theoretisch durchdacht und »politisch artikuliert« worden seien.[107]

Von Politik liest man bei der Gruppe SPUR selber in der Tat wenig – abgesehen von dem vagen antibürokratischen Affekt –, da brauchte es schon andere, die für ›Artikulation‹ sorgten. Hans-Peter Zimmer versucht die Leerstelle soziologisch zu erklären: »Die SPUR bestand im Grunde genommen aus Bürgersöhnchen aus guter Familie.« – Was bekanntlich kein Hindernis sein muss, der eigenen Herkunft abzuschwören. Aber weiter: – »Bis auf Prem hatten wir alle Abitur, politisch interessiert waren wir kaum. Außerdem wußten wir ja alle: da ist die DDR, das ist der reale Marxismus – was hätten wir mit Kommunismus zu tun haben wollen? Mein Vater war CDU-Wähler, Sturms Vater auch, vielleicht hätte ich, wenn damals 'ne politische Debatte gelaufen wäre, gesagt: ich bin für die SPD. Aber wir waren ja politisch noch überhaupt nicht erzogen. Niemand von uns hatte Marx gelesen. ›Militante Diktatur des Geistes‹ war ein Satz von Prem, sein großes Vorbild war Dschingis Khan. Da gab es so einen Film mit den wilden Reitern des Ostens, da ist er zehnmal reingegangen.«[108]

Helmut Sturm führt als einen Ausgangspunkt der Gruppe SPUR immerhin eine »Vorform von Politisierung« an: den Protest gegen die »Wiederbewaffnungsfrage 1956/57« und die Verbundenheit mit der »Antiatombewaffnungsbewegung«, das Befremden über die »Wirtschaftswunderzeit«[109], jene so plötzliche »heile Welt, die Borgwards und Isettas fuhren über die Straßen«.[110] Von der Antiatombewegung trennt sie aber der avantgardistische Stil, die Bewohner der »heilen Welt« nicht für sich gewinnen zu wollen, sondern sie aggressiv zu attackieren. Dazu taugt dann auch der Schrecken der Bombe. Provokativ heißt die Losung: »Die Gruppe SPUR fordert Atombomben.« »Die Atombombe ist ein Kunstwerk«, steht darunter; schließlich wird ironisch-fatalistisch die Begründung geliefert: »Der freie Wille zum persönlichen Leiden, die Leidenschaft bis zur Selbstzerstörung waren bis jetzt in Europa die größte Antriebskraft zur Kultur. Es wird so bleiben.«[111] In einem situationistischen Kommuniqué, an dem die Gruppe SPUR noch beteiligt gewesen sein könnte, verliert sich jedoch im Laufe des Textes die aufklärerische Ironie: »Gegen die Aspiranten eines kleinen unterirdischen Überlebens [in familiären Atomschutzbunkern], das letztlich das ideale Modell einer heruntergekommenen und mechanisierten Existenz darstellen wird, die der moderne Kapitalismus schon in die Massen eingeleitet hat, sollte man die ehrenhafte Idee eines atomaren Selbstmords propagieren (man könnte ins Auge fassen, auf dieser Basis einen Club zu gründen). Wir versichern, daß wir draußen sterben werden, mit der gesamten Kultur der Menschheit auf unserem Scheiterhaufen (ein schönes Ende für Barbaren).«[112]

Am Ende ist der »moderne Kapitalismus« doch nur ein unterschiedsloser Teil der gesamten, verachtenswerten »Kultur der Menschheit«. Politisch ist diese letzte Einstellung nicht. Immerhin wird zuvor die »heruntergekommene und mechanisierte Existenz« dem Kapitalismus zugerechnet und nicht dem allgemeinen Walten kultureller Kräfte. Hier blitzt einmal marxistische Anschauung auf, könnte man meinen. Da aber in den situationistischen Schriften auch China und die Sowjetunion angeklagt werden, solche Lebensformen hervorzubringen, gerät man wieder ins Zweifeln. Ist es kommunistisch, das »Glück«, ein intensives Leben, unbeschwert von den Fesseln der Passivität, anzustreben? Der Applaus, den die Situationisten Akten jugendlicher Gewalt und spontanen Plünderungen zollt, deutet viel eher auf eine anarchistische Kulturkritik, wie sie seit den Futuristen zum festen Repertoire der Avantgarde gehört.

Jacqueline de Jong, Mitglied der S.I. zu Beginn der 60er Jahre, spricht davon, dass die Situationisten bei der »Änderung der Gesellschaft« eher auf eine »kreativ-anarchistische als eine ökonomisch-radikale Verwirklichung« gesetzt hätten.[113] Marxistisch ist an den frühen Texten der S.I. neben der Entfremdungskritik tatsächlich oftmals allein die Begeisterung über den hohen technischen Stand der Produktivkräfte. Die »fortschreitende Beherrschung der Natur«[114] bildet eine Grundlage für eine Welt des Spiels, unbelastet von der Notwendigkeit, täglich aufs Neue nur die materiellen Lebensbedürfnisse zu stillen – vorausgesetzt, die »Maschinen« werden ihren Besitzern, die sie bloß zur »Erreichung perfektionierter Banalität« nutzen, entrissen.[115]

Pinot-Gallizio, ein italienischer Situationist, redet, seinem schwärmerischen Tonfall entsprechend, von den Maschinenbesitzern unbestimmt als den »Herren der Erde«. Bei Constant tauchen solche Hindernisse nicht einmal mehr in einer derart vagen Gestalt auf. Er rechnet einfach – ähnlich wie bereits Marinetti lange vor ihm – »mit dem Verschwinden der nichtkreativen Arbeit, als Folge der Automatisierung«, er zählt auf eine künftige »Massenkreativität«.[116] Jene hemmenden Organisationsformen, die darauf beruhen, dass sich die Produktionsmittel in Privateigentum befinden, werden von den entfesselten Produktivkräften früher oder später schon hinweggefegt werden.

Von Agitation, Klassenkampf, Revolution, Machtergreifung, von politischen Bewegungen liest man darum bei Constant nichts. Politik scheint für ihn Standespolitik zu sein. Einzig der Künstler hat, als Verbündeter der Produktivkräfte, eine Aufgabe zu übernehmen: er muss sich von den »individuellen Kunstformen« mit ihren »fixierten persönlichen« Werken abwenden und sich der »Befreiung und Organisation des Alltagslebens« in der modernen »Massengesellschaft« zuwenden.[117]

Der Ausschluss von Pinot-Gallizio und Constant aus der S.I. dürfte deshalb seinen Grund nicht nur in der Tatsache gefunden haben, dass beide weiterhin den Kunstmarkt mit ihrer maschinellen Malerei und ihren urbanistischen Modell-Skulpturen belieferten. (Constant etwa zeigt neben Architekturentwürfen – riesige Anlagen, die mittels verstellbarer Konstruktionsteile und raffinierter Licht-, Ton-, Klimaanlagen zum »experimentellen Lebensspiel der Bewohner« beitragen[118] – auch in sich verwirrte Drahtkreisel, die wohl städtische Dynamiken andeuten sollen.) Nein, auch der allzu unpolitische Ton wird höchstwahrscheinlich zur Trennung beigetragen haben, selbst wenn man sich in der Begeisterung über den technischen Fortschritt einig weiß.

Vor allem in den Beiträgen von Guy Debord zur Zeitschrift der S.I. ist Fortschritt auch eine kommunistische Veranstaltung. Dies mag daran liegen, dass die Theoretiker sich stärker als die Künstler der Machtfrage stellen. Eine Gruppe von wenigen Leuten ist vermessen genug – weil sie sich mit objektiven technischen, materiellen Möglichkeiten im Bunde weiß –, an die Machtübernahme zu denken. So vermessen zu denken, dies ginge ohne einen bedeutenden Exekutor jener Möglichkeit, ist sie aber nicht. Zwar ist »die kommunistische Revolution [...] immer noch nicht gemacht worden« – weshalb man »immer noch im Rahmen des sich auflösenden alten kulturellen Überbaus« lebe[119] –, trotzdem sei die »einzige Kraft«, von der man etwas erwarten könne, das »Proletariat«. Als ›Begründung‹ dafür halten sie sich an Marx'sche Theoreme, die sie allerdings ihres Zusammenhangs entkleiden und dadurch ganz neu zuspitzen: Das Proletariat sei – »da theoretisch ohne Vergangenheit« – gezwungen, »alles ständig aufs neue zu erfinden«, darum sei es »›revolutionär oder nichts‹«.[120] So verkehrt sich der Marxismus in einen Dezisionismus mit deutlich existentialistischen Zügen.

Die Alles-oder-nichts-Parole schließt bei den Situationisten immerhin strategische Überlegungen nicht aus: Um den Umsturz herbeizuführen, müsse man nicht zur Waffe greifen, sondern »von unten eine Reihe von revolutionären Situationen aufbauen, auf der ganzen Welt Mikroorganismen aufbauen, die zellenartig von unten kleine spontane Revolutionen machen und ständig testen, wie weit sie gehen können«.[121] Dies die im Gespräch vorgebrachten Überlegungen von Debord, wie sie Hans-Peter Zimmer in Erinnerung behalten hat.[122] »Debord hatte ja so eine Technik des Semiprofessionellen, des Amateurprofessionellen entwickelt. Daß man schon in der bestehenden Gesellschaft gewisse professionelle Fähigkeiten entwickeln sollte, aber eben verhindern sollte, Spezialist oder Fachidiot zu werden. [...] Und wir fragten ihn: Was meinst du mit Amateurpolitiker? Prem fragte ganz naiv: Sollen wir uns ein Gewehr kaufen und die Regierung stürzen?« – Die Antwort Debords dürfte die meisten Mitglieder der Gruppe enorm beruhigt haben: – »Nein, nein um Gottes willen, wenn ihr eure situationistische Arbeit gut macht, werdet ihr automatisch die Macht haben.«[123] Zwischen dem Verlassen des Malerateliers und dem Griff zur Waffe liegt offenkundig noch eine ganze Welt.

Nicht allen Mitgliedern der Gruppe reichen eher vage Antworten wie die Debords, dass die im Verborgenen durchgeführte situationistische Arbeit eine eminente Machtquelle sei, jedoch aus. Dieter Kunzelmann, der erst spät zur Gruppe SPUR gekommen und zudem als einziger kein Künstler war, trennt sich darum von den deutschen Mitstreitern – und ebenfalls von den Situationisten. Kunzelmann stößt sich am Debord'schen »Papierkrieg« und verlässt die S.I. aus freien Stücken. Sein Anliegen ist es nach dem Zeugnis von Hans-Peter Zimmer, »den Situationismus vom Kopf auf die Füße zu stellen«, sein erklärtes Ziel: »real eingreifen«.[124]

Avantgarde-Tradition um 1960

Selbst wenn die situationistische Theoriedebatte um das Ende der Kunst und ihre sehr konkreten Auswirkungen noch heute äußerst radikal erscheinen – richtig ermessen, wie ungewöhnlich der ganze Vorgang war, kann man nur vor dem Hintergrund der Avantgarde-Diskussion um 1960. Wirft man einen Blick auf die wichtigen intellektuellen Zeitschriften und Feuilletonseiten jener Zeit, stellt man nämlich schnell fest, dass die avantgardistische Tradition der zehner und zwanziger Jahre, in deren Rahmen man die Diskussion auf vertraute Weise hätte führen können, nach dem Zweiten Weltkrieg über viele Jahre wenig Beachtung gefunden hat. »Dada is unpopular and under-defined«, hält Lawrence Alloway 1956 ebenso knapp wie zutreffend fest.[125]

Besonders in Deutschland erfolgt die Wiederaufnahme der avantgardistischen Tradition, die von den Nationalsozialisten mit aller Brutalität unterbrochen worden ist, in höchst einseitiger Weise. Wenn überhaupt, werden die Artefakte der Futuristen, Dadaisten und Surrealisten im Rahmen der »modernen Kunst« vorgestellt. An Schriftstellern etwa wie Kafka, August Stramm, Ezra Pound, dem späten Rilke, Paul Eluard oder Rimbaud wird demonstriert, was – zumeist eher am Rande – auch an Breton oder Hans Arp herausgestellt wird: die »Ästhetik der modernen Dichtung« (Wilhelm Emrich) oder, etwas kühler formuliert, die »Struktur der modernen Lyrik« (Hugo Friedrich).

1954, im ersten Jahrgang der in Deutschland tonangebenden Zeitschrift *Akzente* – mit Beiträgern wie Theodor W. Adorno, Ingeborg Bachmann, Günter Eich, Nelly Sachs, Günter Grass, Karl Krolow –, weist Wilhelm Emrich darauf hin, dass noch zumeist die Maßstäbe fehlten, um die »eigenartigen Formen« der modernen Kunst zu begreifen.[126] Die folgenden Jahre sollen das ändern. Adorno z.B. benennt als »eigentlich surrealistische Praxis« die verfremdende Montage;[127] Kurt Leonhard erklärt die »Dunkelheit« des modernen Gedichts als bewusste Enttäuschung der »Aufgabe, die zentralperspektivisch erfaßbaren verstandesmäßigen Sachzusammenhänge wiederzugeben«.[128] Zur »Struktur der modernen Lyrik« gehören dann »Fragmentarismus« und »Satzfeindschaft«, »Unruhen« und »Befremdungen«, »Mehrdeutigkeit« und »Schweigen«. »Aussagen werden nicht gerundet, sondern abgebrochen«, hält Hugo Friedrich fest und zitiert Louis Aragons Wort von der Poesie als einer »fortgesetzten Neuerschaffung der Sprache«, die negativ einem »Zerbrechen des Sprachgefüges, der grammatischen Regeln und der rednerischen Ordnung« gleichkomme.[129]

Mit welchen Gründen und zu welchem Ziel die ›rednerische Ordnung‹ auch außerhalb des Gedichts zerbrochen werden sollte, bleibt dabei weitgehend im Dunkeln. Es reicht allenfalls zur maßvollen Angabe, dass die historischen »avantgardistischen Arbeiten aus dem Film, der Malerei, der Literatur« auch heute noch »unseren satten, zufriedenen Schlafzustand« störten. Die »gewaltsame[n] künstlerische[n] Handlungen« der Werkkunst seien wichtig, meint Peter Weiss, um die »Phantasie des Zuschauers« anzuregen, ihn zu beunruhigen.[130]

Andere Theoretiker und Programmatiker machen sich auf solche Bestandsaufnahmen den Reim, dass ebenso wie die »Konventionen« und »Topoi von gestern« nun auch die gegen sie gerichteten »Deformationen« und »Schocks« gebräuchlich geworden seien. Interessanterweise kommt genau in diesem Zusammenhang die Rede auf die »Avantgarde« (nicht die moderne Literatur). Helmut Krapp und Karl Markus Michel verabschieden bereits 1955 den »Avantgardismus der Avantgarden und Programme«. Es könne nur noch einen zeitlosen »Avantgardismus des Einzelnen und der Nuance« geben. »Einzig an der Konsequenz des sprachlichen Ausdrucks« erweise sich so etwas wie »›avantgardistische‹ Dignität«, ihre »Objektivität an der Wahrheit der Nuance«. Auf den ersten Blick eigne solcher »ernstzunehmenden modernen Literatur« ein »un-avantgardistische[r], weil unpolitisch-private[r] Charakter«. Tatsächlich dürfe aber der »heutige Avantgardismus« nicht »polemisch und öffentlich wie der gestrige« sein, denn sonst fechte man nur »gegen Windmühlen«.[131]

So triumphiert wiederum die Werkkunst der modernen Literatur gegen die ›traditionelle‹ Avantgarde, ohne dass deren manifeste Mittel und Ziele außerhalb poetischer Fragen auch nur einmal benannt worden wären. Avantgarde wird lediglich mit der »anarchistischen« Zerstörung dessen identifiziert, »worüber die Welt schon übereingekommen ist«. Avantgardismus bleibt sich demnach gleich, indem er je neue Formen annimmt; er ist die immer wieder »aktuelle Kritik«[132] am gerade Bestehenden im Namen des Neuen. Auf ein derartiges Bestimmungsmoment heruntergebracht, fällt die Kritik an den Avantgarden natürlich leicht. Hans Magnus Enzensberger etwa nennt das »blinde Vertrauen«, das die Avantgarde seiner Ansicht nach auf den »fadenscheinigen Begriff der Generation« setze, »abgedroschen« und »ahistorisch«; die Avantgarde gehe fälschlich davon aus, »das Leben der Künste, und nicht das der Trichinen« unterliege dem »biologischen Gesetz des Generationenwechsels«.[133]

Enzensberger hält sich selber an diese Bestimmung; mit ihr an der Hand kann er experimentell-abstrakte Kunstrichtungen seiner Zeit dieser Avantgarde zuschlagen: Tachismus, art informel, monochrome Malerei, serielle Musik und konkrete Dichtung. In die Aufzählung verirrt sich auch noch die Beat-Literatur hinein, welche Enzensberger offensichtlich kaum kennt, die er aber aufgrund eines Kerouac-Zitats hinzurechnet. Kerouac spricht nämlich von »spontaneous get-with-it, unrepressed word-slinging«, das passt ganz allgemein und zusammenhangslos in Enzensbergers Liste der bestimmenden Merkmale dieser neuen Avantgarde-Strömungen hinein, als da wären: »Improvisation, Zufall, Ungenauigkeitsmoment, Austauschbarkeit, Unbestimmtheit, Leere, Reduktion zur reinen Bewegung, reine Aktion, absolute Bewegung, Motorik, *mouvement pur.*«[134]

Zum Ende seines Aufsatzes stellt Enzensberger auf einmal doch einen Unterschied dieser ›reinen Bewegungen‹ zu den »Aktionen« der überkommenen Avantgarde heraus. Die historische Avantgarde – Enzensberger nennt den Futurismus und vor allem den Surrealismus – habe sich nie »durch die Ausrede zu sichern gesucht, was sie betreibe, sei nichts weiter als ein ›Experiment‹«, das mache ihre Größe aus.[135] Dieses Kompliment ist allerdings vergiftet, denn als Beispiel für solche ›ungesicherten‹ Aktionen nennt Enzensberger ausschließlich Bretons Revolver-Stück. Enzensberger weiß selbstverständlich auch, dass es sich dabei eben nicht um eine Aktion handelte, sondern um eine Maxime. Trotzdem kann er den Satz zur Erledigung der surrealistischen Avantgarde nutzen, indem er mit der Leichtfertigkeit des Essayisten Surrealismus und Nationalsozialismus im Pistolenqualm einfach übereinander blendet: Einige Jahre nach Bretons Bestimmung der einfachsten surrealistischen Tat als Pistolenschuss in die Menge sei sie »in Deutschland verwirklicht« worden.[136]

Enzensberger erledigt damit die historische Avantgarde, bevor ihre

Kenntnisnahme auch nur ansatzweise begonnen hätte. Die Nazis geraten ihm zu konsequenten Erfüllungsgehilfen Breton'scher Forderungen, die von den Surrealisten selbst eigentümlicherweise nie in die Tat umgesetzt worden waren. All die avantgardistischen (gewaltfreien) Projekte, welche die Aufhebung der Kluft zwischen Kunst und Leben zum Ziel hatten, kommen deshalb bei ihm ebenso wenig in den Blick wie bei den zahlreichen Anhängern der reinen modernen Kunst. Bleiben die einen beim einzelnen Werk stehen und wollen gar nicht nach seiner möglicherweise sich selbst aufhebenden Funktion fragen, identifizieren die anderen den lebenskünstlerischen Aktionismus sogleich mit blinder Gewalt.

Neo-Dada, Pop Art, Happening

Angesichts der vorherrschenden Weigerung, die Absichten und Methoden der historischen Avantgarde über ihre künstlerischen Werke – die Gedichte, Gemälde, Fotografien – hinaus anzuerkennen, bedurfte es dringend eines neuen Impulses, um die Debatte wieder aufzunehmen. Überraschenderweise kommt dieser Impuls aus den USA, dem Land, das die europäische klassische Moderne in den 50er Jahren in besonders hohem Maße zur ästhetischen Leitlinie erhoben hat, die dann im Abstrakten Expressionismus gipfelt. Dank der amerikanischen Pop Art jedoch scheint den meisten Betrachtern Anfang der 60er Jahre ein jäher Bruch mit dieser Leitlinie vollzogen. Das stimmt zwar allenfalls zur Hälfte – viele Zeichen-Arbeiten der Pop Art gehen ganz in abstrakter Manier gegen die malerische Illusion des Raums an –, trotzdem sind die meisten Betrachter von den erkennbaren Gegenständen der Pop Art dermaßen überwältigt, dass sie sich in einer vollkommen anderen Kunst-Welt wähnen.

Das Gefühl des Bruchs manifestiert sich auch darin, dass die Arbeiten von Rauschenberg, Warhol u.v.a. zu Beginn oftmals mit einem leicht abgewandelten Titel der Avantgardegeschichte belegt werden: Neo-Dada. Die manchmal wenig veränderten Objekte der Populär- und Abfallkultur, die sich Ende der 50er, Anfang der 60er Jahre in New Yorker Galerien wiederfinden, erinnern stark an die Montagen der Dadakunst und an Marcel Duchamps ready-mades.[137]

Die Nähe zu Dada wird zwar bald nicht mehr im Namen ausgewiesen – schnell setzt sich Pop Art als Titel der neuen Kunstrichtung durch[138] –, dennoch verliert sich die avantgardistische Spur nicht mehr. Zum einen liegt das daran, dass die Hinwendung zu Gegenständen der Populärkultur leicht als Schlag gegen die Hochkultur verstanden werden kann (ganz nach dem Motto: Der Feind meines Feindes ist mein Freund); der andere Grund dafür ist in der Verbindung von Pop Art und Happening zu suchen.

Die Verbindung kommt nicht allein durch die zeitliche und personelle Überschneidung beider Kunstszenen zustande. Gemeinsam ist Pop Art und Happening vor allem die Konzentration aufs Material. Was der Pop Art beispielsweise die Campbell-Suppendose ist, stellt beim Happening etwa der eigene Körper dar. Das Happening soll keine Aufführung eines vorgeschriebenen Dramentextes sein, sondern ein Spiel, das sich aus den gerade vorfindlichen Umständen – die ›Zuschauer‹ ausdrücklich eingeschlossen – ergibt.[139]

Besonders die Fluxus-Bewegung um George Macunias legt Wert auf die Feststellung, dass ihre Stücke »wirklich nicht geprobt und nicht inszeniert« seien.[140] Dass diese Vorgehensweise noch einiges Provokationspotential in sich barg, sieht man nicht zuletzt an den eigentümlich reaktionären Ansichten, mit denen selbst der Berliner Dadaist der ersten Stunde, Raoul Hausmann, die neue Kunstrichtung Anfang der 60er Jahre abwertete. Klaviere mit Hämmern zu zertrümmern, wie bei einem Fluxusabend in Deutschland geschehen, bedeutet – nach Hausmanns Urteil – »gar nichts«, das sei ein »bloßer Zerstörungsakt«; und in gleicher Manier: Anstatt auf »irgendwelche Objekte« mit Schrot zu schießen und diese dann zu präsentieren, könne man ebenso gut »ein Plakat ins Schaufenster eines Klempnerladens hängen ›Ausstellung der Werke von XYZ‹«.[141]

An dem Beispiel des zerstörten Klaviers kann man allerdings erkennen, dass solche Akte ganz im Gegenteil sogar zu viel bedeuten. Gerade der spektakuläre Gewaltakt bekommt vom staunenden oder empörten Publikum wieder die höchste Aufmerksamkeit geschenkt, von einer Verwischung der Grenze zwischen Leben und Kunst kann in der Hinsicht keine Rede sein. Happening, Pop Art und Underground-Film gewinnen in der Öffentlichkeit (auch der alternativen Öffentlichkeit) an Resonanz, weil sie im Bilde einer Aufsehen erregenden Subkultur aufgehen. Lil Picard beschreibt etwa unter der Überschrift »New Yorker Pop-Report« das Café Gogo, in dem Al Hansen »Nothing Happenings« veranstaltet, bei denen Mädchen über aufgetürmte Stuhlpyramiden klettern, und in dem Andy Warhol seine »zahm-pornographischen Transvestiten-Filme« zeigt (als »Harlot-Hure« verkleideter Mann »ißt zwei Stunden lang eine Banane nach der andern«); sie berichtet im gleichen Artikel sofort anschließend über »Happenings in der Form von Poetry-Readings«, bei denen »Allen Ginsberg indische Gesänge zelebriert und Peter Orlowsky sich unter dem riesigen goldenen Kreuz der Kirche (die eine Staette avantgardistischer Veranstaltungen ist) splitternackt auszieht«, während er ein Gedicht »aus der im Café Metro ausliegenden mimeographierten Zeitschrift (›Fuck You Magazine‹) vorliest«.[142]

Angesichts solcher Aufführungen rastet die avantgardistische Kritik schnell ein. In nun schon gut bekannter Manier kann die erklärte Absicht mancher Happening- und Fluxus-Akteure, die Kunst im Leben aufgehen zu lassen, an ihren Praktiken blamiert werden. Den Situationisten, als Verfechtern der reinen Lehre, fällt es besonders leicht, das Happening als einen »Grenzfall des alten Kunstschauspiels« abzulehnen, »als einen Versuch – aber mit zuviel Ästhetizismus –, die gewöhnliche ›Party‹ oder die klassische Orgie zu erneuern.«[143]

Prinzipien und Methoden der Avantgarde

Die Rückkehr avantgardistischer Bestrebungen unter Namen wie Pop, Happening, Underground wird von der situationistischen Kritik in keiner Weise begrüßt. Noch einmal radikaler als selbst die meisten Futuristen, Dadaisten, Surrealisten, gilt ihnen bereits jede kleine Annäherung an die Institution Kunst als äußerst negatives Zeichen. Die relative Nähe der Situationisten zu den New Yorker Pop-Artisten führt zu einer umso entschiedeneren Fraktionierung und Abgrenzung. In grotesk überzogener, aber natürlich ernst gemeinter Manier denunzieren sie das Happening als Veranstaltung, bei der die »Überreste« des alten Kunstschauspiels in ein »Massengrab« geworfen würden.[144]

Absoluter kann avantgardistische Kritik nicht ausfallen. Trotzdem bleibt es bei den Worten. Die situationistische Praxis ist – gemessen an den Absichtserklärungen – bescheiden angelegt. Auf der einen Seite stehen die enormen, undurchführbaren Konstruktionspläne, welche den städtischen Raum vollständig umgestalten sollen, auf der anderen Seite begnügt man sich im Rahmen der kleinen Gruppe mit eher privaten intensiven Situationen, die durch den Alkohol und ein unstetes Leben hervorgebracht werden.

Es bleibt die Frage, wieso das den Avantgardisten insgesamt nicht ausreichend erscheint. Weshalb genügen ihnen radikale Kritik, Bohemeleben und schöpferische künstlerische Tätigkeit nicht? Immerhin sind das – gerade in ihrer Kombination – alles Dinge, die einen weit genug von dem verachteten oder gefürchteten Familien- und Arbeitsalltag entfernen. Die Antwort darauf kann nur in einem Verweis auf den unbedingten Willen bestehen, gesamtgesellschaftliche Veränderungen herbeizuführen.

Die anschließende Frage muss sich damit beschäftigen, warum dieses Ziel ausgerechnet von der Kunst her angegangen werden soll; weshalb tritt man nicht einfach einer Partei bei und betätigt sich politisch? Die Antwort hierauf zeigt, wie weit gesteckt das Ziel wirklich ist: Auch die Politik ist für die Avantgardisten nur ein spezialisiertes Feld mit besonderen Rollen und Institutionen, das sie zugunsten zusammenhängenderer (totaler) Projekte verlassen wollen.

Vor diesem Hintergrund wird auch verständlich, wieso viele Avantgardisten Sympathien für den Akt terroristischer Gewalt erkennen lassen. Er steht für eine plötzliche Unterbrechung der gewohnten Ordnung, eine jähe Unterbrechung, deren Überraschungsmoment für eine nachhaltige Änderung sorgen soll. Als Schranke der avantgardistischen Begeisterung für den plötzlichen Schrecken dient allerdings die ebenso schlichte wie deprimierende Tatsache, dass Gewaltausübung zur Durchsetzung bestimmter Ziele ein ganz hergebrachtes und geschichtlich allzu vertrautes Mittel darstellt. Der begründete, zielgerichtete Terror der Gewalt ist überhaupt kein geeignetes Mittel, einen Schock des Neuen, Verwirrenden vor dem nach einer ersten Abwehr doch vielleicht lustvoll aufgenommenen Unbekannten zu erzeugen.[145] Die einschneidende gewaltsame Unterbrechung der hergebrachten Ordnung fasziniert deshalb oftmals im avantgardistischen Sinne gerade solange, wie keine spezielle politische Forderung den Akt verständlich macht.

In anderem Sinne einschränkend muss man anfügen, dass die begeisterte Rede vom gewaltsamen Bruch, der die Kontinuität der Geschichte aufsprengt,[146] sich oftmals fast gänzlich als metaphorische Rede lesen lässt, wenn man bedenkt, wie viele andere Konstellationen die Avantgardisten noch benennen, von denen sie sich eine jähe Änderung erwarten (um ein unverfängliches Beispiel zu geben, das jede Idee einer buchstäblichen ›Sprengung‹ sofort zerstreut: Louis Aragon nimmt an einem Sonnabend »auf einmal« ein »anderes Licht« wahr, in dem einige Augenblicke lang alles badet. Der Grund für den ungewöhnlichen Lichtwechsel ist unklar, interessiert auch nicht, wichtig ist allein die eminente Wirkung: »Ich bin nicht länger Herr meiner selbst, so sehr spüre ich meine Freiheit«[147]).

Die nächste Frage ist dann, weshalb die Avantgarde nicht darauf vertraut, dass ihre Gedichte und Gemälde solche Zustände hervorbringen. Hatte doch Hugo von Hofmannsthal noch 1907, zwei Jahre vor der Veröffentlichung des ersten futuristischen Manifests, im Rahmen seiner Wertmaßstäbe vollkommen zu Recht bestritten, dass es sinnvoll sei, »den Büchern das Leben entgegenzustellen«, da die gelungenen Werke immer ein »Element des Lebens« seien, sogar »ein höchst zweideutiges, entschlüpfendes, gefährliches, magisches Element«.[148] An der Wahrheit dieses Ausspruchs haben ja die meisten Avantgardisten tatsächlich nie gezweifelt, man sieht es an ihren unaufhörlichen Forderungen, ein Kunstwerk müsse eine heftige, verstörende Wirkung ausüben.

Trotzdem vertraut kaum ein Vertreter der Avantgarde allein auf das Kunstwerk als Auslöser solcher Wirkung. Zwei Gründe sind dafür auszumachen: Zum einen möchten die radikalen Avantgardisten nicht allein das Leben je einzelner Leser oder Betrachter verändern. Zum anderen leidet in ihren Augen das Kunstwerk unter der modernen Einstellung, es als autonomes Werk mit gelassener ästhetischer Distanz zu betrachten. Ihren Höhepunkt erreicht diese Einstellung, wenn sie beispielsweise nicht nur Romane als Fiktionen erkennt, sondern selbst radikale Manifeste, hinter denen man Künstler als Verfasser weiß, einem von der praktischen Welt getrennten Reich des Scheins zuweist.

Die Avantgardisten ziehen daraus den konsequenten Schluss, sich von der institutionalisierten Kunst und ihren identifizierbaren Werken abzuwenden, um das Ziel einer weitreichenden Änderung der Welt (und nicht allein der Kunstwerke) ansteuern zu können. Es gibt eine ganze Reihe avantgardistischer Manöver, das zu erreichen: Bleibt es beim Werk, werden Objekt und Urheber so angesetzt, dass kein spezialisierter Kunstbereich mehr erkennbar werden soll. Dadaistische oder surrealistische Fundstücke und sowjetische Arbeitsliteratur machen deutlich, dass alles ein Kunstwerk und jeder ein Künstler sein kann. Museen, Galerien und Kunsthistoriker hatten jedoch wenig Schwierigkeiten, diesen Angriff abzuwehren, weil sie zu beliebigen Fundstücken immer – ganz und gar nicht beliebig – den berufenen, zumindest aber ersten ›Finder‹ (wie z.B. Duchamp) herausstellen konnten. Dies funktioniert auch, wenn punktuelle Ereignisse außerhalb von Galerien und Theatern zum Kunstwerk ernannt und erklärt werden; viel stärker als die Akteure rückt dann der ›Ernenner‹ zum Urheber des ›Kunstereignisses‹ auf (man kann den Mechanismus in der Gegenwart eindrucksvoll an dem Reflex des modernen Großkünstlers Karlheinz Stockhausen erkennen, das Attentat auf das New Yorker World Trade Center als größtmögliches luziferisches »Kunstwerk« auszuzeichnen: Der Schöpfer-Gott muss in der maximal zerstörerischen ›teuflischen‹ Tat zwangsläufig ein künstlerisches [Anti-]Werk sehen).

Umso dringlicher erscheint es vielen Avantgardisten, weit über das einzelne Werk und einen einzelnen oder identifizierbaren Urheber hinauszugehen. Hier liegt der Vorschlag nahe, dass sich der Künstler wie alle anderen auch der effektiven Gestaltung der Produktion oder der Konstruktion intensiver Momente widmet. Nicht zuletzt aus Mangel an historischen Gelegenheiten, Teil einer kollektiv gesteuerten Produktion zu sein, haben sich die meisten Avantgardisten dem intensiven Augenblick verschrieben, der sich künstlerischen Techniken mit verdankt, aber nicht in ein abgeschlossenes Werk mündet. Oftmals vollkommen entgrenzt, steht dafür bei den italienischen Futuristen die technologisch hervorgetriebene Geschwindigkeit kriegerischer Gewalt ein. Im überschaubareren, friedlichen Rahmen – etwa im Theater oder in einer Galerie – dient die Beteiligung der Zuschauer an einer improvisierten, dem Zufall ausgelieferten Aufführung dem gleichen Zweck.

Weil aber das Ziel, Kunst im intensiven Leben aufzuheben, sich bei den Avantgardisten auf die gesamte Gesellschaft und nicht auf vereinzelte Momente an speziellen Orten erstrecken soll, muss selbst nach geglückten, allumfassenden Happenings ein Unbehagen zurückbleiben: Alle historischen Avantgarden haben diesen Punkt erlebt, an dem sie sich selbst eingestehen mussten, doch wieder ›nur‹ Kunst produziert zu haben, deren Änderungskraft (darum) beschränkt ist. Der Ausweg, immer radikalere Forderungen und Projekte auszuarbeiten, bietet sich deshalb an. Für all diejenigen, denen Kritik und Theorie keinen Ausgleich zu fehlender Praxis bietet, kommt dieser Ausweg aber einer Sackgasse gleich. Sie müssen nach anderen Aktionsformen suchen.

3 Subversive Eingriffe

Subversive Aktion (Deutschland)

Wie bereits gesehen, führt jene avantgardistische Haltung, die in der Galerie oder auch auf dem Papier verbleibt, Dieter Kunzelmann zum Entschluss, nicht nur die Künstlergruppe SPUR, sondern gleichfalls die Situationisten zu verlassen. Die neue Gruppe, welche Kunzelmann danach im Jahr 1963 mitgründet, trägt das anders ausgerichtete Programm bereits im Namen: »Subversive Aktion«.[1] Das Wort von der »Aktion« soll bei ihnen gleich den Unterschied zu den Theorie- und Kunstzirkeln signalisieren.

Ein früher Plan der Subversiven Aktion richtet sich darum gegen die bekannteste Schau avantgardistischer Kunst, die documenta. Auf einer »Liste von Einfällen für eine Aktion der Subversiven Aktion auf der Kasseler documenta« stehen allerlei Ideen, die Ausstellung zu sabotieren und ihre Widersprüchlichkeit aufzudecken. Geplant sind u.a. folgende Maßnahmen und Täuschungsmanöver:

»Vertrauliche Mitteilung vom Komitee an die Künstler, möglichst ungepflegt zu erscheinen, weil die anwesende Presse und Prominenz dies wünsche.«[2]

»›DM‹ testet documenta: Qualität der Farbe – Leinwand – Preis. Brief von documenta an ›DM‹ mit der Anfrage, ob ein solcher Test möglich sei.«[3]

»Manipulation von Leserbriefen, die unseren Standpunkt (Kunst als Ware/ Kunst als Absorbierung des Utopischen und Revolutionären) klarmachen.«[4]

»Am Schluss der Vernissage werden von zwei gutaussehenden Mädchen in Tracht (oder irgendeiner Uniform) Geschenkpackungen verteilt. In jeder dieser Packung ist ein Stück Scheisse. (Einwand: Der Eindruck könnte entstehen, wir protestierten gegen ›Gossenkunst‹.) Alternativen: Aktphotos, Stinkbomben. – Baldeney ist gegen Kot: ›Ihr denunziert den Kot zum Schmutz. Da kommen eure Komplexe gegen das Anale zum Vorschein.‹«[5]

Keiner dieser Vorschläge wird zwar verwirklicht, die Haltung der Gruppe kommt durch sie aber deutlich zum Ausdruck: Die unangepasste, moderne Kunst trägt in ihrer extra für sie bereitgestellten, marktgängigen Nische auch nur zum Konformismus bei. Umstrittener als diese einmütige Diagnose sind innerhalb der Gruppe nur die Varianten, diese Anpassung zu durchbrechen. Am Einwand Baldeneys kann man ersehen, dass längst nicht jede Erfolg versprechende Provokationsmöglichkeit genutzt wird. Die Aktionen werden genau daraufhin überprüft, ob sie zum ideologischen Programm passen.

Zu diesem Programm gehören in der Frühphase der Subversiven Aktion neben vielen Prinzipien der situationistischen Avantgarde zusätzlich Erkenntnisse der kritischen Theorie Horkheimer/Adornos und der linksfreudianischen Schule Wilhelm Reichs; vor allem die Vermittlung beider durch Herbert Marcuse spielt in den Zirkularen der Gruppe eine wichtige Rolle. Mit ihnen sieht die Subversive Aktion das Zeitalter der autoritären Diktaturen an sein Ende kommen; die Feststellung enthält allerdings keinen Grund zur Freude, die liberale Gesellschaft stellt sich für sie als »eine neue Art der Barbarei« dar, als bloße »Illusion der Freiheit«, die dem Einzelnen durch die Vorspiegelung falscher (Konsum-) Bedürfnisse den »Verzicht auf die eigene Gestaltung des Lebens« erträglich macht.[6] »Wer kauft, hat mehr vom Leben« – angesichts solcher und ähnlicher Botschaften könne »in der Tat von Terror gesprochen werden«, geben die Mitglieder der Subversiven Aktion ultraradikal zu verstehen.[7]

Weil sie die Möglichkeiten der liberal-konsumistischen Gesellschaft, alle reformerischen Impulse erst zu tolerieren und dann ins Gegenteil zu verkehren, derart total ansetzen, wenden sie sich gegen alle »Hoffnungen, auf legalem, demokratischem Weg« eine »repressionslose Gesellschaft zu verwirklichen«. Aus dem gleichen Grund verwerfen sie den Ansatz, alternative, lustvolle Lebensformen zu propagieren. Auch diese, glauben sie, »würden alsbald auf die üblich scheinhafte Weise erlaubt werden« und wären dadurch hinfällig. Ebenso wie bereits die einstmals revolutionäre Klasse des Proletariats zum integrierten Teil der kapitalistischen Gesellschaft geworden ist, würden dann die neuen Revolten zum Bestand des Systems beitragen: Die Sozialgesetzgebung sei das »Ventil des 19. Jahrhunderts« gewesen, »Reservate des Lustprinzips könnten es im 20. Jahrhundert werden.«[8]

Gegen die neue, unterschwelligere, aber in ihrer Sicht trotzdem nachhaltige, ›gewaltsame‹ Form der Repression setzt die Gruppe um Dieter Kunzelmann unvermittelt auf die »Aktion«. Ganz im Gegensatz zu Horkheimer/Adorno wollen sie nicht bei der »perfekten«, nach ihrer Meinung hoffnungslosen Analyse des Bestehenden verharren. Obwohl sie den »Terror« der liberalen Herrschaft so nachdrücklich beschwören, glauben sie nicht, dass ihre Eingriffe ebenfalls schnell »absorbiert« werden können und damit zum noch reibungsloseren Funktionieren beitragen. Ihre ganze Hoffnung richtet sich auf plötzlich aufblitzende Widerstände, die sofort zum Wendepunkt für die davon Betroffenen geraten. Der »Umschlag zur freien Gesellschaft« könne »nur auf einmal in einer Spanne von einem Monat bis zu einem halben Jahr erfolgen«, nicht in einem Zeitraum, der sich über viele Jahre erstreckt.[9] Nimmt man all diese Überlegungen zusammen, definiert sich die Gruppe der Subversiven folgerichtig als

»eine direkt auf Aktion ausgerichtete Pariaelite. Kriterium selbst infinitesimaler Aktion ist das Maß an Entblößung gesellschaftlicher Repression. Zur subversiven Linken darf sich nur zählen, wer an einer neuen Tradition der Revolte aktiv sich beteiligt. Theorie und Methode der totalen Umwälzung resultieren aus der Koordination der gesammelten Erfahrungen von unzählig erlebten Mikrorebellionen. Die Wahl einer bestimmten Handlung läßt Mögliches ahnen, und das in der sterilisierten Gesellschaft durch Aktion Nacktgewordene verführt zur Vision einer faszinierenden Welt. Das geschaffene Feld nichtokkupierten Raumes ist eine Herausforderung an die erstmals konkret sichtbar gewordene Freiheit: abgerungener Hoffnungsschimmer wird der Hebel, ewig Versagtem zum Durchbruch zu verhelfen.«[10]

Vorweggehen möchte die subversive »Pariaelite« also mittels Aktionen, an denen die stillgestellte Masse jäh ihre angeblich wahren, schlummernden, bislang geschickt manipulierten Bedürfnisse erkennt. Gute Ideen dafür gibt es viele. Anfang 1964 schlägt Dieter Kunzelmann vor:

»Wir provozieren Monsterprozesse, durch die wir unsere ganzen Ideen publik werden lassen. Wir stürmen z.B. ein Kaufhaus, nehmen alle Güter und verteilen sie auf der Strasse; der folgende Prozess müsste so frech-geschickt geführt werden, dass die Lüge der freien Wirtschaft selbst dem letzten Trottel bewusst wird.«[11]

In einer anderen Variante, von der Frank Böckelmann und Herbert Nagel im Nachhinein 40 Jahre später berichten, kommt viel stärker die konsumkritische Pointe der geplanten Aktion heraus. Böckelmann/Nagel denken an »Warenhausplünderungen mit Verschenk- und Tauschexzessen«, nicht um das kapitalistische Privateigentum zu sozialisieren, sondern um einen Überdruss an den modernen Gebrauchsgütern zu erzeugen: »damit die Leute alles kriegen, was sie haben wollen, und dann vielleicht Lust auf anderes bekommen«.[12]

Auch diese Aktionen sind aber offensichtlich zu gefährlich, um durchgeführt zu werden. Die Aktionen der Subversiven beschränken sich darauf, mit Worten zu verwirren und zu schockieren. An den Zaun des Berliner Axel Springer-Verlags wollen sie beispielsweise schreiben: »Ulbrichts KZ, Springers BZ/Beide dienen dem gleichen Zweck/Ulbricht baute nur die Mauer/BZ und Bild enthirnen alle auf die Dauer«, werden aber von der Polizei daran gehindert.[13] Nach dem Attentat auf John F. Kennedy verteilen sie ein Flugblatt mit der Aufsehen erregenden Anrede »Auch Du Hast Kennedy Erschossen«, um im Kleingedruckten zu erläutern, dass das »schwülstige Gefühl von Gemeinschaft« in einer Gesellschaft, »wo jeder von jedem perfekt abgekapselt in der Isolation verharrt, nur noch durch gesteuerte Massenpsychosen suggeriert werden« könne.[14] Zur Bundespräsidentenwahl 1964 schmieren sie in Berlin in der Nähe des Wahlorts »Es lohnt nicht, dass man Lübke killt, / Er ist ja nur das Abziehbild« an die Mauern; und: »Lübke fault, John musste sterben / Die Beatles werden sie beerben / (Politic is show-business)«.[15] In einem modernisierten »Weihnachtsevangelium«, das sie in Münchener Kaufhäusern verteilen, lassen sie den Engel sprechen: »Ihr werdet finden den Menschen verblödet und von den schalen, verlogenen Gütern hypnotisiert.«[16] Zum Stuttgarter Katholikentag im September 1964 verkünden sie auf einem Plakat in einer »Botschaft an die Lämmer des Herrn«, dass es sich gar nicht mehr lohne, die Kirche zu bekämpfen, weil die »tatsächlichen Götter dieser Gesellschaft Ware und Konsum« seien.[17]

Wie manch andere solcher Aktionen, zieht auch die Plakatierung dieser Botschaft rechtliche Folgen nach sich. Vier Beteiligte werden wegen des Verdachts der Gotteslästerung festgenommen, darunter Günter Maschke, der gerade erst zur Subversiven Aktion gestoßen war und einen Gedichtband im Verlag »studio neue literatur« (begründet von Gudrun Ensslin und Bernward Vesper) veröffentlichen wollte.[18] Unter den Angeklagten befindet sich ebenfalls die spätere Frau Maschkes, Johanna Ensslin, Gudruns Schwester. Gudrun Ensslin selber ist an der Aktion nicht beteiligt, sie gilt ihren Bekannten »eher als ›bürgerlich‹«.[19] Der Hinweis ist stichhaltig, denn derart spektakuläre, gerichtsnotorische Handlungen bringen einen 1964 in weiten Abstand zur Welt der bürgerlichen Ordnung, einen Abstand, den die Subversive Aktion ihren Mitgliedern nachdrücklich auferlegt und der sich spätestens nach polizeilichen Festnahmen und kleineren Strafbescheiden einstellt.

Was aber macht die Aktionen der Gruppe so ungewöhnlich, dass sie häufig strafrechtlich verfolgt werden? Die ihnen zugrunde liegenden Thesen können es allein nicht sein; als die Subversive Aktion etwa die Jahrestagung deutscher Werber mit dem Abwurf von Flugblättern unterbricht, auf denen sie die Werbeleute auffordert, mit der »totalen Manipulation« Schluss zu machen,[20] bleibt diese Störung vor Gericht ohne Folgen. Die Kritik an der »Bewusstseinsmanipulation« und am »Zwangskonsum«, an »Repression« und an der »Liquidierung der Privatsphäre«[21] ist bereits in kleineren Bereichen des Feuilletons und der Universität gut eingeführt – es muss darum der Sprachgebrauch sein, der den Unterschied setzt, die direkte Anrede, das Fehlen politischer Reformvorschläge und das Spiel mit dem Entsetzlichen (»Es lohnt nicht, dass man Lübke killt«...). Weil solche Sätze zudem nicht fingiert erscheinen oder einer Künstlergruppe zugeordnet werden können, wirkt die ohnehin bereits überaus deutliche Abweichung von den ordentlich hergeleiteten Forderungen einer politischen Partei noch markanter und alarmierender.

Für die Gerichte ohne Bedeutung, aber dennoch auffällig ist der Umstand, dass sich viele der Aktionen gegen Ziele richten, die gleich als nebensächlich, als unzeitgemäß denunziert werden (Lübke: bloß ein Abziehbild; Gott: ein verblasstes Idol). Obwohl die trotz dieser Ansicht durchgeführten Attacken für Aufruhr sorgen, wird die Subversive Aktion an ihrer Auffassung nicht irre, bei solchen Institutionen und Mythen handele es sich um eigentlich abgelebte, vormoderne Phänomene. Dies dürfte in direktem Zusammenhang mit ihrer Position stehen, dass die Gesellschaft Eingriffen im »psychischen Bereich« ungeschützter ausgesetzt sei als »Eingriffen in die wirtschaftliche Struktur«. Weil in ihrer Sicht die »psychische Veränderung« für die »Verwirklichung emanzipierter Gesellschaft« wichtiger ist als der ökonomische Kampf,[22] sind selbst Maßnahmen zu rechtfertigen, die nicht ausschließlich die fortgeschrittenste Form konsumistischer und liberaler Entfremdung angreifen.

Unter Druck gerät diese Auffassung, als neue Mitglieder, Rudi Dutschke und Bernd Rabehl, die aus Ostdeutschland kommen, sich stark in die Diskussionen der Subversiven Aktion einschalten. Dies hat nichts damit zu tun, dass beide einen realsozialistischen Kurs verträten. ›Republikflüchtling‹ Dutschke etwa weist gleich darauf hin, wie wenig vom Sozialismus in der DDR gesprochen werden könne, weil dort »kritisches Denken überhaupt« verhindert werde;[23] er wendet sich konsequent gegen die »totalitäre Herrschaft« des Stalinismus.[24] Andererseits ist Dutschke Kommunist genug, um zwischen »notwendigem und zusätzlichem Terror« zu unterscheiden; ersterer sei in historisch gegebenen revolutionären Situationen gerechtfertigt; legitim auch angesichts des »Terror[s]«, den ein »bürgerlich-kapitalistischer Staat« vom »Gesinnungsterror bis zum physischen Terror« benötige, um »›seine Ordnung‹ aufrechtzuerhalten«.[25]

Vor allem ist Dutschke Kommunist genug, um die ökonomische Frage erneut auf die Tagesordnung zu setzen. Er möchte keinen Abstand davon nehmen, vom »Proletariat« zu sprechen, er vertraut letztlich auf dessen revolutionäre Kraft und will sie ihm mitunter als leninistischer Avantgardist ohne Partei wieder bewusst machen. Selbst aus der Tatsache, dass die »sozialstaatliche Befriedigung« der Lebensnotwendigkeiten des Proletariats die Herausbildung revolutionären Bewusstseins behindert, verfertigt Dutschke ein positives Argument. Für ihn können die westlichen Industriestaaten nämlich nur deshalb relativen Wohlstand garantieren, weil sie die (ehemaligen) Kolonien zu »billige[n] Rohstofflieferanten und Abnehmer[n] von teuren Fertigwaren« degradieren. Seine besondere Hoffnung gilt darum möglichen revolutionären Bestrebungen in Afrika und Lateinamerika. Änderungen dort, ist er überzeugt, würden auch die Lage im Westen nachhaltig in Bewegung bringen.[26]

Derartige Überlegungen führen schnell zur Spaltung der Subversiven Aktion. Die Münchner Mitglieder um Frank Böckelmann halten Dutschke und später auch Kunzelmann »trutzige Klassenkampfromantik« vor und spotten über die »Mythe des Proletariats«.[27] Die Vorherrschaft der Automation, des »abstrakten Profitinteresses« und des »Leistungsprinzips« lässt ihnen grundsätzlich den Klassenkampf veraltet erscheinen. Die benannten Phänomene seien nicht länger an den Kapitalismus gebunden; für das moderne verwaltete menschliche »Objekt« gebe die Stellung im gesellschaftlichen Klassensystem nur ein nachrangiges Merkmal ab; den »Objektcharakter«, die »Entpersönlichung« erleide jeder Mensch unter dem Diktat der »Ökonomisierung des ganzen Lebens«. Setzt Dutschke auf die Vorreiterrolle Lateinamerikas, sieht Böckelmann in den revolutionären Kämpfen der Entwicklungsländer nur den Auftakt zum Versuch, sich in einigen Jahrzehnten auf westliches Niveau zu begeben, einen Stand, der durch »pseudoreligiöse Fetischanbetung des Konsums«, »Unterwerfung unter die Produktion um der Produktion willen« sowie die »Pervertierung der menschlichen Gefühls- und Triebregungen in Tauschwerte« gekennzeichnet sei.[28]

Bevor es zum Bruch kommt, zeigen sich die Spannungen innerhalb der Gruppe besonders deutlich, als es darum geht, Aktionen zum Staatsbesuch des kongolesischen Diktators Tschombé durchzuführen. Erstmals wird zusammen mit anderen Gruppierungen ein Flugblatt veröffentlicht, das im traditionellen politischen Vokabular und Argumentationsstil gehalten ist. Aus der Münchner Sektion der Subversiven Aktion werden prompt Stimmen laut, die entschieden gegen eine solche Ausrichtung auf ›oberflächliche‹ tagespolitische Ereignisse polemisieren und stattdessen den Vorrang der »kulturrevolutionären Tiefendimension« einklagen.[29]

Die Berliner Mitglieder trifft der Vorwurf jedoch nur zum Teil. Zumindest ihre Vorstellung, welchem Ziel eine politische Demonstration dient, ist vom subversiven Tenor erfüllt. Bernd Rabehl erteilt dem »naiven Glauben an den Rechtsstaat und an die ›Öffentlichkeit‹«, von dem die Demonstrationen bislang getragen worden seien, eine harsche Absage. Ganz aktionistisch setzt er darum auf »Humanisten der Tat«, die den »legalen Rahmen sprengen« und die »sich selbst aufputschende Herrschaft provozieren, damit deren Gegenmaßnahmen endgültig den Schein der Demokratie zerreissen«. Zwar laufe man damit Gefahr, zum »Märtyrer« zu werden, aber auf kaum eine andere Art könne sich eine »Avantgarde« bilden, die zum »Angelpunkt der Opposition« werde.[30]

Im Rückblick sieht es nicht lange danach für einige der Beteiligten so aus, als ob die Berliner Demonstration gegen Tschombé bereits die avantgardistischen Kriterien erfüllt habe. Der Bruch mit dem »legalen Rahmen« ereignet sich dort spontan, nachdem die Demonstranten feststellen müssen, dass die Polizei den kongolesischen Ministerpräsidenten durch einen Hinterausgang am Demonstrationszug vorbeischleusen wollen. Einige der Demonstranten durchstoßen deshalb mehrfach die Polizeiketten und prügeln sich mit den Beamten. Bernd Rabehl berichtet darüber 1968, auf dem Höhepunkt der antiparlamentarischen Opposition, in einem Taschenbuch, das innerhalb von einem Monat fünf Auflagen erlebt und sich allein in diesen ersten Maiwochen über 100.000 Mal verkauft.

Jetzt kann Rabehl noch einmal in gemäßigterem Ton jene Einschätzung wiederholen, die er in dem Zirkular von 1965 vor einigen wenigen Subversiven niedergelegt hat. Von Avantgarde und Märtyrern ist nun zwar keine Rede mehr, aber unverändert von Demonstrationen, welche die »›gesetzten‹ Spielregeln« durchbrechen und dadurch vermeiden, zum demokratischen »Aushängeschild und Alibi« zu werden.[31]

Im gleichen Band beschreibt Rudi Dutschke dieselbe Demonstration mit Begriffen, die vollständig dem subversiven Wörterbuch entstammen. Im Nachhinein markiert der Protest gegen Tschombé für ihn den »Beginn unserer Kulturrevolution«, in der alle etablierten Normen in Frage gestellt werden. Natürlich stellt er weiterhin die – aus seiner Sicht – entscheidende Rolle der revolutionsbereiten Länder der kolonialen Welt heraus. Offenkundig jedoch besteht für Dutschke kein Widerspruch zwischen neomarxistischer politischer Theorie und subversiv-antiautoritärem Existentialismus. Ihm bleibt es vorbehalten, in der Tradition avantgardistischer Manifeste die Aufhebung der Kluft zwischen Vorhut und Mitmarschierern, zwischen Erlass und Ausführung zu proklamieren. Die »Kulturrevolution« denkt er sich nach dem Bilde jener Demonstration aus dem Dezember 1964, bei der zum ersten Mal das »gemeinsame Handeln« der Demonstranten gegen die »fetischisierten Spielregeln der formalen Demokratie« zu beobachten gewesen sei. Auch dank des »militanten Auftreten[s]« nämlich habe die »Agitation und Aufklärung als Prozeß der Selbstaufklärung der Demonstranten« einen »sinnlichen Charakter« angenommen, so dass sich »Organisation und temporäre Führung« im »Prozeß der Aktion« selbst herausgebildet hätten. Dutschkes avantgardistische Botschaft ist klar: Die derart grenzüberschreitende Aktion überführt nicht nur das intensive Leben in die Politik, sondern hebt ebenfalls autoritäre Abstände auf. In solcher »Aktion«, meint Dutschke, konzentrieren sich die Beteiligten »primär auf sich selbst« und führen in ihr die »Selbstaufklärung über den Sinn und das Ziel der Aktion« weiter.[32]

Internationale Szenerie

Bei der Betrachtung der avantgardistisch-politischen Konzepte der 60er Jahre ist es äußerst wichtig, stets in Erinnerung zu behalten, dass sich all die damit verbundenen Anschauungen und Handlungen in den Ländern der westlichen Welt grundsätzlich gleichen. Einen deutschen Sonderweg gibt es in der Hinsicht nicht.[33] Bereits ein kurzer Blick in die Vereinigten Staaten zeigt, in welch starkem Maße linksliberale, studentische Politik sich dort seit 1960 ebenfalls auf den Einsatz des Körpers gründet, auf »expressive politics«,[34] was Außenstehende schnell zur Annahme bringt, dass »Demonstration«, »Sit-in« und »Aufruhr« ihren Zweck in sich selber fänden und nicht in den dabei geäußerten humanistischen oder marxistischen Botschaften, den »vordergründig[en] politischen Absichten«.[35]

Ganz deutlich wird die Übereinstimmung, falls die Parolen und Hoffnungen dem Sprachgebrauch der gemeinsam geteilten avantgardistischen Tradition verpflichtet sind, wie man das etwa bei den holländischen Provos sehen kann.[36] Kleinere Unterschiede ergeben sich natürlich aus dem Gebrauch lokaler Symbole und Gegenstände (bei den holländischen Provos etwa weiße Fahrräder). Der größte Unterschied liegt jeweils einfach darin, wie weit man die verwirrende und provozierende aktionistische Politik ausreizen möchte. Einer der Sprecher der Provos vertraut stark auf die gewalttätige Überreaktion der Polizei, sie sei es – nicht die Provos selbst –, die zur massenhaften Ausbreitung der Bewegung beitrage. Eigenen Gewaltverzicht befürwortet Roel van Duijn darum zwar nicht,[37] die französische Situationisten werden ihn aber trotzdem heftig dafür kritisieren, dass die provotarischen »Führer« – nachdem »ihre Basis sich bei einem Arbeiteraufstand« der »direkten Gewalt angeschlossen hatte« – im ersten Schreck nichts Besseres zu sagen gewusst hätten, »als die ›Exzesse‹ zu denunzieren und an den Pazifismus zu appellieren.«[38]

Die gleiche Kritik findet sich in etwas schwächerer Form auch in einer englischen Zeitschrift, *Heatwave*, die in nun schon vertrauter Manier situationistische, dadaistische, anarchistische und surrealistische Kunst- und Lebenskonzepte favorisiert. Für die Autoren von *Heatwave* handeln die Provos im »wahren Geiste Dadas« und nicht in dem seiner »zeitgenössischen offiziellen Version« der Pop Art und Happenings.[39] Bei einer Reise nach Amsterdam hält ein Vertreter der Zeitschrift, Charles Radcliffe, darum van Duijn vor, die Provos seien zu Recht für die Ausschreitungen verantwortlich gemacht worden; van Duijn antwortet darauf, dass die »extremen Aussagen« der Provos als »satirische« Sätze verstanden werden müssten; dem englischen Besucher bleibt nur der Kommentar übrig, dann hätten die Provos »unbewusst das Provotariat verraten«.[40]

Mit den französischen Situationisten teilt *Heatwave* die Vorliebe für Akte mehr oder minder spontaner Gewalt, die sich in Arbeitskämpfen oder jugendlichen Ausschreitungen entladen. Im Unterschied zu den Franzosen schenkt *Heatwave* dabei auch der jugendkulturellen Szenerie abseits aggressiver Akte große Aufmerksamkeit. 1966 verurteilt die S.I. die »beatniks« als »rechten Flügel« der amerikanischen Studentenrevolte, vor allem deren Drogenkonsum und Aberglaube wird von ihr angeprangert.[41] *Heatwave* hingegen zeigt deutlich mehr Sympathie für die »nonchalante Verachtung« der Beatniks gegenüber der normalen Gesellschaft (»›straight‹ society«).[42] Wie die S.I. kritisieren die Engländer zwar auch den vorübergehenden und oftmals konsumorientierten Charakter der neuen Jugendbewegungen, insgesamt fällt ihr Urteil aber wesentlich positiver aus; sie schätzen den unmittelbaren Protest gegen die Welt der bemüht unauffälligen Mittelschicht, gegen ihre verwaltete Arbeit und ihre gepflegten Statussymbole; sie schätzen die Verunsicherung, die von dem abweichenden jugendlichen Lebensstil erzeugt wird:

»In a society which has everything, everyone wants nothing. What is important about the youth revolt at this stage is not so much what it is but that it is; that in some ways and however hesitantly, however unsurely, youth recognizes its exploiters and is, if only temporarily, prepared to pay them off in a currency they can understand. The explosions are imperfect and impermanent; the rage is fused and canalised; the violence is exploited and utilised; the dreams became advertising slogans. But the revolutionary of all people must be able to sympathise with and encourage such revolt; if nothing else it increases the bourgeois' suicidal paranoia which is, in a very real sense, the revolutionary's best friend. The suburban mental derelict, his world threatened by the phantoms of disquiet – car tyres deflated, windows smashed, flowers stolen, sleep destroyed, business threatened by the Conspiracy, status constantly challenged by neighbours and business colleagues, wife at the mercy of ravaging back-door tradesmen, sanctum permanently challenged by nameless youth tyrannies – sees in all youth a savage innocence and a mindless threat to his well being; his mind – torn already by the frustrations of working into an emotional gutter, his body – obese on the non-foods of a death-orientated society, his prestige – so intangible, so dependent on irrelevancies and reactions which can never be based on concrete evidence, are not enough to address the challenge. It is this disquiet-factor that all rebel youth has in common, that threatens the carefully moulded suburban fantasies whose function is as a contraceptive against reality, sexual, social and cultural. It is this, together with the unrepressed violence and viciousness of those in authority dealing with youth rebellion, that should have told the revolutionaries they were dealing with rather more than a symptom of the degeneracy of a system. For the facts proclaim that youth revolt has left a permanent mark on this society, has challenged assumptions and status and been prepared to vomit its disgust in the streets. The youth revolt has not always been comfortable, valid, to the point or helpful. It has however made its first stumbling political gestures with an immediacy that revolutionaries should not deny, but envy.«[43]

Keineswegs wird hier davon ausgegangen, dass alle Begierden sofort wieder in den Kreislauf von Arbeit und Konsum integriert werden können und diesen immer wieder aufs Neue in Schwung bringen. Die jugendliche Wut kann zwar kanalisiert, ihre Gewalt benutzt werden, vor ihrer vollständigen Eingemeindung steht jedoch die desolate Verfassung der bereits integrierten Angestellten und Bürger. Deren Welt ist derart von Frustration und Freudlosigkeit geprägt, dass sie bereits von kleineren Gesten der Abweichung verunsichert werden und mit Panik oder Gemeinheit reagieren. Folgt man dieser Einschätzung, bleibt unverständlich, weshalb überhaupt das Bild jugendlicher, revoltierender Gewalt bemüht wird; denn falls die Diagnose stimmt, müssten bereits andere Lebensentwürfe – »sexual, social and cultural« – ausreichen, um für Unruhe zu sorgen.

Kommune I

Angesichts der weitgehenden Sympathie des avantgardistischen Revolutionärs Radcliffe für die jugendkulturellen Revolten überrascht es nicht, dass ihm bei seiner Reise nach Amsterdam besonders das Straßenbild gefällt: »The town is full of beats and the extraordinarily decadent Dutch ›mods‹, decked out in fantastic floral suits«,[44] berichtet er begeistert nach England. Der amerikanische Begriff »Hippie« steht zu dem Zeitpunkt, im Sommer 1966, offensichtlich selbst dem Londoner Radcliffe noch nicht zur Verfügung. Wenig später jedoch wird er auch in Europa ganz automatisch verwandt, wenn lange Haare, legere Kleidung, florale Dessins zusammen mit Arbeitsverweigerung, psychedelischer Realitätsabkehr, freier Liebe und Friedfertigkeit auf ein einheitliches Bild gebracht werden sollen.

Die Situationisten hatten bereits recht frühzeitig der Mischung aus »Zen, Spiritismus« und »sonstige[n] verfaulte[n] Waren wie Ghandiismus und Humanismus« eine hasserfüllte Absage erteilt.[45] Trotz ihrer ausgesprochenen Gewaltlosigkeit und angestrebten Gleichmütigkeit passen aber auch die Hippies ausgezeichnet ins avantgardistische Konzept. Unter den Idealen von Kreativität und Phantasie streben sie auf ihre Weise ebenfalls eine Vereinigung von Kunst und Leben an. Sogar viel stärker als bei der klassischen Avantgarde siegt bei ihnen anfänglich die Lebenspraxis über die Werkkunst.[46] Besonders dank ihrer Absage an Eigentum und hierarchische Ordnung, die nachdrücklich auf dem alltäglichen Feld intimer Beziehungen demonstriert wird, brennt sich dem öffentlichen Blick diese Form der Lebenskunst ein.

Natürlich waren viele Avantgardisten ebenfalls solchen Lebenskonzepten verpflichtet. Die Parole freier Sexualität zählt schließlich zum festen Bestandteil des Bohemelebens überhaupt. Trotzdem findet man sie nicht in den avantgardistischen Manifesten. Dies liegt wahrscheinlich zu einem großen Teil daran, dass die historische Avantgarde sich von den vorhergehenden ästhetizistischen Strömungen stark abgrenzen will und deshalb dandyistische u.a. Stilisierungen, die aus dem Leben ein Kunstwerk machen sollen, vernachlässigen muss. Zum anderen spielt wohl eine Rolle, dass angesichts großer, totalitär entgrenzter politischer oder gewalttätig-dynamischer Ziele solche Lebenskunst zu hedonistisch und individuell erscheint.

Erstmals zusammengebracht und zugleich avantgardistisch zugespitzt werden all diese Elemente im Projekt der Berliner Kommune.[47] Das Programm dafür notiert Dieter Kunzelmann im November 1966. Als kollektives Ziel nennt er die »tendenzielle Aufhebung bürgerlicher Abhängigkeitsverhältnisse (Ehe, Besitzanspruch auf Mann, Frau, Kind etc.)« sowie die »Destruierung der Privatsphäre und aller uns präformierenden Alltäglichkeiten«. Solche »Aufhebung« der »bürgerlichen Individualitäten« könne nur im Zusammenhang des Kampfes gegen die »repressive Gesellschaft« geschehen. Zur »gemeinsamen Praxis« soll darum vor allem die »subversive Aktion« beitragen, schreibt Kunzelmann und lässt sich dabei bereits von der Vorstellung antreiben, dass durch eine »wirklich[e] Praxis« von »Provos und Fuck for Peace« eine stärkere Vermittlung mit allgemeinen Emanzipationsbestrebungen gewährleistet sei als durch klassenkämpferische Momente.[48]

Im Dezember 1966, unmittelbar bevor die Kommune I Anfang Januar 1967 eine Wohnung bezieht, geben die antiautoritären Mitglieder des Berliner SDS um Kunzelmann einige Proben, wie subversive Praxis aussehen kann.[49] Auf einem Flugblatt rufen sie zum 17.12., einem verkaufsoffenen Samstag vor Weihnachten, einen »Spaziergangs-Protest« aus. Als Grund für die neue Protestform geben sie an, dass sie sich nicht wie bei vorigen Demonstrationen gegen den Vietnam-Krieg von der Polizei zusammenschlagen lassen wollen:

»[U]m nicht die hilflosen Objekte der Aggressivität junger Leute in Polizeiuniformen zu sein, demonstrieren wir nicht in der alten Form, sondern in Gruppen – als Spaziergänger, wir treffen uns an vorher bestimmten Punkten, um uns beim Nahen der Freunde von der Polizei zu zerstreuen, zu Passanten zu werden, um an einem anderen Ort wieder aufzutauchen.«[50]

Es geht aber um weit mehr als um Selbstschutz. Die Polizei könne eben besser prügeln, schreiben sie, darum sei es unsinnig gewesen, sich auf einen Machtkampf mit ihr einzulassen: »Wir haben schlecht demonstriert, und die Polizei hat uns dafür verprügelt«, heißt es schuldbewusst. Die Losung der nächsten Demonstration lautet deshalb: »Wir ›spazieren‹ für die Polizei!« Das Flugblatt lässt allerdings keinen Zweifel daran, wie ernst die Losung gemeint ist. Der weitaus wichtigere Grund für die »Taktik« der getarnten Demonstration, als bloß den Schlägen zu entgehen, wird klar benannt. Der als Spaziergang ausgegebene Protest

»will die versteinerte Legalität lächerlich machen, will das Irrationale der rationellen Ordnung bloßlegen, will durch Spaß zeigen, daß die Vor- und Leitbilder dieser Gesellschaft Narren sind«.[51]

»Wir müssen unsere Gewalt gewaltlos erscheinen lassen. Wir müssen unterlaufen, lächerlich machen«, lautet es entsprechend in einem internen Papier.[52] Die Mitarbeit der Polizei ist dabei fest eingeplant. Tatsächlich ist auf sie Verlass; neben vielen Spaziergangs-Demonstranten nimmt sie auch eine Reihe von Passanten fest, die nur ihre Weihnachtseinkäufe machen wollen. Trotz dieses verwirrenden Erfolgs halten die Subversiven ihre halbe Tarnung nicht lange durch. Auf Heiligabend, eine Woche später, bleibt es nicht mehr beim Spaziergang. »Und da war dann auch das Happening«, beginnt Rainer Langhans seinen distanziert-ironisch gehaltenen Bericht über ein symbolisch-aggressives Weihnachtsfeuer, das er und seine Mitstreiter auf dem Kurfürstendamm veranstalten:

»Plötzlich stand ein Weihnachtsbaum unter den Demonstranten inmitten zweier Köpfe von Johnson und Ulbricht; der Baum war geschmückt mit der amerikanischen Flagge und Paketen an seinem Fuß – und er wollte nicht brennen. Nur der Texanerhut Johnsons (Gips) tat das. Die Polizei zerstörte das Idyll, ›weitergehen!‹, und das, wo man doch gerade den Weihnachtsbaum besang.«[53]

Nicht allein solche politischen »Happenings« machen die Aktionisten zu einem festen Bestandteil der Zeitungen, besonders der Berliner Boulevardblätter und Hamburger Magazine. Zum Bild der »verrückten« Kommunarden tragen auch die ausgesprochen ›anderen‹ Lebensgewohnheiten bei. Die Pläne der Kommune I werden dadurch getreulich erfüllt. In einer Fotolegende der Illustrierten *Stern* heißt es z.B. im Frühjahr 1967: »Die ›Lebensgemeinschaft junger Maoisten‹ kämpft mit Rauchbomben für die freie Liebe«; prägnanter und romantisierender kann man die propagierte Aufhebung der Differenz von Privatem und Öffentlichem, von Intimem und Politischem kaum in Worte fassen und zudem mit dem Anschein von Wirklichkeit versehen.

Die Kommunarden selber nutzen genau diesen Zusammenhang, um sich von den in ihrer Sicht braven (linken) Studenten abzugrenzen und sie ideologisch unter Druck zu setzen. Gleich das zweite Flugblatt der Kommune I richtet sich nicht gegen Präsidenten oder Rektoren, sondern mit ironischen Forderungen gegen »Studenten, Lahmärsche und Karrieremacher«:

»Macht keine Sprechchöre !

Macht das Tor auf ! Hört, was die Funktionäre sagen !

Vögelt nicht im Audimax !

Denkt immer daran, daß das Fernsehen kommen und eure Großmutter euch beobachten könnte !

Tretet euch die Schuhe ab,

TRETET LIEBER LEISE !

Aber tretet !

Denkt daran, daß eure Großmutter euch immer beobachtet, auch wenn das Fernsehen nicht da ist !

Vögelt nicht im Henry-Ford-Bau !

Lebt geräuschlos ! Ruhe ist akademisch !

Bleibttreu, bleibtdeutsch, bleibtdoof !«[54]

Bei den Kommunarden wird die Revolution nicht auf Morgen vertagt, weil sie die Möglichkeiten der Revolte im Hier und Jetzt erkennen. Darum sind nicht nur ihre politischen Pläne radikal, sondern in mindestens genauso starkem Maße die Ansprüche an jeden Einzelnen. »Ihr demonstriert für die Zukunft. / In der Gegenwart paßt ihr euch an«, tadeln sie Linksliberale und Pazifisten, »Ihr protestiert gegen die Bombe. / Selber wollt ihr keine legen«, dichten sie weiter. Gar nicht metaphorisch sind die Schlussverse aufzufassen: »Wer den Spießer nicht enteignet, / Bleibt es selbst, auch wenn er's leugnet«;[55] sie fordern zur Zechprellerei und zum Ladendiebstahl auf. Das sind keine leeren Worte, die Kommunarden selbst lassen ihnen entsprechende Taten folgen. Fast scheint es sogar, als sei auch der Aufruf zum Bombenlegen wörtlich gemeint. Anfang April werden Kunzelmann, Langhans u.a. wegen des Verdachts festgenommen, einen Sprengstoffanschlag auf den US-Vizepräsidenten Humphrey geplant zu haben. Die *Bild*-Zeitung meldet das groß als Aufmacher ihrer Titelseite; umso größer ist wiederum der Erfolg der Kommune I, als sich herausstellt, dass der amerikanische Staatsgast lediglich mit einer Puddingbombe beworfen werden sollte.

Kurz danach, Ende Mai 1967, treiben die Kommunarden erneut mit dem Entsetzen Scherz. In Brüssel ist am 22. Mai ein Warenhaus abgebrannt, hunderte von Käufern sterben in den Flammen. Die Kommune nutzt den spektakulären Anlass sofort, um die Bürger Berlins mit dem Sterben in Vietnam zu konfrontieren. Entscheidend dabei ist, dass sie den abwegigen Vergleich nicht als politisches Argument formuliert. Dies wäre auf keine Resonanz gestoßen, ein Unglück ist nun einmal keine kriegerische Handlung. Die Kommune nutzt das Unglück aber nicht allein, um den Berlinern am Beispiel der verbrannten Käufer sinnlich vor Augen zu führen, auf welch schreckliche Art viele der Vietnamesen dem Krieg zum Opfer fallen. Die Kommunarden gehen noch einen Schritt weiter, indem sie auf drei Flugblättern verschiedene Urheber der Brandkatastrophe benennen (ein viertes, kurzes Flugblatt frohlockt in einer zynischen Abwandlung der Werbesprache allgemeiner: »EINE FLASCHE PROPANGAS UND SIE KÖNNEN DASSELBE ERLEBEN * DIE HÖCHSTENTWICKELTE PROPAGANDA FÜR JOHNSONS VIETNAMPOLITIK«[56]). Auf dem zweiten der drei längeren Flugblätter, die auf den 24.5.1967 datiert sind, wird die Katastrophe als »neuer gag in der vielseitigen Geschichte amerikanischer Werbemethoden« ausgegeben und im angenommenen satirischen Rahmen einer Annonce und deren Sprache beworben: »Ein brennendes Kaufhaus mit brennenden Menschen vermittelte zum erstenmal in einer europäischen Großstadt jenes knisternde Vietnamgefühl (dabeizusein und mitzubrennen), das wir in Berlin bislang noch missen müssen.«[57]

Noch schockierender – weniger deutlich sogleich als Satire zu erkennnen – wirkt die Urheber-Benennung auf dem ersten Flugblatt. Hier wird im Stile eines Zeitungsberichts als Brandstifter eine »Gruppe Antivietnamdemonstranten«, die »pro-chinesische Gruppe ›Aktion für Frieden und Völkerfreundschaft‹«, ausgegeben, dessen Mitglied »Maurice L. (21)« der Kommune I mitgeteilt habe:

> »Wir vermochten uns bisher mit unseren Protesten gegen die amerikanische Vietnampolitik nicht durchzusetzen, da die hiesige Presse systematisch den Menschen hier den Eindruck vermittelt, daß ein Krieg dort unten notwendig und zudem gar nicht so schlimm sei. Wir kamen daher auf diese Form des Happenings, die die Schwierigkeiten, sich die Zustände beispielsweise in Hanoi während eines amerikanischen Bombenangriffs vorzustellen, beheben sollte.«

Als Grund, weshalb im offiziellen Ermittlungsbericht nicht von einem »Großhappening«, sondern von einem Unglück die Rede sei, wird in der Zeitungsparodie der Kommune I angegeben, dass die Polizei nicht andere Gruppen zu ähnlich ›durchschlagenden‹ Aktionen ermuntern wolle.[58]

Auf dem dritten Flugblatt wird dann in der Überschrift die Frage gestellt: »Wann brennen die Berliner Kaufhäuser?« Wieder wird auf die »belgischen Freunde« und deren Methode verwiesen, »die Bevölkerung am lustigen Treiben in Vietnam wirklich zu beteiligen«. Aber es bleibt nicht bei der bloßen Wiederholung. Nach dieser erneuten schockierenden, teils satirischen, teils zynischen Fiktion stellt nun erstmalig eine Art Konditionalaussage ein Stückchen mögliche Realität vor: »Keiner von uns braucht mehr Tränen über das arme vietnamesische Volk bei der Frühstückszeitung zu vergießen«, heißt es da eindeutig, um vielsagend fortzufahren: »Ab heute geht er in die Konfektionsabteilung von KaDeWe, Hertie, Woolworth, Bilka oder Neckermann und zündet sich diskret eine Zigarette in der Ankleidekabine an.« Die Interpretation, hier werde nahe gelegt, an Stelle der wirkungslosen Trauer zu zerstörerischen Gegen-Maßnahmen zu greifen, wird durch den harten (wenn auch in unbeholfenem Englisch artikulierten) Slogan »burn, ware-house, burn« ganz zum Schluss des Flugblatts bestärkt.[59]

Trotzdem steht die Anklage des Generalstaatsanwalts, die Kommunarden hätten zur Brandstiftung aufgerufen,[60] nicht nur wegen der satirisch-fiktionalen Rahmung aller Flugblätter auf sehr unsicherem Boden; auch die vorsichtige Aufforderung, sich »diskret eine Zigarette« anzuzünden, erfüllt natürlich keineswegs direkt einen Straftatbestand (zumal da sie sich an »jeden von uns«, also an die Kommunarden selbst richtet). Im Gerichtsverfahren hatten die philologischen Gutachter, die von der Verteidigung bestellt worden waren, denn auch wenig Mühe, den unmittelbaren Aussage- und Aufforderungscharakter der Flugblätter zu bestreiten.[61]

Etwas fragwürdiger ist dagegen ein zweites Argument, mit dem einige Gutachter die Ungefährlichkeit der Kommune-Flugblätter zu beweisen versuchen. Die behauptete Nähe der Kommune I zu den historischen Avantgarden wird dabei benutzt, um die teilweise künstlerische Trennung der Kommunarden von der Wirklichkeit herauszustellen. Eberhart Lämmert verweist etwa auf das erste futuristische Manifest, um den »literarischen Ausdruck« des Protests auch bei den Kommunarden als eine künstlerische »Fachsprache« zu charakterisieren, die kein mit dieser Tradition vertrauter Leser mehr als Handlungsaufforderung auffasse.[62] Jacob Taubes stellt die Kommune I vor allem in eine Linie mit den Surrealisten, um ganz ähnlich wie Lämmert die »provokatorische Aufforderung zur Gewalttat« als Mittel einer maßlosen Rhetorik zu kennzeichnen, die auf den »Schock«, nicht aber auf »das Vollbringen der vorgestellten gewaltsamen Handlung selbst« ziele. In einem zweiten Schritt möchte Taubes sogar zeigen, dass der ausdrückliche Hinweis der Surrealisten, sie seien keine Dichter, sondern Revolteure, ›bloß‹ eine »poetische Fiktion« darstelle. Die »totale Weigerung« der Surrealisten (wie der Kommune I), ihr Anspruch einer »Vernichtung der bürgerlichen Welt« sei nämlich »etwas Absolutes, das außerhalb von Geschichte und Politik« liege, weshalb diese avantgardistischen Dokumente »nur als poetische Fiktion zu werten sind«.[63]

Das Argument ist zweifelsohne stimmig, man darf über ihm allerdings nicht vergessen, dass ungeachtet totaler Ansprüche trotzdem noch partikulare Eingriffe und Aktionen möglich bleiben, die sofort von einer »poetischen Fiktion« unterschieden sind. Mit anderen Worten: die Gleichsetzung von Surrealisten und Kommunarden nutzt der Kommune I vor Gericht nur, wenn die Avantgarde wieder ganz auf eine wirklichkeitsenthobene Sphäre der Kunst zurückgestuft wird. Nimmt man aber die Parole von der Überführung der Kunst ins Leben ernst – und sieht die Kommune I in dieser avantgardistischen Tradition –, dann muss der Vergleich der Flugblätter zum Brüsseler Kaufhausbrand mit Manifesten der historischen Avantgarde keineswegs automatisch zu einem Freispruch führen.

4 Aktionistische Pläne und Handlungen

Kommune I als Avantgarde

Wie immer man die Einschätzungen der Gutachter zu den Brandstiftungsflugblättern beurteilen mag, in jedem Falle steht fest, dass sie ihren Beitrag zu einer kulturhistorischen Auszeichnung aktionistischer Ideen leisten, die im geschichtlichen Augenblick Ende der 60er Jahre einer Wiederbelebung nahe kommt. Den größten Anteil daran haben aber natürlich die Kommunarden selbst, auch wenn sie – vielleicht durchaus bewusst – eine ausgesprochene Anknüpfung etwa an die Berliner Dadaisten vermeiden. Ohne große Übertreibung kann man sagen, dass erst die Kommune I mit ihren Aufsehen erregenden Aktionen wieder das Bewusstsein für jene avantgardistische Richtung erweckt, die sich mit dem Signum des Experimentellen und Hypermodernen nur unzureichend auszeichnen lässt. Nicht nur die Gutachter sehen die Kommune I in der avantgardistischen Tradition, sondern auch eine ganze Reihe bekannter, vor allem junger Schriftsteller. Zwar hatte es zuvor bereits einige Wiederauflagen, Erstveröffentlichungen und Ausstellungen futuristischer, dadaistischer und surrealistischer Texte und Bilder gegeben, bislang war aber in erster Linie der Kunstcharakter der historischen Bewegungen herausgekehrt worden.

Darum bleibt es etwa in der führenden deutschen Zeitschrift der literarischen Moderne *Akzente* Gruppen wie der Kommune I vorbehalten, Positionen aufzurufen, die erstmals wieder dem avantgardistischen Programm einer Überführung der Kunst ins Leben geschuldet sind. Peter O. Chotjewitz findet es in seinem Aufsatz zur Frage *Was heißt »experimentelle Literatur«*

»bemerkenswert, daß es nicht Literaten waren, die mit der zur Literatur gehörenden Kommunikationsform des Flugblatts in Westberlin in den letzten Jahren Erfolge errungen haben, sondern Mitglieder der ›Kommune I‹ mit ihren auch literarisch zum Teil hervorragenden Flugblättern [...]«.[1]

Damit ist der Ton gesetzt, der die Antwort auf die Frage nach der avantgardistischen Aktion sogleich bestimmen wird (weit hinaus über das Problem literarischer Qualitäten). Die Antwort erfolgt nicht unter Verweis auf Dadaisten oder Surrealisten, sondern nimmt sich die aktuelleren »Happenings« zum Vorbild. Das Vorbild der Kommunarden garantiert dabei, dass die avantgardistische Handlung aus dem Rahmen der modernen Kunst herausgelöst und mit übergreifenden Absichten verbunden wird: Die nicht allein »ästhetisch unvermittelte« »Aktion« feiert Chotjewitz am Beispiel der »be-ins, sit-ins, love-ins, walk-ins« der amerikanischen »Hippies und Bürgerrechtler«, am Beispiel der Amsterdamer Provos und der Berliner Kommune.[2] Ganz in deren Sinne erklärt der Schriftsteller Chotjewitz, dass der »Fortschritt« der Happenings nicht »im überkommenen Sinne ästhetischer Kategorien« gefasst werden dürfe, sondern konsequent einem »gesellschaftlichen« Einsatz zugute kommen müsse.[3]

Mit dieser Einschätzung steht er 1968 ganz und gar nicht allein. Hans Magnus Enzensberger sieht in der Verweigerung gegenüber »konventionellen Schreib-(Mal-, Kompositions-)Weisen« schon lange keinen revolutionären Akt mehr; umgekehrt leidet die von ihm wohlwollend betrachtete aufklärerische Literatur (wie etwa Günter Wallraffs Fabrikreportagen oder Ulrike Meinhofs Kolumnen) in seiner Sicht erst recht daran, dass sie im traditionell vorgegebenen Rahmen – dem Medium Buch, der individuellen Urheberschaft, den Marktgesetzen, der Trennung von Theorie und Praxis – verbleibt. Als »Gegenbeispiel« zu all dem ruft Enzensberger in einem Satz die »Arbeit Fritz Teufels« auf und regt dazu an, weitere, »weniger an die Person gebundene Möglichkeiten« auszuprobieren.[4]

Auch Schriftsteller, die in viel geringerem Maße politisch interessiert sind, zeigen sich von der Kommune angetan. Rolf Dieter Brinkmann kann ihre »Aktionen« natürlich eher »als Untergrund-Verhalten« akzeptieren als »dieses starr durchformulierte Programm von Rudi Dutschke«[5] (wobei er den aktionistischen Impuls Dutschkes allerdings stark unterschätzt). In ähnlicher Grundstimmung plädiert Peter Handke dafür, die »Redeautomatismen der Revolutionäre« aufzubrechen, und verbindet damit die Forderung nach einem Straßentheater, das »Bewegung« sein sollte, nicht »Institution«, das »listig« in der Öffentlichkeit agiert, ohne sich als »Theater« erkennen zu geben.[6]

Im Feuilleton kommt die Botschaft ebenfalls an. Uwe Nettelbeck urteilt in der *Zeit* bereits im September 1967, dass »die Vorstellung der Kommunarden Teufel und Langhans in Moabit« gelungener war als eine politische Demonstration.[7] Karl Heinz Bohrer weist im Januar 1968 mit ähnlichem Unterton darauf hin, dass in den »Methoden der Aktion« eine »Freude am Experiment« spürbar sei, »die sich der orthodox-akademischen Begrifflichkeit entzieht«.

Bohrer seinerseits hat aber durchaus einen Begriff zur Hand. Für ihn handelt es sich um eine »Art politischen Surrealismus«[8]:

»Es ist ein Experiment mit sich selbst und dem Partner oder Gegner, das überkommene Begriffe überprüft. Die Brutalität, die sich dabei abzeichnet, eben das, was man als ›Terror‹ bezeichnet hat, das Grelle in Geste und Sprache, hat genaue Entsprechungen in modernen Kunstformen, die sich in ähnlicher Weise von der Tradition unterscheiden.«[9]

Beispielhaft dafür seien die »Flugblätter der Berliner ›Kommune‹«, merkt Bohrer unter Verweis auf Jacob Taubes' Gutachten an.[10] Bohrer selbst hält knappe zwei Jahre später anlässlich dieser Flugblätter fest, dass »surrealistische Originalität« nicht in »neuen literarischen Techniken« liege, »sondern in ihrem Anspruch auf eine konstruktive, diktatorische Intuition.«[11] Auf eine griffigere Formel gebracht:

»Eine unerhörte neue Praxis. Dichterisch leben! Und das nicht gedacht als Prozeß der Verinnerlichung, sondern als Prozeß der Exzentrik, den *Breton* 1935 folgendermaßen formulierte: ›*Die Welt verändern, predigte Marx. Das Leben verändern, forderte Rimbaud. Uns aber verschmelzen beide Ansprüche zu einem einzigen Schlachtruf.*‹«[12]

Bohrer sieht darin die »allererste Witterung der Spur, auf der wir uns heute befinden, die blitzartige Erkenntnis, daß hier nicht einfach ›Dichtung‹ und dort nicht einfach ›Leben‹ ist«.[13] Damit ist die entscheidende Formel endlich ausgesprochen, eine Formel, die zudem historische Avantgarde und Züge der 68er-Revolte auf einen Nenner bringt.[14] Das Prinzip der Aufhebung der Differenz von Kunst und Leben trennt die Avantgarde deutlich von der künstlerischen Moderne.

Zu guter Letzt wird auch die philologische Wissenschaft mit etwas Verzögerung die historischen Avantgarden anhand solcher und ähnlicher anderer Beispiele auf den Begriff bringen. Es ist kein Zufall, dass die wissenschaftliche Beschäftigung mit der historischen Avantgarde genau zu diesem Zeitpunkt Ergebnisse erbringt, die eine klare Abgrenzung von der modernen Dichtung erlauben. Angesichts der »politischen Happenings« der 60er Jahre fällt Anfang der 70er Jahre ein neuer kategorialer Blick auf die Avantgarden. Deutlicher als Peter Bürger kann man das gar nicht mehr benennen. Gleich die ersten beiden Sätze seines Buchs zum französischen Surrealismus aus dem Jahr 1971 bringen Ausgangsgrund und prinzipielle Bestimmung unmissverständlich zur Sprache:

»Spätestens mit den Maiereignissen 1968 liegt die Aktualität des Surrealismus offen zutage. Nicht weil Aussprüche von Surrealisten während dieser Zeit an den Mauern öffentlicher Gebäude standen, sondern weil hier Aspirationen, die der Surrealismus seit den 20er Jahren verkündet, massenhaft Ausdruck gefunden haben: Revolte gegen eine als Zwang empfundene Gesellschaftsordnung, Wille zur totalen Umgestaltung der zwischenmenschlichen Beziehungen und Streben nach einer Vereinigung von Kunst und Leben.«[15]

Eine Beschränkung der Auseinandersetzung mit dem Surrealismus auf »Fragen der Ästhetik« muss Bürger nicht nur deshalb kritisieren, weil sie die »gesellschaftsbezogenen Momente« des historischen Surrealismus unterschlage, sondern auch darum, weil die Beschränkung darauf hinauslaufe, »die heutigen Versuche einer Vereinigung von Kunst und Politik als bloß künstlerische Phänomene zu betrachten«.[16]

Aufruhr als Kunstwerk

An der Stelle gilt es, noch einmal innezuhalten. Dass die neueren Avantgarde-Bestimmungen stark von Gruppen und Phänomenen wie denen der Kommune I beeinflusst sind, steht wohl außer Zweifel. Offen bleibt aber, wieso überhaupt der Kunstbezug hergestellt wird, und sei es der einer im Leben aufgehobenen Kunst. Wieso spricht Handke von einem »Theater«, wenn es gar nicht mehr als solches erkennbar sein soll? Warum gelten die Surrealisten als Vorläufer, wenn ihre angeblichen Nachfahren kein einziges Bild oder Gedicht hervorbringen? Warum nennen die Kommunarden – und später sogar die Frankfurter Brandstifter Ensslin, Baader, Proll, Söhnlein – ihre Aktionen selbst manchmal »Happening«? Oder umgekehrt gefragt: Wieso bezeichnet man Unruhestifter nicht einfach als Unruhestifter?[17]

Eine Begründung dafür könnte sein, dass man die wenig argumentative Manier der Provokateure der Poesie zuschlägt. Diese Begründung ist aber zu konservativ, als dass sie ein Avantgardist je akzeptieren könnte. Selbst der dadaistischere Bezug aufs Spielerisch-Witzige[18] läuft zu leicht auf die Erklärung hinaus, alles sei nicht so ernst gemeint gewesen. Eine andere, etwas weniger traditionelle Erläuterung, weshalb bestimmte Aktionen mit der Kunst in Verbindung stehen, liegt darin, auffällige Verhaltensweisen als bewusst stilisierte Haltungen aufzufassen und sie somit eher ästhetisch zu isolieren als sie in einen durchgängigen Lebenszusammenhang hineinzustellen. Auch in dem Fall verliert sich jedoch die größere Absicht leicht, allenfalls erhält sie sich als Habitus eines exzentrischen Individuums.

Ein Teil der sowjetischen Futuristen war angesichts solcher Schwierigkeiten auf die Idee verfallen, bestimmte Kenntnisse, die man auch als Künstler erwerben kann, ausschließlich in der Produktion technisch anzuwenden. Um allen Verwechslungen vorzubeugen, ging das über den nahe liegenden Vorschlag, die Kunst konsequent zur Verschönerung und Modellierung von Gebrauchsgegenständen bis hin zu Straßen und Häusern zu nutzen, grundsätzlich weit hinaus. Der konstruktivistisch-technische Vorschlag hat allerdings den Nachteil, dass er nur im ganz großen Rahmen verwirklicht werden kann.

Alles zusammengenommen wird deutlich, in welche Schwierigkeiten die eingängig klingende Formel, die Kunst im Leben aufgehen zu lassen, subversive Kräfte bringt. Nimmt man die Formel beim Wort, liefe ihre Erfüllung auf das Ende aller Arbeitsteilung hinaus; sie wäre nicht mehr als eine utopische Phrase. Betrachtet man die Formel als poetologische Maxime, greift sie hingegen sofort: Die Ausdehnung der Bereiche des Schönen selbst auf traditionell missachtete Fundstücke macht es möglich, dass jeder Mensch Kunst schaffen bzw. finden kann, nicht nur besonders geschulte oder inspirierte Artisten. Allerdings gerät dadurch höchstens die herkömmliche Werkkunst unter Druck, weitere Wirkungen sind fast ausgeschlossen.

Vor dem Hintergrund dieser Überlegungen lässt sich nun etwas genauer angeben, warum die Gewalt oftmals eine solch große Rolle in den avantgardistischen Plänen einnimmt. Es liegt nicht nur am Zerstörungswillen, der sich gegen den an den Dingen hängenden Bürger richtet. Der andere Grund für die Bedeutung der Gewalt führt tiefer in das Aufhebungsprogramm selbst hinein: Im Moment plötzlicher, überraschender Bedrohung verschwimmen tatsächlich alle Grenzen – auch die zwischen Leben und Kunst – und bündeln sich im Punkt reiner Verweigerung und Intensität. Allerdings verdunkelt dieser garantierte Erfolg jede weitere Aussicht. Die einigermaßen vage Rede von der Kunst angesichts verwirrend radikaler Forderungen, die ebenso unklare Rede vom Theater oder Happening angesichts provozierender, direkter Aktionen stellt darum weniger eine Ausflucht dar; noch stärker dürfte sie die Hoffnung der Aktionisten zum Ausdruck bringen, dass es nach der geglückten schockhaften Veränderung der Attackierten dann wirklich spielerisch weitergehen kann (und nicht allein Zerstörung herrscht).

Beispiele für die Gleichsetzung von Aufruhr und avantgardistischer Kunst gibt es in den Jahren nach 1966 mehr als genug. Die englischen *Heatwave*-Autoren werden nicht müde, Futurismus, Dadaismus und Surrealismus vom Ruch der Werkkunst befreien zu wollen und sie auf einen revolutionären »Lebensstil« festzulegen.[19] Ganz in diesem Sinne verurteilt *Heatwave* immer wieder die modernen Galerie-Happenings mit ihren passiven Zuschauern und stellt ihnen die Aktionen und den »künstlerischen Vandalismus« der frühen holländischen Provos entgegen; der Aufruhr ist für sie eine populäre Kunst- und Politikform zugleich, die alle Hierarchien und Vermittlungen überwindet:

»The provo riots fused and completely transformed the traditional forms of both art and politics. The exhibitionism of artists and the passivity of spectators, characteristic of New York, Paris and London happenings (and characteristic of alienated art in general) were eliminated from the riots. [...] The same structure in terms of politics was also overturned: the passivity and repression of the rank-and-file, imposed a priori by the hierarchic structure of all political parties [...] were abolished in favour of a fluid, leaderless and exuberant onslaught. The alienation of both art and politics was transcended, and the appeal of their synthesis was electric. The riot became a popular work of art, a party to which the whole city was invited. These riots represent imagination and passion applied consciously to the construction of immediate experience.«[20]

Um zu solch »unmittelbarer Erfahrung« des Aufruhrs zu gelangen, gibt es eine ganze Reihe von Möglichkeiten. Angesichts der polizeilichen Repression reicht es für die Yippies bereits aus, ihren abweichenden Lebensstil zu demonstrieren: »The cops rioted in Chicago. But our long hair incited the cops to riot.«[21] Andere reklamieren weniger ironisch einfach die »Straße« für sich, für den »eigenen Kampf« um ein Leben fern der Arbeit. Als modernisierte Version von »DADA« treten etwa die amerikanischen Motherfucker 1968 für »automation, cybernation and free love on the streets« ein. Ausdrücklich betonen sie, dass sie die Straße nicht einnehmen, um ihre liberalen Rechte der Rede- und Versammlungsfreiheit auszuüben. Forderungen sollen nicht erhoben, sondern im kämpferischen Vollzug gelebt werden.[22]

Anarchistische Gewaltphantasien

Liest man die schwärmerischen Sätze über die ›unmittelbare Kunst des Aufruhrs‹, kann man sich beim Blick auf die avantgardistische Tradition wiederum damit beruhigen, dass man die Sätze als rhetorische Steigerungsformeln nimmt. Die Vermutung ist nicht völlig von der Hand zu weisen, dass es wie bei den Futuristen, Dadaisten, Surrealisten erneut bei Provokationen auf dem Papier bleiben wird; allenfalls Handgreiflichkeiten im Theater (oder nun im Park) muss man dann befürchten.

Es gibt jedoch Unterschiede, die einen stutzig machen können. Die Aggression der Dadaisten erschöpfte sich in einem antibürgerlichen Affekt; die Surrealisten sprachen allgemein von der Revolte und äußerten im Besonderen Beleidigungen und Drohungen, denen keine weiteren Taten folgten; selbst bei den Futuristen war die Rede von der »Schönheit der Gewalt« in der Wirklichkeit ›begrenzt‹ von den Regeln des großen nationalen Krieges, über deren Erklärung staatliche Stellen verfügen und nicht beliebige Individuen. Um 1968 herum mehren sich hingegen die Stimmen avantgardistischer Aktionisten, die kaum von denen anarchistischer Attentäter zu unterscheiden sind.

Für Klarheit der Position muss allerdings erst gesorgt werden, der Worte sind ja bereits viele gewechselt worden. Die Motherfucker sehen sich darum wahrscheinlich genötigt, ausdrücklich hervorzuheben, dass sie auf einen »wirklichen (nicht einen metaphorischen) Guerillakampf« zustreben. Von linken Theoretikern und Künstlern grenzen sie sich ab, indem sie sich selbst gleich als »Saboteure« und »Terroristen« ausgeben. So groß ist ihr Hass auf das »tight-assed bourgeois life«, dass sie behaupten, keine Trennung mehr zwischen dem Marschieren und dem »Bomben« vornehmen zu wollen:

»Well, who are the saboteurs and the terrorists??? We are. All of us who will sabotage the foundations of amerika's fucked up life; all of us who strike terror in the heart of the bourgeois honkies and all their armchair bookquoting jive-ass honky leftists / white collar radicals [...].«[23]

Die Aufforderung zur Gewalt kommt aus allen Lagern der kulturrevolutionären Anhänger abseits der großen Hippie-Bewegung. Aus der Überzeugung heraus, man befände sich in einer »vorrevolutionäre[n] Situation«, denken ehemalige deutsche Provos Anfang 1968 über »kleine gut bewaffnete Partisanengruppen« nach.[24] Es gehört schnell zum Ton der ›Hipness‹, mit unverhüllter Aggression zu kokettieren. Im literarischen Manifest eines Underground/Pop-Schriftstellers tauchen darum beiläufig Sätze auf wie »Nur Gewalt kann in diesem Fall noch helfen«.[25] Selbst Leute, die glauben, dass Gruppen wie die MC 5 mit ihrem »high-energy guerilla rock« eine mächtigere Waffe darstellen als die Gewehre selbst, sagen den ›schwächeren Waffen‹ keineswegs mehr ab:

»We don't have guns yet – not all of us anyway – because we have more powerful weapons: direct access to millions of teenagers is one of our most potent, and their belief in us is another. But we will use guns if we have to – we will do anything – if we have to.«[26]

Das Argument ist bereits seit 1966 dank jener Gruppen im Umlauf, die sich wie die französischen Situationisten an wilden Streiks, jugendlichen Delinquenten und Aufständen in amerikanischen Ghettos begeistern.[27] Auch in Deutschland schließt Dieter Kunzelmann am Ende seines Aufrufs zur Bildung revolutionärer Kommunen gewalttätige Aktionsformen keineswegs aus. Bezeichnenderweise beruft sich Kunzelmann aufs Widerstandsrecht auch im Namen des Mensch-seins. Neben Herbert Marcuse zitiert er Che Guevaras Parole, man müsse den »Mensch[en] des 21. Jahrhunderts« schaffen.[28] Die futuristisch-humanistische Parole lässt den Mangel an genaueren politischen Begründungen, der viele Gewaltbekenntnisse kulturrevolutionärer Gruppen kennzeichnet, bereits hell aufscheinen.

Ganz deutlich wird der Mangel, wenn die Begründung stark existentialistisch geprägt ist, wie z.B. in Äußerungen des Kommunarden Ulrich Enzensberger. Es komme darauf an, meint Enzensberger, die überall zu beobachtende »Wut« – beim »sonntäglichen Autowaschen«, bei »Krächen«, in den »vergnitzten Gesichtern auf der Straße und in Verkehrsmitteln« – »zu konzentrieren und politisch einzuspannen«. Wichtig sei es, der Bevölkerung zu vermitteln, dass »Revolution Spaß«

bereitet. Wenn die Leute verstünden, dass »es denen, die Eier auf das Amerika-Haus werfen, Spaß macht«, würden sie sich ihnen anschließen. Woher die Wut, die zu solchen Aktionen führe, stamme, sei nebensächlich; entscheidend sei, sie gegen die richtigen Ziele zu lenken. Es handele sich dann um »eine existentielle Aktion: Das Subjekt setzt sich selber und schafft dadurch eine revolutionäre Situation.«[29]

Zwei Ergänzungen müssen noch hinzukommen, um die Aussage Enzensbergers zur Grundformel kulturrevolutionärer Antriebe und Absichten zu erheben: Dem diffusen Unbehagen an der freudlosen modernen Welt, das man den Integrierten unterstellt, kommt bei den Subversiven die bewusste Abneigung gegen ihre Langeweile gleich – eine Abneigung, die sich in der im Moment der Handlung selbst geschaffenen revolutionären Situation zudem in heftigeren Akten als denen symbolischer Aggression entladen darf. Die *Heatwave*-Autoren etwa malen ein Bild der Lage, das von den äußerst grauen Farben der »Sinnlosigkeit« und »Entfremdung« dominiert wird, um sogleich als Gegenbild die Zerstörung des Problems mit seiner Lösung zusammenfallen zu lassen. An die Feststellung: »The only real problem is how to life to the full«, schließt sich sofort der Ausruf »Burn, baby, burn!« an.[30] Auch die amerikanische International Werewolf Conspiracy steigert sich unter dem Titel »An Act of Destruction Is an Act of Liberation« in das gewaltsam befeuerte Lebens-Programm hinein: »Our goal is not to win concessions, but to kill our masters and create a life which is worth living [...] and IN AMERIKA LIFE IS THE ONE DEMAND THAT CAN'T BE FILLED.«[31]

Wenn man nach den politischen Anknüpfungspunkten der kulturrevolutionären Gruppen sucht, bleibt darum allein jener Flügel des Anarchismus übrig, der im Banne des libertären Ziels jähe Zerstörungsakte propagiert, also vor allem der Anarchismus im Sinne Bakunins. Im Unterschied zu den Kommunisten glauben die Anarchisten allgemein an die Möglichkeit, dass der staatliche Zwangsapparat sofort revolutionär beseitigt werden kann (nicht erst nach der Übergangsphase einer Diktatur des Proletariats). Besonders Bakunin und mit ihm viele anarchistische Attentäter um die Jahrhundertwende führt das Umschlags-Theorem zu einer Propaganda der plötzlichen Gewalttat.[32] Die von Sozialisten aller Couleur tausendfach wiederholte Marx'sche Verurteilung der voluntaristischen Anschauung dieser Anarchisten trifft die vom Überdruss angetriebenen »Lebens«-Ideologen natürlich in noch einmal potenziertem Maße: Die Grundlage der anarchistischen Revolution sei der bloße »Wille, nicht die ökonomischen Bedingungen,« fasst Marx seine vernichtende Kritik in einem Satz zusammen,[33] die Lenin später als taktische Maxime neu formulieren wird.[34]

Die Unterscheidung trennt nicht allein Kommunisten und Anarchisten in der politischen Arena voneinander, sondern sie kann ebenfalls herangezogen werden, um viele Bohemiens[35] und fast alle radikalen Avantgardisten zu charakterisieren: Genau dieser Willen, diese Hoffnung auf die plötzliche, revoltierende Änderung zeichnet die gewaltbegeisterten italienischen Futuristen, aber auch einen Großteil der Dadaisten, Surrealisten und Situationisten aus. Bei Leuten wie den *Heatwave*-Autoren oder der Gruppe der Motherfucker drängt sich in den 60er Jahren der Eindruck auf, jetzt solle mit dem Programm Ernst gemacht werden. Der Eindruck bestand für manchen zeitgenössischen Beobachter jedoch bereits bei den Gruppen der Dadaisten und Surrealisten. Er kommt immer zustande, wenn man einzelne radikale Aussagen für ausgearbeitete Pläne nimmt.

Marx und Marcuse

Die anarchistische Überzeugung, das schlechte Kontinuum der Geschichte aufsprengen zu können, setzt in den 60er Jahren nicht mehr nur auf das Beispiel der verzehrenden Tat. Im Gegensatz zu den Avantgarden der 10er und 20er Jahre haben die Situationisten der Marx'schen Kritik am Voluntarismus mehr entgegenzuhalten als ihre schockierenden Werke. Sie wähnen sich sogar ganz im Einklang mit Marx, weil sie meinen, dessen Analyse angemessen auf die Jetztzeit übertragen zu haben. Trotz der mangelnden revolutionären Stärke kommunistischer Parteien und Gewerkschaften scheinen für die Situationisten die Bedingungen dafür reif zu sein, auf den Bruch zu drängen.

Ganz im Sinne marxistischer Theorie verweisen sie auf den mittlerweile eklatanten Widerspruch zwischen der weit vorangeschrittenen Entwicklung der Produktivkräfte und der privaten Verfügungsgewalt über die Produktionsmittel. Dass die Kluft zwischen gesellschaftlichem Reichtum, der in hochgradig arbeitsteiliger Produktion erwirtschaftet wird, und seiner individuellen Aneignung durch die kapitalistischen Eigentümer nicht zur Revolution führt, ist für die Situationisten kein Grund zur Resignation. Die Diagnose von der Einbindung der Arbeiter in jenes System, das ihnen nun immerhin einen erträglichen Zugang zur Welt der Gebrauchsgüter gestattet, nehmen sie ganz im Gegenteil zum Anlass, genau auf diesem neuen Feld die Auseinandersetzung zu suchen.

Guy Debord legt in einem Artikel in der Zeitschrift der S.I. Anfang der 60er Jahre das neue Kampffeld in das Gebiet des »alltäglichen Lebens«. Der Kapitalismus fessele seine Arbeiter nicht mehr durch ein bestimmtes Ethos der Arbeit, sondern benötige nun den ablenkungssüchtigen Freizeitmenschen, der von der Medien- und Konsumgüterindustrie zu einem unkreativen, passiven, fremdgesteuerten Leben abgerichtet werde. Alles hängt deshalb für Debord davon ab, die Kritik am kapitalistischen System auf die Frage »wie lebt man?« zuzuspitzen, um mit den avantgardistischen Vorschlägen eines intensiven Lebens attraktive Gegenbilder zu liefern.[36]

Die Situationisten stehen mit ihrer Auffassung nicht alleine da; nicht wenige philosophisch geschulte Marxisten verwenden ab den fünfziger Jahren das Wort »Entfremdung« häufiger als »Ausbeutung«. Als Bindeglied zwischen den Situationisten und Herbert Marcuse, dessen verwandte Ideen den größten Einfluss auf die studentische (sowohl amerikanische als auch deutsche) Öffentlichkeit der 60er Jahre ausüben werden, fungieren vor allem linksliberale Soziologen und Kulturkritiker wie C. Wright Mills und Vance Packard. Zumindest einen wichtigen Unterschied gibt es jedoch zwischen Marcuse und den Situationisten. Im Gegensatz zur S.I., die im Rahmen ihrer neuen Konzeption weiterhin auf die Arbeiter als revolutionäre Kraft setzt, zeichnet Marcuse das Bild einer eindimensionalen Gesellschaft, die nicht länger vom Klassengegensatz bestimmt wird.

Das Bild Marcuses ist darum noch grauer als das der Situationisten. Die Befriedigung der materiellen Bedürfnisse auch der Arbeiter erscheint ihm ebenfalls schnell ein Ausdruck »falscher« (Konsum-)Bedürfnisse zu sein. Die von ihm konstatierte Abwesenheit starker politischer Konflikte deutet er dann sofort als totalitäre Gleichschaltung: Vorgebliche technologische Rationalität und ökonomische Imperative lassen für ihn jede formal freie Entscheidung zur Anpassung an Sachzwänge verkümmern. Weil die Individuen ihr Meinen und Wollen trotzdem als eigene, vernünftige Entscheidungen ansehen, bleibt für Marcuse nur eine Schlussfolgerung übrig: Die »Entfremdung« ist »gänzlich objektiv geworden«.[37]

Angesichts des totalen Verblendungszusammenhangs gibt es logisch gesehen keine Möglichkeit einer nachhaltigen Änderung. Der Begriff »›totalitär‹« kennzeichnet für Marcuse nicht nur eine »terroristische politische« Gleichschaltung der Gesellschaft, sondern auch die bestehende »nicht-terroristische ökonomisch-technische Gleichschaltung«. Wenig überraschend bedient sich Marcuse darum in den seltenen Momenten einer Hoffnung auf Besserung eines anarchistisch-avantgardistischen Vokabulars: Er ruft »Kräfte und Tendenzen« auf, »die diese Eindämmung durchbrechen und die Gesellschaft sprengen können«. Weniger nebulös als im Abstraktum der »Tendenzen« nennt er ganz am Schluss einmal konkretere »Kräfte«, die den plötzlichen Bruch herbeiführen könnten. Offensichtlich gibt es doch noch ein ›Außen‹ der eindimensionalen Gesellschaft. Es sind die »Geächteten und Außenseiter«, die »Ausgebeuteten und Verfolgten anderer Rassen und anderer Farben«, die »Arbeitslosen und die Arbeitsunfähigen«, die nach Marcuses Beobachtung anfangen, »sich zu weigern, das Spiel mitzuspielen«. Die Suche nach neuen Kräften einer »großen Weigerung«[38] führt ihn zu dem zurück, was Bakunin ein knappes Jahrhundert zuvor die »Blume des Proletariats« genannt hatte und dem so viele Bohemiens immer wieder ihre Sympathie bekundeten – zum »Lumpenproletariat«.[39] Die marxistische und leninistische Verachtung dieses »Lumpenproletariats« im Namen des revolutionären Proletariats findet auch bei Marcuse keinen Nachhall mehr.

Modellfall Vietnam

Bei aller Eindeutigkeit der Befunde darf einen die ideengeschichtliche Analyse für dreierlei nicht blind machen. Erstens stellen Thesen keine Aufrufe dar – Marcuses Metaphern des ›Aufbrechens‹ und ›Sprengens‹ bilden keine Aufforderung zur gewaltsamen Aktion, auch wenn Marcuse allgemein für »unterdrückte und überwältigte Minderheiten« das Naturrecht auf Widerstand selbstverständlich nicht ausschließt.[40] Zweitens bleiben auch Bekenntnisse zur Gewalt, die ausdrücklich ihren metaphorischen Charakter verneinen, Zeugnisse einer hochgetriebenen Rhetorik, falls sie – wie etwa bei den amerikanischen Motherfuckers – sich in avantgardistischen Manifesten auf vereinzelte Sätze beschränken. Drittens braucht es erfahrungsgemäß die Anbindung an ein politisches Projekt, um die Bereitschaft zur Gewaltausübung – wie sie von den deutschen, amerikanischen, englischen und französischen Situationisten bekundet worden ist – zu mehr als einer papierenen Botschaft zu machen. Genauer gesagt: Nicht unbedingt notwendig, aber oftmals ausschlaggebend ist die Verklammerung mit einem politischen Projekt, das wesentlich mehr Leute als einige Theoretiker und (Anti-)Künstler umtreibt.

Wie aus der Geschichte der 60er Jahre hinlänglich bekannt, stiftet die Empörung über den Vietnam-Krieg die Grundlage zu solch einer politischen Bewegung. In den Kämpfen und Kriegen, die außerhalb der ›eindimensionalen Welt‹ stattfinden, erkennen die Neuen Linken die Klassengegensätze in ihrer ganzen Tragweite wieder; dort zeigt sich ihnen unmittelbar die repressive, gewalttätige Macht der herrschenden Klasse. Bereits 1964 weist Rudi Dutschke – wie gesehen – darauf hin, dass sich sogar die befriedete Lage in den westlichen Industrienationen direkt der imperialistischen Ausbeutung verdanke. Mit dem Sieg der revolutionären Kämpfer in Afrika, Südamerika und Südostasien müssten folglich auch neue Klassenauseinandersetzungen in Europa und Nordamerika verbunden sein. Das Engagement gegen den Vietnam-Krieg ist deshalb für die Neue Linke (»New Left«) nicht (nur) Ausdruck humanitärer oder auch antikolonialer Gesinnung, sondern entscheidender Angriffspunkt des Klassenkampfes.

Eine Plakataktion im Februar 1966 – »Amis raus aus Vietnam! Internationale Befreiungsfront« – stellt den Zusammenhang deutlich heraus: »Kuba, Kongo, Vietnam – die Antwort der Kapitalisten ist Krieg. Mit Waffengewalt wird die alte Herrschaft aufrechterhalten. Mit Kriegswirtschaft wird die Konjunktur gesichert.«[41] Dem Studentenkongress »Vietnam – Analyse eines Exempels« (Mai 1966) gilt der Vietnam-Krieg als amerikanischer Versuch, einen Modellfall zur »Bekämpfung sozialer Revolutionen« erfolgreich durchzuführen.[42] Die Agitation gegen die amerikanischen Aggressionen stellt darum nicht nur für Dutschke weit mehr als »einen ›Aufhänger‹ für die Aktivitäten der linken Studentenschaft« dar, sondern trägt vielmehr der »weltgeschichtliche[n] Bedeutung« der Ereignisse in Vietnam für die »folgenden Kämpfe gegen den Imperialismus« Rechnung.[43]

Guerillastrategien

Die revolutionären Kämpfe in Ländern der Dritten Welt bilden nicht nur einen Eckpunkt für die sozialistische Agitation in der westlichen Welt. Viele Vertreter der Neuen Linken orientieren sich ebenfalls an Haltungen und Vorgehensweisen der Aufständischen dort. Ab 1965 findet der amerikanische SDS seine Helden in Vietnam, aber auch in Kuba. Bereits 1967 gehören Kenntnisse der Guerillatheorie zum allgemeinen Bildungsgut dieser intellektuellen Linken.[44] In Deutschland ist das nicht anders. Die Schriften von Fanon, Mao, Guevara, Castro und Debray spielen im Berliner SDS eine wichtige Rolle.[45] Die verschwommenen Nachrichten aus dem fernen China über eine maoistische Kulturrevolution spontan agierender Volksmassen, die sich selbst organisieren und die (falschen) Autoritäten hinwegfegen, bringen die Neuausrichtung noch einmal voran.[46]

Für Rudi Dutschke erfüllt Frantz Fanon, der Propagandist des algerischen Befreiungskrieges, zuerst die Funktion, existentialistischen Voluntarismus mit authentischem Pathos zu erfüllen. Gerne zitiert er Fanons Parole, man müsse sich »sofort entschließen, den Kurs zu ändern«. Fanon richtet den Satz an seine »Kampfgefährten«; die sofortige Entscheidung löst sie messerscharf von der zuvor so lange übermächtigen Vergangenheit: »Die große Nacht, in der wir versunken waren, müssen wir abschütteln und hinter uns lassen.«[47] Bei Dutschke tritt das »wir« in ähnlicher Manier als »der ›neue Mensch des 21. Jahrhunderts‹ (Guevara, Fanon)« heraus.[48] Damit folgt Dutschke (ohne es zu benennen) einer Sentenz Guevaras, aber auch dem berühmten Vorwort Jean-Paul Sartres zu Fanons Schrift »Die Verdammten dieser Erde«. Sartre hat im Gegensatz zu Dutschke keinerlei Scheu, die entscheidende Rolle der Gewalt an dem plötzlichen Umschlag herauszustellen. Er hält mit Fanon fest, dass die »ununterdrückbare Gewalt« kein »absurdes Unwetter, auch nicht das Wiederaufleben wilder Instinkte« sei; die Gewalt manifestiere nichts weiter als den sich »neu schaffende[n] Mensch[en]«. Im antikolonialen Kampf trete dieser ›neue Mensch‹ alternativlos hervor. Entweder bleibt man »terrorisiert oder man wird selber terroristisch«, schreibt Sartre schneidend. Der ›neue Mensch‹ hat sich natürlich bereits entschieden – und mit ihm Sartre: »[I]n der ersten Zeit des Aufstands muß getötet werden.«[49]

Von solchen Sätzen ist Dutschke weit entfernt, wenn er natürlich auch keinerlei pazifistische Bedenken gegen die gewaltsamen Guerilla-Methoden in Asien und Südamerika geltend macht. Von unmittelbarer Bedeutung ist jedoch eine mögliche Übertragung der Kampfmaximen aus der ›Dritten‹ auf die ›Erste Welt‹. Etwas rätselhaft berichtet Dutschke, dass er und seine Mitstreiter sich Mitte 1966 in Aufsätzen Che Guevaras wie »Der Partisanenkrieg« wiedererkannt hätten.[50] Fassbarer wird der Zusammenhang, wenn er – mit Guevara – aus den Guerillakämpfen die Überzeugung ableitet, dass »die Revolutionäre nicht immer auf die objektiven Bedingungen« einer Revolution – sprich: ökonomische Krisen, klassenbewusste Arbeiterbewegung – warten müssten; auch die »subjektive Tätigkeit« könne die »objektiven Bedingungen für die Revolution« schaffen.[51]

Trotz der richtigen Wiedergabe Guevaras ist das aber allenfalls die halbe Wahrheit. Einige Bedingungen nennt Guevara nämlich doch, die zumindest ansatzweise erfüllt sein müssen. Wichtig ist vor allem, dass die kleinen bewaffneten Gruppen sich in ländlichen, dünn besiedelten Räumen bewegen, in denen eine arme Bevölkerung mehr schlecht als recht abseits des Machtzentrums der Hauptstadt lebt.[52] Abstrakter formuliert: Der sog. Guerilla-»Fokus« kann nur erfolgreich sein, wenn er – wie Régis Debray ausführt – »seinen Ausgangspunkt in den sich herauskristallisierenden Widersprüchen findet«.[53] Der Endpunkt ist mit einer viel stärkeren, konkreten Bedingung verknüpft; der Sieg im Guerillakrieg setzt voraus, dass die bewaffneten Kämpfer – wie in Vietnam[54] – die »Mehrheit des Volkes« nun sogar als direkte Unterstützung hinter sich haben. Die Guerilla muss die »kämpfende Avantgarde des Volkes« darstellen, hält Guevara fest, der »Guerillakrieg« sei ein »Kampf der Massen«.[55]

Debray bemerkt deshalb zu Recht, dass die Guerillero-Strategie nicht auf einen schnellen Sieg zielt; das »Fokus«-Konzept ist dem Putschismus eines Blanqui entgegengesetzt.[56] Auch Lenins Maßgabe einer straff geführten Kaderpartei als proletarischer Avantgarde wird vom Prinzip einer Guerilla-»Avantgarde« nicht erfüllt – u.a. sogar deshalb, weil Lenin sich einen Erfolg der konspirativen Revolutionäre von Anfang an nur in Verbindung mit der »breite[n] Masse« vorstellen kann.[57] Avantgardistisch ist dieses Guerilla-Konzept viel eher im Sinne aktionistischer Theorie: Im Laufe der Kämpfe und der Machtergreifung wird sich diese Partei schon herausbilden, das soll das kubanische Beispiel belegen.[58]

Avantgardistisch – im Sinne einer Aufhebung der Grenze zwischen Aktiven und Passiven – mutet ohnehin die ganze Guerilla-Theorie an: Der Guerillero wirkt aus einer unterlegenen Position heraus, im Gegensatz zur regulären Armee agiert er im Geheimen, deshalb muss er sich, um erfolgreich kämpfen zu können, im Volk bewegen wie ein Fisch im Wasser, wie es in dem bekannten Mao-Ausspruch heißt. Sein letzter Erfolg – die offene Herausforderung der Armee – läuft also konsequent über die teilweise Verwandlung der Bevölkerung in eine reguläre Truppe.[59] Der Guerillakampf betreibt deshalb, recht verstanden, vor allem die Militarisierung großer Teile des Volkes, eine Militarisierung, die sich im Zuge der gefahrvollen Unterstützung der Guerilleros durch die Bevölkerung herausbilden muss.[60]

Nichts an diesen Positionen der Guerilla-Theorie lässt irgendwie erahnen, dass sie für die radikale Opposition in westlichen Industrie- und Wohlfahrtsstaaten von Bedeutung sein könnten.[61] Begreifbar ist allein die Faszination angesichts der versuchten Aufhebung des Unterschieds zwischen Kämpfern und Zivilisten im Kern der massenhaften Guerilla. Sie lässt sich – ebenso wie die Idee des plötzlichen, voluntaristischen Bruchs – gut mit der europäischen avantgardistischen Tradition des 20. Jahrhunderts vereinbaren.

Direkte strategische Bedeutung für deutsche u.a. Aktionisten kann das »Fokus«-Konzept erst dank einiger Zuspitzungen Régis Debrays gewinnen. Viel stärker als Guevara und vor allem Mao – und trotz des Wissens um die ganz anders geartete vietnamesische Vorgehensweise[62] – konzentriert sich Debray auf die von den ›Volksmassen‹ erst einmal getrennte Einheit des wenige gewaltsame Kämpfer umfassenden »Fokus«.[63] Auch die »studentische Avantgarde« muss sich nach Ansicht Debrays im »Niveau der Kampfformen« zu einem »gewissen Zeitpunkt wohl oder übel von den Massen absondern«. Beide Direktiven lassen sich leicht auf Westeuropa und Nordamerika übertragen. Ein weiterer Hinweis Debrays macht die Sache jedoch sofort wieder viel schwieriger; in einem Aufsatz, der in der deutschen Übersetzung mit einem Vorwort u.a. von Rudi Dutschke versehen ist, hält Debray unmissverständlich fest: Ohne »das gleichzeitige Vorhandensein ländlicher tätiger Fronten und einer städtischen Guerilla in den Arbeitervierteln« stelle die Universität eine vollkommene »Falle« dar.[64]

Bei den uruguayischen Tupamaros findet man viele der Argumente wieder. Obwohl es nach ihrer eigenen Einsicht in Uruguay keine geeigneten ländlichen Gegenden für einen Guerilla-Fokus gibt, beginnen sie den bewaffneten Kampf. Ein wichtiger Grund dafür sind die in ihren Augen günstigen Bedingungen der Hauptstadt Montevideo. Die Stadt sei »durch die Klassenkämpfe so polarisiert, daß sie genügend Schutz für ein großes aktives revolutionäres Kontingent« biete. Die notwendige Polarisierung schließt für sie allerdings nicht die Existenz einer kommunistischen »Massenpartei« ein. Um dieses ›Manko‹ zumindest theoretisch auszugleichen, preisen die Tupamaros ebenfalls den Vorrang der Aktion. Die »Massenpartei« tritt – nach ihrer Ansicht – während der bewaffneten Tat heraus, deshalb kann man auch ohne sie den Kampf beginnen.

Der Eindruck täuscht wohl nicht, dass die Tupamaros auch das Fehlen anderer günstiger Umstände auf die Art und Weise noch fast in einen Vorteil verkehren würden. An einer Stelle schreiben sie sogar, dass die »revolutionäre Aktion« sowohl »revolutionäre[s] Bewußtsein« als auch »revolutionäre Bedingungen« aus sich selbst hervorbringe.[65] Mit diesen knappen Worten haben die Tupamaros bereits die einzige Überzeugung benannt, die auch von den linksradikalen Terroristen der westlichen Länder gegen ihre marxistischen Kritiker vorgebracht werden wird. Das Argument läuft darauf hinaus, alle bestehenden Gründe gegen den Erfolg vereinzelter Aktionen durch die behauptete Gewissheit zu ›widerlegen‹, dass die Aktion ungeheuer erfolgreiche Wirkungen entfalten wird.

Beim brasilianischen Stadtguerillero Carlos Marighella, auf dessen technische Hinweise sich die RAF in ihrer Anfangsphase stützen wird, konzentriert sich die Bedingungsanalyse schließlich darauf, mögliche günstige Wirkungen einzelner Anschläge beim »Volk« vorherzusagen. Angriffe auf Finanzämter, auf Reiche und auf Lebensmittelkonzerne sollen der Guerilla schnell die Unterstützung des Volkes gewinnen – mit der Folge einer stetigen Eskalation staatlicher Gegenmaßnahmen, die wiederum »das Leben in der Stadt unerträglich« machen und dadurch der Guerilla weiteren Zulauf bescheren würden. Kurz zusammengefasst, lautet die Marschroute der Stadtguerilleros: »Weiterkämpfen, die Interessen der Massen vor Augen haben (im Herzen tragen) und die katastrophalen Bedingungen, unter denen die Regierung handeln muß, auf die Spitze treiben.«[66]

Die Gewaltfrage

Trotz der Begeisterung für die lateinamerikanischen Guerilleros bleibt es bei den radikalen Kräften des deutschen SDS lange bei einem abgeschwächten Gebrauch der gerne zitierten Schlagworte. Wenn Dutschke in einem Lagebericht darauf verweist, dass »über den Focus, über die bewaffnete Avantgarde des Volkes die objektiven Bedingungen für die Revolution« in der gewaltsamen Aktion geschaffen werden können, denkt er nicht an einen identischen deutschen »Fokus«. Als »subjektive Tätigkeit« gibt er »kleine halblegale und illegale Aktionen« und Demonstrationen an, vom bewaffneten Kampf ist keine Rede.[67] Die weniger beachteten Avantgardisten nehmen dagegen das Vorbild Guevaras u.a. direkter an. *Heatwave*, die Zeitung der englischen Situationisten, druckt im Oktober 1966 das »Guerilla-Manifest« einer Gruppe ab, in dem im Namen »surrealistischer, anarchistischer und psychedelischer« Revolutionäre der Gewaltlosigkeit abgeschworen wird.[68]

Unter dem Eindruck der Ereignisse stellt sich die Gewaltfrage aber auch für die Sprecher größerer Bewegungen neu. Die Frage wird ihnen zudem immer drängender vorgelegt, um sie so oder so auf eine klarere Position festzulegen. Gut studieren kann man das an den Beiträgen zu einem Kongress in Hannover, der eine Woche nach den tödlichen Polizeischüssen auf den Demonstranten Benno Ohnesorg, am 9.6.1967 (unmittelbar nach seinem Begräbnis), stattfindet. In der Einschätzung der Vorfälle rund um den Staatsbesuch des persischen Schahs gibt es zwischen den Studentenvertretern und einigen sozialistischen oder linksliberalen Professoren kaum Differenzen. Autoritäre Gesinnung und illiberale Staatsauffassung der regierenden Parteien und der führenden Berliner

Zeitungen werden als Gründe für den Schuss ausgemacht. Jürgen Habermas spricht davon, dass die Polizei am 2. Juni vor dem Opernhaus in Berlin »Terror« ausgeübt und der Berliner Senat unmittelbar danach diesen »Terror« gedeckt habe. Solchen »legalen Terror« definiert Habermas als »gezielte Einschüchterung«, die vor künftigen Protesten abschrecken solle. Falls der »begründete Verdacht auf Terror« sich bewahrheite, ohne »juristische und erhebliche politische Folgen« nach sich zu ziehen, läge endgültig eine gravierende Einschränkung demokratischer Rechte vor.[69]

Umgekehrt erblickt Habermas in den Studentenprotesten geradewegs ein Korrektiv zu den Unzulänglichkeiten der bestehenden demokratischen Realität. Beispielsweise hätte erst der Protest gegen den amerikanischen Vietnam-Einsatz jene Aufklärung über den »sozialen Befreiungskampf« vorangebracht, die das »offizielle Weltbild« bis dahin verhinderte. Solche und andere Studentenproteste hätten oftmals allein durch die »Radikalität des Festhaltens an Prinzipien vor einer qualitativen Verschiebung des Verfassungszustandes« bewahrt.[70]

Die den Studenten in hohem Maße zugebilligte Treue zu demokratischen Verfassungsidealen führt Habermas im weiteren Verlauf seiner Rede folgerichtig zur Warnung, die Wirkungen »direkter Aktionen« zu überschätzen. Dem »Aktionismus« stellt er negativ die »irrationalistische Einstellung« zur Seite. Demonstrationen sollten der »Aufklärung« dienen, nicht der harten Provokation. Wer die »sublime Gewalt« der modernen Gesellschaft herausfordern wolle, damit sie sich als offene Gewalt allen sichtbar zeige, der unterwerfe sich »unter ebendiese Gewalt«.[71] Habermas schätzt die Spielräume rechtlich verfasster Liberalität hoch ein und lehnt darum auch in der Folgezeit jeden Versuch, durch illegale Maßnahmen illiberale Reaktion zu provozieren, strikt ab. Er nimmt damit jene Position ein, die Adorno Mitte 1969 in unmissverständlichster Weise formulieren wird: »[V]erändernde Praxis« sei in der Gegenwart »nur als gewaltlos und durchaus im Rahmen des Grundgesetzes« »überhaupt vorstellbar«.[72]

Habermas weiß natürlich, dass er auch ohne direkte Verpflichtung aufs Grundgesetz mit seinen Worten Widerspruch ernten wird. Im weiteren Verlauf der Debatte erfährt er ihn am deutlichsten durch Hans-Jürgen Krahl. Krahl fordert genau umgekehrt zur permanenten Provokation, zu »ritualisierte[n] Formen des Konflikts« auf, hält dabei allerdings am Konzept gewaltloser Demonstrationen fest, wenn er sie auch mit der eigentümlichen Formel einer »nicht nur idealisch, sondern materiell manifeste[n] Gewaltlosigkeit« umschreibt. Ausdrücklich setzt sich Krahl gegen Habermas' Argument, »dass die Provokation der Gewalt faschistisch sei«, zur Wehr. Krahls Formulierung ist hochinteressant, denn von ›Faschismus‹ hatte Habermas ja gar nicht gesprochen, obwohl die Rede von der »direkten Aktion« einen Fingerzeig in diese Richtung lieferte.[73] (Erst im Anschluss an Krahls Diskussionsbeitrag wird Habermas »systematisch betriebene Provokationen ein Spiel mit dem Terror, mit faschistischen

Implikationen«, nennen.[74]) Dies zeigt natürlich, dass der Vorwurf den SDS-Leuten nicht unbekannt ist. Sie sind skrupulös genug, selbst symbolische Aggressionshandlungen zu rechtfertigen, wenn auch die Rechtfertigung ihrerseits äußerst polemische, angriffslustige Züge trägt:

»Das Maß an Irrationalität, das im Werfen von Eiern und Tomaten steckt, ist nicht die zur Gewalttätigkeit als Selbstzweck drängende Irrationalität der Faschisten, sondern die surrealistische und provokative Versinnlichung der Irrationalität einer Gesellschaft, die die Bedeutungslosigkeit politischer Vernunft und der Sprache der Humanität dadurch dokumentiert, daß sie ihr eine Hyde-Park-Ecke zur Verfügung stellt.«[75]

In der Hannoveraner Diskussion setzt Krahl allerdings einen anderen Akzent. Besondere Freude an der zur Kenntlichkeit entstellten, provozierten »Irrationalität der Gesellschaft« kommt bei ihm nicht auf; das »brutale Dreinschlagen« der »staatlichen Gewaltmaschinerie« scheint ihm erst wegen einer »nicht organisierten und chaotisch reagierenden Studentenschaft« möglich.[76] Rudi Dutschke äußert in seinem Vortrag, der sich an die Diskussion anschließt, ebenfalls deutlich, dass er mit weiteren Maßnahmen dieser »staatlichen Gewaltmaschine« rechnet. Seine Maxime, wie darauf zu reagieren sei, fällt moderat aus; mit einer leichten Spitze gegen Habermas befürwortet er Aufklärung *und* Aktion, denn »Aufklärung ohne Aktion« verführe allzu schnell zu einer »Konsum«-Haltung, andererseits schlage »Aktion ohne rationale Bewältigung der Problematik in Irrationalität« um. Allerdings tritt an anderer Stelle der Rede die Gestalt dieser »Aktion« klarer hervor; Dutschke lässt keinen Zweifel daran, dass der Ausgangspunkt der politischen Handlungen eine »bewußte Durchbrechung der etablierten Spielregeln« sein muss[77] (Habermas' Wort von den »faschistischen Implikationen« des »Spiel[es] mit dem Terror« scheint er überhört zu haben).

In der erneuten Debatte wird mehrfach die Frage an Dutschke gerichtet, ob sein Aktionsprogramm auch Gewalthandlungen einschließe. Dutschke antwortet darauf, dass man in Berlin beschlossen habe, in den nächsten Tagen »passive Protest-Sitzstreikdemonstrationen« zu organisieren, um zu zeigen, dass man nicht provozieren wolle, aber auch nicht bereit sei, sich »abwiegeln zu lassen«. Eine andere Frage aufgreifend, bekennt er sich gleich anschließend zum »Voluntarismus«. In der aktuellen Lage könne man nicht darauf bauen, dass eine ökonomische Krise zur politischen Befreiung führe, deshalb komme der »praktischen Tätigkeit der Menschen« entscheidende Bedeutung zu.[78]

Jetzt erst, merkwürdigerweise nach den Ausführungen Dutschkes, die wahrlich keinen Gewaltaufruf beinhalten, greift Habermas in unmissverständlicher Form zu dem Faschismus-Vorwurf, den Krahl – ebenso irritierend – bereits vorweggenommen hatte. Es scheint fast so, als führe Habermas nicht zuletzt die alte marxistische Ablehnung jeder Form von

Voluntarismus zu seiner Feststellung, als rufe Begriffsgeschichte weitreichende Ahnungen herauf. Zuerst konstatiert Habermas, dass Dutschke zu seinem Erstaunen lediglich ausgeführt habe, dass ein Sitzstreik, also »eine Demonstration mit gewaltlosen Mitteln«, stattfinden solle – um dann fortzufahren:

»Ich frage mich, warum nennt er [Dutschke] das nicht so, warum braucht er eine dreiviertel Stunde, um eine voluntaristische Ideologie hier zu entwickeln. Ich bin der Meinung, er hat eine voluntaristische Ideologie hier entwickelt, die man im Jahre 1848 utopischen Sozialismus genannt hat, und der unter heutigen Umständen, jedenfalls ich glaube, Gründe zu haben, diese Terminologie vorzuschlagen, linken Faschismus nennen muß.«[79]

Trotz der vorgeschalteten Klausel ist das Wort vom »linken Faschismus« viel zu stark gewählt, um noch als ›Begriffsvorschlag‹ verstanden zu werden, das zeigt nicht nur die unmittelbare Reaktion auf Habermas' kurzen Diskussionseinwurf. Sowohl Habermas persönlich als auch die deutsche Studentenbewegung allgemein werden über lange Zeit so oder so mit der Aussage konfrontiert und teilweise identifiziert werden, da hilft es auch nichts, dass Habermas seine Einschätzung später zum Teil korrigiert.[80]

Habermas und Marcuse

Aus großem zeitlichen Abstand betrachtet, fällt noch etwas anderes an Habermas' Vorwurf auf. Die Verurteilung des Voluntarismus führt Habermas aus dem Jahr 1848 auf verblüffende Weise direkt ins Jahr 1967. Dadurch gerät ausgerechnet der »utopische Sozialismus« zum Vorbild oder zur historischen Entsprechung eines gegenwärtigen »linken Faschismus«. Nähme man die Gleichung ernst, wäre der Vorwurf viel weniger gravierend, als er damals aufgefasst worden ist. Dass Habermas aber von seinen Zeitgenossen ganz richtig verstanden wurde, kann man einem Brief von Habermas an Erich Fried entnehmen. In dem Schreiben vom 26. Juli '67 führt Habermas keineswegs mehr den »utopischen Sozialismus« als historischen Referenzpunkt an. Nun verweist er ausdrücklich auf die »an Sorel anknüpfenden linken Tendenzen des früheren italienischen Faschismus«.[81]

Damit geht Habermas über die bislang gängigen kritischen Einschätzungen aktionistischer Politik noch einmal hinaus. Habermas selbst hatte Anfang 1967 von »entpolitisiert[en]« »Provos« gesprochen und als Beweggrund »unmittelbarer Aktion« den »Anarchismus« »verhinderter Bombenleger« ausgemacht.[82] Viele klassische Marxisten im SDS stimmen in die Abneigung gegen die aus ihrer Sicht »›inhaltsleeren Demonstrationen‹« der »Provos« ein.[83] Wer etwas mehr Sympathie für die Kommunarden hat, billigt ihren »dadaistischen Demonstrationsformen« immerhin einen »Kern politischer Rationalität« zu.[84]

Konsequenterweise verfällt die Idee, dass die »Kategorien des Schönen aus der Welt des Scheins in die der politischen Aktion übergegangen« seien, ebenfalls der Kritik Habermas': Die »Aufhebung« der Kunst dürfe man nicht mit deren »Abschaffung« gleichsetzen. Als verantwortlichen Theoretiker einer solchen falsch verstandenen, unhegelianischen Kunst-Aufhebung stellt Habermas Herbert Marcuse heraus, den er etwas spöttisch als Anhänger einer »entsublimierten« Hippie-Praxis präsentiert. In der Sicht Habermas' möchte Marcuse in »blumengeschmückten Barrikaden« und in der »Unmittelbarkeit psychedelischer Erfahrungen« den »Anfang einer Kunst« erkennen, »die der Illusion entsagt und ins Leben übertritt«.[85]

Tatsächlich zeigt sich Herbert Marcuse derartig tief beeindruckt von den neuen Protestformen, dass er sie gleich in den Kategorien zu fassen versucht, die zum Grundbestandteil avantgardistischer Programme gehören:

> »Ein Bild, das mir im Gedächtnis bleibt: Ich war in Berkeley am Vietnam-Tag und habe Demonstrationen mit 2000 bis 4000 Studenten gesehen, die nach dem Truppenbahnhof marschierten, wo die Truppentransporte der Eingezogenen abgehen. An der Stadtgrenze war die Polizeibarrikade, mehrere Reihen dicht, Polizisten in schwarzen Uniformen und Stahlhelmen, mit den Waffen bereit. Der Zug der Demonstranten hielt vor der Polizeibarrikade; es gab einige, entweder Provokateure oder einfach Unbesonnene, die den Zug plötzlich aufreizen wollten, die Polizeibarrikade zu durchbrechen; das hätte natürlich nur blutige Köpfe gegeben. Im letzten Augenblick hatte man sich anders besonnen, und es geschah, was schon oft in solchen Situationen geschehen war: die Demonstranten setzten sich auf die Straße, Arm in Arm, Jungen und Mädchen, die Liebkosungen beginnen, die Gitarren kommen raus, Volkslieder werden gespielt, und auf diese Weise ist die Gefahr wenigstens für den Augenblick abgewendet, ›aufgehoben‹ in der Einheit von Politik und Erotik.«[86]

In seiner Schrift »Versuch über die Befreiung« wird Marcuse auf solche Erfahrungen zurückgreifen und sie sogar grundsätzlich als Einbruch des »Ästhetischen ins Politische« theoretisch bestimmen.[87] Was Habermas allerdings übersieht: Einer »Unmittelbarkeit« der »Aufhebung« erteilt Marcuse trotz der Sympathie für »surrealistische Protest- und Verweigerungsformen« eine deutliche Absage. Das »Ende der Trennung des Ästhetischen vom Wirklichen« konzipiert Marcuse nämlich ausschließlich auf dem Niveau einer gesamtgesellschaftlichen »Umgestaltung der Lebenswelt«.[88]

Sorge sollte Habermas vielmehr bereiten, dass Marcuse den Stand der Produktivkräfte so hoch ansetzt, dass die Fusion von Kunst, Wissenschaft und Technik bereits in der Gegenwart möglich scheint. Die »rationale Umgestaltung der Welt« mit Hilfe der »befreienden Erfordernisse der

Phantasie« und »einer Wissenschaft und Technik, die nicht länger im Dienst von Destruktion und Ausbeutung stehen«, könnte jetzt schon zu »einer Wirklichkeit führen, die vom ästhetischen Sensorium des Menschen geformt ist«, schreibt Marcuse.[89] Angesichts einer solch sicheren Verheißung verwundert es nicht, dass er sich ein Widerstandsrecht gegen jene »Tyrannei der Mehrheit« vorbehält, die ganz im Gegenteil dazu immer noch »Zerstörung und Unterdrückung« toleriert.[90] Habermas' Vermutung, Marcuse beziehe sich mit seiner Berufung aufs Widerstandsrecht auf jene amerikanischen Studenten, die an der Seite der Schwarzen für deren »verweigerte Bürgerechte« gekämpft haben,[91] greift darum wohl zu kurz. Weil für Marcuse in den bestehenden Demokratien die faktische Herrschaft kleiner »Gruppen« noch durch das »systematisch« geformte »falsche Bewußtsein im nationalen und Massenverhalten« gestützt wird, behält auch in ihnen die Unterscheidung zwischen »revolutionärer und reaktionärer Gewalt« ihre Berechtigung.[92]

Organisation der Gegengewalt

Marcuses Proklamation eines »Widerstandsrecht« »unterdrückter Minderheiten«[93] ist in den Reihen der Subversiven sofort aufgegriffen worden.[94] Große Wirkung kommt dem alten Prinzip allein durch seine neuartige Begründung zu. Weil die Entfremdung objektiv geworden sei (Kunzelmann spricht von einer »Gesellschaft totaler Verwaltung«[95]), trägt die Toleranz gegenüber abweichenden Meinungen für Marcuse nur noch repressiven Charakter, der jede Auseinandersetzung mit wirklich humanen Anliegen verhindert.[96]

Rudi Dutschke und Hans-Jürgen Krahl reden entsprechend von einem »gigantischen System der Manipulation«; wegen dieser lückenlosen Manipulation könnten die »Massen« die »soziale Wirklichkeit nur noch durch die von ihnen verinnerlichten Schemata des Herrschaftssystems selbst« wahrnehmen. Dass Dutschke deshalb die marxistische Voluntarismuskritik für überholt hält, ist bereits bekannt. Auch in einem Referat vor SDS-Delegierten im September 1967 wiederholen er und Krahl diese Position und stellen erneut das aktionistische Gegenmittel heraus: Die »sinnliche Erfahrung« in der »Auseinandersetzung mit der staatlichen Exekutivgewalt« bewahrt einen nach der Einschätzung Dutschkes und Krahls zuverlässig vor jenem »abstrakten Sozialismus, der nichts mit der eigenen Lebenstätigkeit zu tun hat«, sie präge den einzelnen Kämpfer und verbreitere die »radikale Opposition«; sogar »innerhalb der passiven und leidenden Massen« könne die »irreguläre Aktion« die »abstrakte Gewalt des Systems zur sinnlichen Gewißheit« werden lassen.[97]

Bis dahin ist das nichts Neues, auch wenn die Rede sich sehr weit auf »irreguläre« Topoi einlässt. Gleich anschließend heißt es, dass die »›Propaganda der Schüsse‹ (Che)« in der Dritten Welt durch eine »›Propaganda der Tat‹ in den Metropolen vervollständigt werden« müsse, um so »eine Urbanisierung ruraler Guerilla-Tätigkeit geschichtlich möglich« zu machen.[98] Dutschke liebt solche Formulierungen, die extrem radikal klingen, aber den Vorwurf, man fordere direkt zur Gewalt – zur »Propaganda der Schüsse« – auf, nicht zulassen. In ähnlicher Manier äußert Dutschke auf dem »Internationalen Vietnam-Kongreß« Mitte Februar 1968, dass die vietnamesische Revolution scheitern werde, wenn sich »dem Viet-Cong nicht ein amerikanischer, europäischer und asiatischer Cong zugesellt«.[99] Was genau ein europäischer »Cong« sein soll, bleibt wiederum offen. Vielleicht kann man aber den erneut angewachsenen Grad der Radikalisierung daran ablesen, dass hier gar keine weitere Differenzierung über die bloße geographische Angabe hinaus vorgenommen wird, nicht einmal jene zwischen »Tat« und »Schuss«.

Hans-Jürgen Krahl macht auf demselben Kongress deutlicher, was man sich unter einem deutschen »Cong« vorzustellen hat. Er fordert dazu auf, »organisatorische Bedingungen zu schaffen, daß wir den Kampf gegen die NATO-Stützpunkte und -Niederlassungen aufnehmen können«, um z.B. den Transport amerikanischen Kriegsmaterials nach Vietnam zu verhindern. Krahl hält sich nicht für einen »revolutionären Schwärmer«; zwar verhindere unverändert ein »gigantisches Instrumentarium autoritärer Regierungskunst bis hin zur faschistischen Zwangsgewalt« die »freiheitliche Vereinigung der Individuen in der Produktion«, zwar versuche ein »gewaltiges System der Manipulation« die »Bedürfnisse der Individuen zu entstellen« – dennoch sei der Versuch einer »revolutionären Befreiung in den Metropolen« durch die »objektiven Verhältnisse« »längst« gedeckt. Am Ende seiner Ausführungen steht folgerichtig der Aufruf, »in konkreter Solidarität mit den revolutionären Befreiungsbewegungen« der Dritten Welt den »gigantischen militärischen und staatlichen Machtapparat in den spätkapitalistischen Länder zu zerschlagen«.[100]

Auch Krahl ruft nicht direkt zur Gewalt gegen den heimischen Staatsapparat und zum Sturm amerikanischer Militärbasen auf, trotzdem kann man ihn schwerlich missverstehen: ›Revolution‹, »Kampf«, »Zerschlagen« gewinnen in dem Zusammenhang mehr als nur metaphorischen Charakter; die als legitim eingestufte Gewalt gegen Sachen muss wohl kaum auf Fensterscheiben beschränkt bleiben (wie man im Nachhinein auch aus Berichten über Dutschkes Verwicklung in zwei Sprengstoff-Transporte weiß[101]). Letztlich bleibt aber festzuhalten, dass sowohl konkrete Anweisungen als auch eindeutige Bekenntnisse zur offenen Gewaltanwendung bis zu diesem Zeitpunkt nicht anzutreffen sind. Wie die Aktionisten selber nie müde werden zu betonen, liegen von ihrer Seite lediglich demonstrative Störungen des Straßenverkehrs und universitärer Veranstaltungen vor. Ob sich daran ohne den noch grausameren Fortgang des Vietnam-Kriegs und besondere Ereignisse wie das Attentat auf Rudi Dutschke etwas geändert hätte? Es kann nicht von vornherein ausgeschlossen werden, dass ein zumindest den Eckpunkten nach vollständig benanntes Programm umstürzlerischer Aktion ohne große Folgen ganz auf dem Papier verbleibt.

Die Überlegung besitzt allerdings angesichts der geschichtlichen Tatsachen rein spekulativen Charakter. Wenn Dutschke die »Schaffung eines Gegenmilieus« und den »langen Marsch durch die Institutionen« eben nicht als Alternative zum »lange[n] Marsch der revolutionären Guerilla durch die Kontinente« konzipiert, dann ist vielmehr zu konstatieren, dass ein »begrenzter« »Bürgerkrieg« dadurch in den Bereich des Möglichen rückt und immerhin als Überlegung bereits Wirklichkeit geworden ist.[102] Künftigen ›Propagandisten der Schüsse‹, die sich auf die Wortführer der Aktion berufen, kann man darum nicht vorwerfen, sie hätten ihre einstigen Mitstreiter völlig falsch verstanden.[103]

5 Terroristische Anschläge und ihre Begründungen

Brandanschläge und Gewaltaufrufe (Baader, Ensslin, Tupamaros)

Ein knappes Jahr nach der Flugblattaktion der Kommune I zum Kaufhausbrand in Brüssel und elf Tage nach dem Freispruch für Teufel und Langhans vom Vorwurf, zu einer Brandstiftung aufgerufen zu haben, brennen in den späten Abendstunden des 2. April 1968 in Frankfurt zwei Kaufhäuser: der Kaufhof und das Kaufhaus Schneider. Bei den Ermittlungen findet die Polizei bei den mutmaßlichen Tätern einen Zettel mit einem Zitat aus den Flugblättern,[1] welches die Mitglieder der Kommune I im Mai 1967 als Reaktion auf den Brüsseler Kaufhausbrand verteilt hatten und mit denen – wider alle Tatsachen – in satirischer Form teilweise suggeriert worden war, es habe sich dabei um einen politisch motivierten Brandanschlag gehandelt.

Bei dem Brandanschlag in Frankfurt hingegen handelt es sich um die erste gewaltsame Aktion, die u.a. von Andreas Baader und Gudrun Ensslin, den späteren Mitbegründern der Rote Armee Fraktion (RAF), durchgeführt wurde. Zu dieser Aktion gibt es kein erläuterndes Flugblatt, erst vor Gericht erklären die schnell festgenommenen Baader und Ensslin, sie hätten ein »›Fanal‹ gegen den Vietnamkrieg setzen wollen und müssen«.[2] Sie werden zu drei Jahren Haft verurteilt; die längere Freiheitsstrafe sieht das Gericht u.a. deshalb geboten, um die Angeklagten und andere »potentielle Täter« von weiteren Straftaten abzuhalten.[3]

Das Abschreckungsziel wird nicht erreicht. In den anderthalb Jahren, die Ensslin und Baader im Gefängnis sitzen, vollziehen sich im Lager der antiautoritären Opposition nachhaltige Änderungen. So etwas wie eine ›Einheit der Aktion‹ zerbricht zwar endgültig; auf der einen Seite stehen nun noch deutlicher voneinander getrennt als zuvor die Anarchos und Kommunarden, auf der anderen Mitglieder neu gegründeter kommunistischer Kaderparteien und Basisorganisationen. Gemeinsam ist aber beiden Seiten eine erneute Radikalisierung ihrer Positionen und jeweiligen Lebenshaltung; ideologische Übereinstimmung besteht in der anti-imperialistischen Ausrichtung, darüber hinaus kommt man noch beim

Prinzip überein, bei lokalen Kämpfen von Schülern, Stadtteilbewohnern oder Arbeitern ansetzen zu wollen.

Die Radikalisierung der Underground-Szene zeigt sich vor allem an den klar ausgesprochenen Bekenntnissen, Gewalt auszuüben. Auch die Kommune I distanziert sich von ihren Bekannten Baader und Ensslin nur schwach und äußert in einer Stellungnahme die Überzeugung, dass »eine mögliche Verurteilung der Frankfurter Brandstifter das Mittel der politischen Brandstiftung in Zukunft nicht disqualifiziert«. Die Kommune erinnert in dem Zusammenhang an ihre eigenen Flugblätter aus dem Mai 1967, in denen man »das Mittel der politischen Brandstiftung fiktiv dargestellt« habe – um anzufügen, dass sich seitdem die Situation »weiter zugespitzt« habe.[4]

Ein erstes Zeichen, zur Eskalation das ihre beitragen zu wollen, setzt die Zeitschrift einer anderen Kommune – mit dem Namen »linkeck« – bereits vor den einschneidenden April- und Mai-Monaten des Jahres '68. In der ersten *linkeck*-Ausgabe vom 29.2.1968 findet man neben einem Interview mit Mick Jagger, einer Rezension des zweiten Mothers of Invention-Albums »Absolutely Free« sowie Berichten über Demonstrationen und Gerichtsprozesse den Imperativ »Schlagt zurück!« Noch ist der Aufruf – wie der Titel schon zeigt – defensiv gehalten; als Motiv dafür, jetzt ›zurückzuschlagen‹, werden prügelnde Polizisten und aufgeputschte Berliner Bürger angegeben.[5]

Nach den Ereignissen im Frühling '68 ändert sich der Ton endgültig. Der weitverbreiteten linken Haltung, Gewalt allenfalls gegen Sachen anzuwenden, wird eine deutliche Absage erteilt.[6] Zwischen pornographischen Bildern, Szeneberichten, Hinweisen auf Raubdrucke, die von der »linkeck«-Kommune hergestellt werden – etwa eine Broschüre der Situationistischen Internationale –, und Texten von Bakunin und Wilhelm Reich gibt es nun in jedem Heft ein flammendes Pamphlet. »Wir wollen jeden Staat kaputtmachen«, lautet das Motto, ein bloß »literarische[s] Verhältnis zur Gewalt à la Kommune I oder APO« stößt darum auf heftigen Widerwillen. Das geht so weit, dass sogar die »maßlose Übertreibung unserer Gegner, wir würden bereits Kristallnächte inszenieren oder faschistischen Terror ausüben«, letztlich angenommen wird. Den Unterschied macht für die anarchistischen Kommunarden das Ziel des Terrors aus. Die »heutigen Kristallnächte« dürften sich nicht gegen den »kleinen jüdischen Krauter« richten, sondern »müßten dazu führen, die Aktionäre, Fabrikbesitzer, Politiker, Staatsanwälte, Gefängniswärter in Angst und Schrecken zu versetzen«.[7]

Nach der höchst befremdlichen Gleichsetzung der linksanarchistischen Gewalt mit einer alternativen ›Reichskristallnacht‹ fällt der Artikel wieder in den vertrauten Jargon zurück und nutzt das Argument, Gewalt sei nur zur Notwehr gestattet, für eigene Zwecke. Rhetorisch wird gefragt: »Befindet sich nicht jeder Prolet, jeder Schüler, jeder Abhängige permanent in Notwehr?« Die Selbstermächtigung zur Gewalt im Namen ganz unterschiedlicher Gruppen stößt jedoch offensichtlich weiterhin auf eine Grenze. Ideologisch befindet man sich zwar vollkommen auf der Höhe des Terrors, der radikale Gestus der Bekundungen führt aber immer noch nicht dazu, die Schwelle zur Tat zu überspringen. Zwar wird »die anerzogene Duldsamkeit, der humanistische Respekt vor *dem* Menschen« natürlich nur benannt, um überwunden zu werden, trotzdem müssen sich die Verfasser eingestehen, dass immer noch »dieses Hemmnis, diese Angst« einen daran hindere, z.B. gegen »Parteibonzen« »massiv vorzugehen«.[8]

In vielen weiteren Artikeln – später in Zeitschriften wie *Charly Kaputt* und *883*, danach in *Fizz* – geht die politisierte Underground-Szene darum gegen solche Hemmnisse rhetorisch an. Mit Hilfe brennender Autos und Molotowcocktails steigert sich die tatsächliche, zumeist gegen die Polizei gerichtete Gewalt aber bereits ebenfalls. Diese Aktionen sind nicht allein auf Außenwirkung bedacht. Ganz kurze politische Zielangaben – Terror gegen »amerikanische Industrieniederlassungen, Banken, Bullenreviere« – überdecken keineswegs die klar herausgestellte vitalistische Funktion: »Wandelt Euren Haß in Energie!«[9] Eine »Einheit von Zusammenleben und Taten« soll sich dabei mehr oder minder von selbst ergeben.[10] Später wird Inge Viett das Leben im Untergrund als Zustand größter Freiheit beschreiben, als ein »neues, anderes Sein außerhalb der häßlichen Welt«, fern »der staatlichen Autorität«, fern von »gesellschaftlichen Vorgaben« und »äußere[r] Gewalt«.[11] Der Kampf »für eigene freie Entscheidung über Körper und Lebensform« ist darum zu einem großen Teil bereits das Ziel: »Werdet wild und tut schöne Sachen.«[12] Etwas nüchterner ausgedrückt: Die »bewaffnete taktische Einheit« der Stadtguerilla bilde ein Organisationsmodell, »das den Kommunismus entscheidend vorwegnimmt«.[13]

Aus verschiedenen Gruppen (»Umherschweifende Haschrebellen«, Wieland-Kommune, jetzt auch Teile der Kommune I), die solch intensive Gewalterfahrungen forcieren, werden im nächsten Schritt viele Mitglieder der ersten terroristischen Organisation nach 1968 hervorgehen, die »Tupamaros Westberlin« (nicht wenige von ihnen gehören später zur »Bewegung 2. Juni«, einige zur RAF; Fritz Teufel ist in Bayern an den »Tupamaros München« beteiligt). Im Anschluss an eine Reise ins jordanische Lager der palästinensischen »El Fatah« beginnt ab dem Winter 1969 eine schnelle Reihe von Anschlägen (auf die Wohnungen von Staatsanwälten, auf das KaDeWe, den Juristenball, aufs Amerika-Haus, das El-Al-Büro, amerikanische Offiziersclubs).[14]

Den Auftakt bildet ein Bombenanschlag auf das Jüdische Gemeindezentrum Berlin am 9. November 1969 (glücklicherweise explodiert die Bombe nicht). Zur Erläuterung des versuchten Anschlags dient die Imperialismuskritik. Das »zionistische Israel« sei der Statthalter des »Weltpolizisten« USA (bzw. des »europäische[n] und US-Kapitals«) im Nahen Osten, es verteidige mit »Napalm, Phantoms und deutschen Panzern« dessen »Ölinteressen«. Die »Palästina-Flüchtlinge« befänden sich im

»bewaffneten Volkskrieg« gegen den Zionismus und den »amerikanischen Imperialismus«; aus Solidarität mit ihnen habe der Anschlag in Berlin erfolgen sollen. Trotz dieser in sich geschlossenen Begründung scheinen die Flugblattschreiber aber keineswegs beruhigt. Sie wissen natürlich auch, dass der Anschlag auf eine jüdische Einrichtung in Berlin am »31. Jahrestag der faschistischen Kristallnacht« – wie sie selber notieren – sie in den Augen der meisten Betrachter zu Nazi-Nachfahren machen wird. Deshalb behaupten sie einerseits einfach, dass man die Aktion nicht als »rechtsradikalen« Auswuchs »diffamieren« könne, sie sei im Gegenteil ein »entscheidendes Bindeglied internationaler Solidarität«. Andererseits versuchen sie durch eine Inflationierung des »Faschismus«-Vorwurfs sich selbst von der Anklage zu säubern: Die heutige »faschistische BRD« helfe unter dem »Deckmantel« der einstigen »faschistischen Greueltaten gegen die Juden« entscheidend mit »an den faschistischen Greueltaten Israels gegen die palästinensischen Araber«[15] – so geht der Gang dieser geschichtsvergessenen Erklärung, die noch spätere Texte und Legitimationsversuche der Revolutionären Zellen und der RAF bis hin zur Rechtfertigung der Flugzeugentführungen nach Entebbe und Mogadischu prägen wird.[16]

Auch Dieter Kunzelmann übernimmt die Argumentation in einem öffentlichen »Brief aus Amman« ohne jeden Abstrich (das Ergebnis einer jüngsten Recherche, dass der Brief in Deutschland geschrieben wurde und Kunzelmann der Anstifter des Anschlags war, überrascht insofern wenig[17]). Zusätzlich streicht er in seinem Schreiben noch die avantgardistische Wirkung von Gewaltaktionen heraus. Bei der El Fatah habe er »zum ersten Mal begriffen, was es heißt, daß Menschen sich im ›langdauernden Volksbefreiungskampf‹ revolutionär verändern«. Genau die »revolutionäre Veränderung jedes Einzelnen« im Kampf sei es nämlich, die verhindere, »daß nach dem bewaffneten Aufstand wieder Herrschaftsstrukturen aufgerichtet werden«. Kunzelmanns Forderung und Gewissheit (nicht nur Hoffnung) ist darum, dass auch die deutschen »Existenzformen sich durch den Kampf bestimmen«.[18]

Angry Brigade, »spektakulärer Terrorismus«, Weatherman

In kleinem Maßstab erfüllt sich Kunzelmanns Vorstellung rund um 1970 in vielen westlichen Ländern, keineswegs nur in Deutschland. Fast immer spielt dabei die Imperialismus-Kritik die entscheidende Rolle. Gegen den »israelischen Imperialismus« geht es in dem einflussreichen amerikanischen Manifest unter dem berühmten Titel-Zitat »You don't need a weatherman to know which way the wind blows« gleich auf der ersten Seite. Die Weathermen lassen allerdings keinen Zweifel daran, dass natürlich der amerikanische Imperialismus die dominante Kraft ist, welche es zu bekämpfen gilt. Seite an Seite mit den verschiedenen nationalen Befreiungsfronten – vor allem der vietnamesischen – wollen sie in den »revolutionären Kampf« ziehen. Als revolutionäres Subjekt setzen die Weathermen im heimischen Amerika kaum mehr auf die traditionell marxistisch dafür vorgesehene Klasse. Die weißen Arbeiter hätten sich im relativen Wohlstand, der auf der Ausplünderung der Dritten Welt beruhe, gütlich eingerichtet; marxistischen Ansätzen, die weiterhin von der revolutionären Bedeutung der Arbeiterklasse ausgehen, erteilen sie darum eine klare Absage. Trotz dieser Erkenntnis aber steht für sie die Revolution unmittelbar auf der Tagesordnung; der zum Teil leninistische, vor allem maoistische Vorrang der Politik vor den Bedingungen der ›objektiven‹ ökonomischen Lage ist damit deutlich erklärt.[19]

Die neu-linke Ausrichtung führt Weatherman – nun wieder weit entfernt von Lenin oder Mao – auf der Suche nach revolutionären Subjekten zuerst zur schwarzen Bevölkerung. Aus Sicht der Weathermen werden die Schwarzen innerhalb der USA genauso unterdrückt wie die ehemaligen Kolonialvölker auf den anderen Kontinenten, darum seien sie nicht einmal annähernd so weit in das System des amerikanischen Imperialismus integriert wie der überwiegende Teil der weißen Bevölkerung.[20] Als Verbündete, zum Teil sogar als Führer wollen die Weathermen folgerichtig die militante Organisation der Black Panthers gewinnen. An ihnen fasziniert sie nicht zuletzt die ungehemmte, offen zur Schau gestellte Radikalität. Sie dient vielen der weißen Weathermen ganz offensichtlich als Maßstab, wie man mit der eigenen bürgerlichen Vergangenheit am wirkungsvollsten brechen kann. Von den Panthers übernehmen sie – wie viele andere – im Zuge der ultimativen verbalen Abgrenzung das ungemein oft gebrauchte Schimpfwort »pigs«,[21] mit dem je nach Bedarf Polizisten, Imperialisten, Politiker, Liberale oder Bürger der Verachtung preisgegeben werden.[22] Dass mit aller Macht an Stelle der alten eine radikal andere Lebensform gesetzt werden soll, ergibt sich aus der entmenschlichenden Sprache bereits vor aller Gewaltanwendung hinreichend deutlich; ab und zu liest man auch – wie etwa bei französischen Kulturrevolutionären mit surrealistischer Ausrichtung – von der »Regierung« schlicht als der »Gestapo«.[23]

Die Weathermen richten die Aggression aber auch gegen sich selbst, gegen das ›innere Schwein‹.[24] Selbst ohne jedes Anzeichen einer ›objektiv revolutionären Lage‹, bleibt so immerhin die Möglichkeit und Notwendigkeit bestehen, sich selbst zu verändern. Der Unterschied zum bürgerlichen Individuum jener Tage liegt dann darin, dass man die Änderung nicht in vereinzelter, auf sich selbst konzentrierter Therapie anstrebt, sondern im gemeinsamen, gewaltsamen »Krieg«:

»As a foundation for it all, we have to build ourselves. We've understood that smashing the pig means smashing the pig inside ourselves, destroying our own honkiness. When we are fighting a war, there is no place for male chauvinism, individualism, competition, or any of the Man's fucked-up values. We must be what we have set out to create – self-conscious, self-reliant communist revolutionaries, changing ourselves and each other in order to win.«[25]

Auch in England sind die »pigs« der Adressat terroristischer Manifeste. Dennoch gibt es einen weitreichenden Unterschied zu den Weathermen. Ausgerechnet (oder gerade) im Mutterland der 60er-Jahre-Popkultur erfolgen die Anschläge nicht nur unter vorwiegend antiimperialistischem, sondern auch unter kulturkritisch-situationistischem Zeichen. Viele Passagen der Bekennerbriefe der Angry Brigade lesen sich, als seien sie direkt aus Texten Guy Debords abgeschrieben (nur von »pigs« war bei ihm nie die Rede). Einige der Mitglieder der Angry Brigade haben eine geradezu vorbildliche Laufbahn innerhalb der Gegenkultur durchlaufen: Zu Beginn des Studiums verteilen sie Texte des Kim Philby Dining Clubs, der situationistische Broschüren auf die englische Lage überträgt, schnell danach sind sie Akteure eines radikalen Straßentheaters, das u.a. die Leiden der vietnamesischen Opfer amerikanischer Bombenangriffe sinnlich in Szene setzt; schließlich engagieren sie sich stark in der Stadtteilarbeit.[26] Bei den Anschlägen der Angry Brigade findet man in den Bekennerschreiben viele der politisch-situationistischen Motive wieder: Die Angry Brigade greift nicht nur diejenigen an, die in ihrer Sicht für die schlecht bezahlte, langweilige Arbeit verantwortlich sind; als anderen Grund für ihre Gegengewalt macht sie geltend, unablässig den Attacken der spektakulären Kultur ausgesetzt zu sein:

»We are being attacked daily. Violence does not only exist in the army, the police and the prisons. It exists in the shoddy alienating culture pushed out by T.V. films and magazines, it exists in the ugly sterility of urban life. It exists in the daily exploitation of our labour, which gives big bosses the power to control our lives and run the system for their own ends.«[27]

Dank der Neigung zu situationistischer Konsumkritik wagt sich die Gruppe auf Felder vor, die der terroristischen Rede bis dahin nie offen standen; einmal kommt es sogar zu der historisch sicherlich einzigartigen Verbindung von revolutionärem Aufruf und Modekritik:

»›If you're not busy being born you're busy buying‹.

All the sales girls in the flash boutiques are made to dress the same and have the same make-up, representing the 1940's. In fashion as in everything else, capitalism can only go backwards – they've nowhere to go – they're dead.

The future is ours.

Life is so boring there is nothing to do except spend all our wages on the latest skirt or shirt.

Brothers and sisters, what are your real desires?

Sit in the drugstore, look distant, empty, bored, drinking some tasteless coffee? Or perhaps BLOW IT UP OR BURN IT DOWN. The only thing you can do with modern slave-houses – called boutiques – IS WRECK THEM. You can't reform profit capitalism and inhumanity. Just kick it till it breaks.

Revolution.«[28]

Trotz der eindeutigen Diktion dürfen die englischen Terroristen auf die Unterstützung der französischen Vorbilder nicht zählen. Eines der Mitglieder der Angry Brigade, John Barker, sieht es im Rückblick selbst als eigentümlichen Fehler an, dass ihre terroristischen Aktionen Teil jener aus Sensationen, Passivität und Publizität bestehenden »Gesellschaft des Spektakels« waren, gegen die sie gewaltsam vorgingen.[29] Tatsächlich ist das einer der Gründe, weshalb die Theoretiker der S.I. sich stets gegen den Terrorismus ausgesprochen haben. Zwar neigt Debord dazu, mit seiner manchmal pathetisch stilisierten Sprache nicht nur die eigene Vergangenheit, sondern auch andere Helden abweichender, scheiternder ›Lebenskunst‹ zu erheben – »Die schönste Jugend stirbt im Gefängnis«, heißt es in einem seiner Filme zu einem Bild Ensslins und Baaders[30] –, dennoch wird der Terrorismus in den Schriften der S.I. durchgehend als Form »›spektakulärer‹ Politik« verurteilt. Fast immer von Geheimdiensten durchsetzt und kontrolliert, dienen die Terroristen in Sicht der S.I. vor allem dazu, die Kämpfe der Arbeiter in Verruf zu bringen und zu kriminalisieren.[31]

Als Feltrinelli, der Besitzer des großen italienischen Verlagshauses und wichtige Propagandist, Finanzier wie auch schließlich Akteur des westeuropäischen Guerillakampfes, um die Veröffentlichung situationistischer Schriften nachfragt, wird er postwendend von Debord als »subalterner Polizist der Demokratie« beschimpft.[32] Trotzdem versuchen die staatlichen Stellen sowohl in England als auch in Italien eine Verbindung zwischen der S.I. und Terroranschlägen herzustellen. Umgekehrt erringen die Situationisten einen ihrer größten Aufmerksamkeitserfolge, als ihre Vermutung, hinter den Terrorakten stünde der Staat selbst, sich in einigen italienischen Fällen bewahrheitet.[33]

Bereits 1969 erklärt die S.I. den Terrorismus zur »letzte[n] politische[n] Karte«, welche »die Macht« noch »vor dem Bürgerkrieg oder dem Staatsstreich« ausspielen könne. Diese Erklärung erfolgt eine Woche nach einer verheerenden Bombenexplosion in Mailand, hinter der man linke Anarchisten vermutete, obwohl, wie sich Jahre später herausstellt, sie auf die Initiative italienischer Geheimdienststellen zurückging. Ohne diesen genauen Hintergrund zu kennen, deutet die S.I. die Anschläge allgemein als Versuch der »italienischen Bourgeoisie«, »die Mehrheit der Bevölkerung mit ihrem passiven Terror, der Angst vor dem Proletariat, anzustecken«.[34] Entsprechend heißt es in einer umfangreicheren Schrift Jahre später, dass es der Terrorismus dem Staat erlaube, sich wieder als Hüter des Gemeinwohls zu etablieren. Angesichts eines Terrorismus, der immer wieder als das »absolut Böse« dargestellt werde, träten »alle anderen, viel wirklicheren Übel in den Hintergrund«. »Das Spektakel der gemeinsamen und hochheiligen Verteidigung gegen das terroristische Ungeheuer« diene so dazu, die Republik auf einmütige Weise in einen »Polizeistaat« zu verwandeln.[35] (Legt man dieses Argument zugrunde, könnten die Situationisten in unserer Zeit von einem totalen »Spektakel« sprechen: Der schreckliche Anschlag einer kleineren Gruppe antiwestlicher Fanatiker auf das World Trade Center, bei dem tausende Büroangestellte und Firmeninhaber getötet werden, findet seine prompte Antwort in der Aufforderung der USA an prinzipiell jedes Land der Erde, seine politischen und militärischen Maßstäbe an denen Amerikas auszurichten; verlangt wird dies als Beitrag zum »Krieg gegen den Terror«.)

Für die Situationisten ist der »spektakuläre Terrorismus« um 1970 herum stets »antiproletarischer Natur«. Objektiv gesehen, diene er in erster Linie der Bekämpfung der unendlich viel bedeutenderen proletarischen Widerstandsmaßnahmen, also jener »antibürgerlichen und antistalinistischen wilden Streik[s]«, jener »einfachen, gewaltsamen« Sabotageakte,[36] die von den Situationisten bereits lange gefeiert werden und gerade im Italien der Jahre nach 1968 die politische Szenerie beherrschen. Nun gibt es aber zumindest in diesem letzten Punkt überhaupt keine Meinungsverschiedenheit zwischen den Situationisten, den linksradikalen Studenten[37] und den späteren Vertretern oder Sympathisanten von Gauche Prolétarienne,[38] Lotta continua[39] und Potere operaio.[40] Auch sie wenden sich mit aller Radikalität von den sozialistischen und kommunistischen Parteien und Gewerkschaften ab, um vor allem den »autonomen« Arbeiter und seinen spontanen, (manchmal zumindest) halblegalen Kampf zu unterstützen;[41] meistens wollen sie neben den bestehenden Auseinandersetzungen in der Fabrik ebenfalls die Konflikte in den Stadtteilen und Schulen militant verschärfen.[42] Selbst die »Brigate Rosse« sind diesem Modell verpflichtet und beginnen ihren extremen Weg mit ›Bestrafungsaktionen‹ gegen unliebsame Werkmeister und mit Sabotageakten in Betrieben.[43] Der situationistischen Kritik sehen sie sich darum erst in dem Moment ausgesetzt, da sie (bzw. ihre Abspaltungen) in die Illegalität kleiner geheimer Gruppen abtauchen und ihre Taten ohne Vermittlung zu einigermaßen geteilten Anliegen und größeren Auseinandersetzungen bleiben.

Anders als in Italien gibt es für gewaltbereite subversive Gruppen in den USA (wie ja auch in Deutschland) überhaupt keine Verankerung innerhalb radikaler Teile der Arbeiterschaft. Die situationistische und spontaneistische Kritik an einer Terror-Avantgarde greift dort darum unmittelbar. Als Bestandteil der Gegenkultur, hervorgegangen aus der Spaltung bzw. Selbstauflösung des amerikanischen SDS, ist den Weathermen das Problem natürlich bewusst. Obwohl es, recht besehen, keine Lösung geben kann, kommen sie zu interessanten Vorschlägen, die sich, wenig überraschend, im Rahmen jener Avantgarde bewegen, deren einhelliges Ziel stets die Aufhebung aller Trennungen gewesen ist.

Wie um ihre nahe liegende Orientierung am leninistischen Modell der Kaderorganisation[44] – einer Avantgarde in ›fortgeschrittener‹, ›getrennter‹ Bedeutung – auszugleichen, wollen die zahlenmäßig kleinen Weathermen aus der Gewalt eine Art populäres Fest machen; die Weathermen versuchen in offener Feldschlacht mit der Polizei auch andere vermutete radikale Kräfte – vor allem Jugendliche – für den Guerillakampf im Heimatland des Imperialismus zu begeistern.[45] Nachdem dieses Konzept gescheitert ist, unterziehen sich die Männer und Frauen des Weather Underground in ihren jeweiligen kleinen Kampfeinheiten immerhin noch dem Versuch, der nun schon bekannten Maxime, dass Revolutionäre im Kampf geschaffen werden,[46] andere, teilweise sogar friedlichere Seiten abzugewinnen: Einen wichtigen Akzent bildet dabei der feministische Ansatz, in der militanten Auseinandersetzung den männlichen Chauvinismus zu überwinden und eigene Stärke zu gewinnen;[47] zum anderen (manchmal auch mit dem feministischen Ansatz verbunden) sollen sich die Untergrundzellen, wenn schon zeitweilig untereinander und vor allem vom Volk getrennt, intern entweder durch allseitig geteilte Sexualität[48] oder durch große Liebesfähigkeit auszeichnen.[49] Viele der terroristischen Gruppen nach 1968 machen aus der Not, unter dem Druck der Verfolgung das gewohnte Leben aufgeben zu müssen, von vornherein eine Tugend. Avantgardistische Aufhebung von privater Lebensweise und politischer Aktion soll ihre gemeinsame Praxis und kämpferische Lebensform bestimmen. »Make Love and War«,[50] lautet ein griffiger Slogan der amerikanischen Terroristen. Mit dem Slogan kommt direkt die Hoffnung zum Ausdruck – die wie üblich als Überzeugung formuliert wird –, dass die US-»Guerilla« sich wenigstens wie ein Fisch im »Ozean« der Gegenkultur bewegen kann.[51]

Noch an dieser trügerischen Hoffnung kann man ablesen, dass niemand aus der Reihe der linksradikalen westlichen Terrorgruppen im Bilde einer selbsternannten Elite aufgehen möchte. Auch die Weathermen haben den Anspruch (und die Sehnsucht), dass sie die Revolution unter der »vollen Beteiligung« der »Massen« durchführen werden.[52] Wichtiger als diese Bedingung – selbst wenn sie allen unumgänglich erscheint – ist aber das Ziel der Revolution selbst. Die Revolution muss kommen, der Imperialismus und mit ihm der verheerende Krieg in Vietnam muss schnell an sein notwendiges Ende gelangen – dieses Ziel erzwingt die unablässige Suche nach revolutionären Mitstreitern. Bei den Weathermen sind es in rascher Folge oder Kombination die Befreiungsbewegungen der Dritten Welt, die Schwarzen, die weißen Jugendlichen, vielleicht sogar wieder Teile der Arbeiterklasse. Die erstaunlich schnelle und gemischte Abfolge lässt bereits die Vergeblichkeit der Bemühungen erahnen. An ihrem Ende steht nach einer unnachgiebigen Logik für einige Revolutionsanhänger die Entscheidung, wenigstens die eigene bürgerliche Existenz zu vernichten, indem man sich zum Attentäter wandelt.

Viele linke Kritiker werfen den Weathermen vor, ihren tiefgreifenden Wunsch nach Änderung bis zuletzt mit der Möglichkeit seiner Verwirklichung zu verwechseln. Zentraler Vorwurf aller traditionelleren marxistischen Kritiker – seien es Sozialdemokraten oder Kommunisten – ist ohnehin schon immer gewesen, dass terroristische Akte nur die staatliche Repression verstärken würden. Aus ihrer einigermaßen verständlichen Ohnmacht und Wut heraus würden Gruppen wie Weatherman zu dem falschen Schluss gelangen, diese Verzweiflung sei bereits die entscheidende Quelle eines schnellen Umsturzes:

»The central driving force behind Weatherman is desperation. Its adherents see the state power of decaying American capitalism playing an increasingly reactionary and brutal role throughout the world and at home. They see it viciously suppressing the legitimate desires and aspirations of oppressed people everywhere. They know that it is willing to use the most barbaric means to protect its own interest, and fear the worst. The response of Weatherman comes from its combined feelings of outrage and impotence. It generates such a great sense of urgency that suddenly in its mind the urgency itself is translated into a material force capable of tipping decisively the balance in favor of its deep desires.«[53]

Weatherman reagiert auf die Vorwürfe, indem es sie einfach bestätigt. Der Unterschied zu den Kritikern liegt allein im Glauben daran, dass die gewaltsame Aktion die aktuelle Lage schnell verbessern werde. Der Beweis, dass es überhaupt möglich ist, den Staat an kleinsten Stellen anzugreifen, trägt für sie bereits den Keim zu seinem Untergang in sich. Die Tatsache, dass sich überhaupt einige Leute finden, den übermächtigen Apparat herauszufordern, stellt für sie den Grundstein massenhafter Wirkung dar:

»EVERYONE TALKS ABOUT THE WEATHER ... Armed struggle starts when someone starts it. International revolutionary war is reality, and to debate about the ›correct time and conditions‹ to begin the fight, or about a phase of work necessary to prepare people for the revolution, is reactionary. MAKING WAR on the state creates both the consciousness and the conditions for the expansion of the struggle, making public revolutionary politics, proving that it is possible to move and that there is an organisation with a strategy.«[54]

Wie jeder weiß, werden sich all diese Überzeugungen im Amerika der beginnenden 70er Jahre sehr schnell als vollkommen irrig erweisen. Es wäre aber höchstwahrscheinlich falsch, den Weathermen ausschließlich eine falsche Lagebeurteilung vorzuhalten. Es scheint nämlich fast so, als sei für sie jede Handlung des Widerstands eine richtige Handlung, unabhängig von möglichen Erfolgsaussichten. Zumindest eines steht jedenfalls für viele von ihnen fest: Angesichts der Opfer, die der Vietcong erbringt, wäre es eine Art rassistischer Akt, nicht das eigene Leben aufs Spiel zu setzen. Nur mit diesem Einsatz kann die weiße Isolation von den Befreiungskämpfen aufgehoben werden. »The whole point of the Weatherman politics is to break down this insulation, to bring the war home, to make the coming revolution real«, lautet ihre veröffentlichte Maxime.[55] Vielleicht haben sie sich im Stillen die Botschaft sogar ohne die bekundete Gewissheit der »kommenden Revolution« zu Eigen gemacht.

RAF

Weatherman, Angry Brigade – teilweise auch die deutschen Tupamaros – versuchten bei ihren Anschlägen zu vermeiden, dass Menschen getötet oder schwer verletzt werden. Der Zufall will es, dass es tatsächlich zu keiner fahrlässigen Tötung kommt. Ebenso wie auf einige ihrer terroristischen Manifeste kann die RAF bei ihren ersten Aktionen bereits teilweise auf die Praxis dieser Gruppen zurückschauen (die ersten beiden Anschläge der Weathermen auf eine Bank und das New Yorker Polizeigebäude finden im Sommer 1970 statt, die Berliner Tupamaros haben im Winter 69/70 begonnen, viele Attentate der Angry Brigade fallen ins Frühjahr 1971).

Gudrun Ensslin und Andreas Baader werden Mitte Juni 1969 vorläufig aus der Haft entlassen.[56] Nachdem die Urteilsrevision abgelehnt wird, treten sie ihre Resthaft nicht mehr an. Schnell stehen sie in Kontakt mit den Protagonisten der Berliner Haschrebellen und Tupamaros, auch mit Feltrinelli oder Renato Curcio, der zu den Mitbegründern der Brigata Rossa gehören wird. Auf Initiative von Horst Mahler kommen Anfang 1970 verschiedene gewaltbereite deutsche Kräfte zusammen, die lose Gruppe um Mahler selbst – darunter Ulrike Meinhof –, die Berliner Tupamaros und Baader/Ensslin. Waffen besorgt ihnen u.a. ein Agent des Verfassungsschutzes, der schon seit den Tagen der Kommune I unentdeckt in der Szene arbeitet (auch die Bombe im Jüdischen Gemeindehaus stammt von ihm bzw. dem Staat).

Noch bevor von der neu entstandenen Truppe irgendeine Aktion durchgeführt werden kann, wird Baader im April 1970 bei einer Verkehrskontrolle verhaftet und muss seine Resthaft antreten. Einen Monat später wird Baader befreit, als er das Gefängnis verlassen darf, um unter Betreuung der Dozentin Ulrike Meinhof für ein von ihm angemeldetes Buchprojekt in einer Institutsbibliothek zu recherchieren. Dabei verletzt ein Mitglied des Kommandos durch einen Schuss u.a. einen Bibliotheksangestellten schwer. Im Unterschied zu den anderen terroristischen

Gruppen beginnt die RAF ihren Weg gleich mit einer blutigen Tat. Zudem sind wichtige Mitglieder der Gruppe von nun an den Behörden bekannt und können sich nicht mehr legal bewegen.

Die »Erklärung zur Befreiung von Andreas Baader« vom 5. Juni 1970 lässt denn auch jede Vorsicht fahren und stellt die Aktion in einen ganz großen Zusammenhang hinein. Die Devise lautet (wie bereits bei den amerikanischen Weatherman[57]): »Die Rote Armee aufbauen«. Angekündigt wird, dass die Befreiungsaktion »nur die erste dieser Art in der BRD« gewesen sein soll. Die Erklärung richtet sich ausdrücklich nicht an das vertraute Milieu der Verfasser – die »kleinbürgerlichen Intellektuellen« –, sondern an die »potentiell revolutionären Teile des Volkes«. Besser gesagt: Sie richtet sich an die Herausgeber und Leser der Anarcho-Zeitung »Agit 883«, die dem ›Volk‹ die Botschaft klar machen sollen und die von der RAF auf dem Wege angetrieben werden, noch radikaler zu agieren und zu agitieren.

Wer zum Volk gehört, ist nicht schwer zu erraten, wenn man die Aktivitäten vieler RAF-Mitglieder im Jahr vor der Veröffentlichung des Manifests kennt. Die Gruppe um Mahler betrieb hauptsächlich Stadtteilarbeit in einer Berliner Trabantenstadt; Meinhof, Ensslin und Baader kümmerten sich an verschiedenen Orten um Jugendliche in Erziehungsheimen. Als potentiell revolutionäre Antriebskraft ruft die Erklärung folgerichtig nicht die Arbeiterklasse auf, sondern – in der Nachfolge der Neuen Linken Marcuses[58] – die »Jugendlichen im Märkischen Viertel« und in verschiedenen Heimen.

Daneben sollen jene Teile der Arbeiterschaft angesprochen werden, »die für die Ausbeutung, die sie erleiden, keine Entschädigung bekommen durch Lebensstandard, Konsum, Bausparvertrag, Kleinkredite, Mittelklassewagen«: kinderreiche Familien, Lehrlinge, Hauptschüler, Akkord-Arbeiterinnen, Familien in Sanierungsgebieten – all jene, die von staatlichen Ämtern drangsaliert würden und an keine »Zukunftsversprechen ihrer Erzieher und Lehrer und Hausverwalter und Fürsorger und Vorarbeiter und Meister und Gewerkschaftsfunktionäre und Bezirksbürgermeister« mehr glaubten. Weil sie alle von der »Ausbeutung der Dritten Welt« nicht profitierten, hätten sie keinen Grund, sich mit den Ausbeutern zu identifizieren. Allein sie könnten ebenfalls verstehen – heißt es in einer noch kühneren Schlussfolgerung des RAF-Papiers –, dass der gerade beginnende deutsche Kampf in einer Linie mit den Kämpfen in »Vietnam, Palästina, Guatemala, in Oakland und Watts, in Kuba und China, in Angola und New York« stehe.[59]

Ein knappes Jahr später, Ende April 1971, erscheint die erste ausgearbeitetere Schrift der RAF, verfasst von Ulrike Meinhof: »Das Konzept Stadtguerilla«.[60] Auch in diesem Grundsatzpapier bezieht sie sich auf Jugendliche, Heiminsassen, auf diejenigen, »denen es am dreckigsten geht« (125). Diesmal streicht die RAF aber ebenfalls die Verdienste der Studentenbewegung heraus und empfiehlt sich den Intellektuellen und

Studenten selbst als eine Art Nachfolgeorganisation (114-117). Von den »Anarchisten« grenzt sie sich ab, indem sie deren Annahmen, »Organisation sei zweitrangig, Disziplin bürgerlich, die Klassenanalyse überflüssig«, scharf kritisiert (125f.). Richtig organisiert zu sein, bedeutet für die RAF vor allem, in der selbstgewählten Illegalität zu arbeiten und sich nicht – wie etwa die Black Panthers und die Gauche Prolétarienne – einfach zerschlagen zu lassen (129). Um sich staatlicher Überwachung zu entziehen, gibt die RAF ihr ursprüngliches Konzept, Guerilla-Aktivitäten und Basisarbeit zu verbinden, auf (123). Von den drei entscheidenden »Organisationsformen«, an deren fehlender Verwirklichung die Studentenbewegung noch gescheitert sei – Betriebsarbeit, sozialistische Massenpartei, Stadtguerilla (117) –, wählt die RAF nun ausschließlich die letzte.

Die Wahl entspringt offensichtlich keinem Zufall. Die Feststellung zu Beginn, dass der »bewaffnete Kampf« weder die politische Arbeit im Betrieb oder im Stadtteil noch »legale proletarische Organisationen« ersetzen könne (112), ist nicht das letzte Wort. Im Laufe des Artikels wird deutlich, welch überragende Bedeutung die RAF der Guerilla-Aktion angesichts der Schwäche der sozialistisch-revolutionären Kräfte gerade in Deutschland beimisst (118, 122). Nur sie kann offensichtlich unter Beweis stellen, dass die »Herrschenden« doch noch nicht alles und jeden kontrollieren (114), allein sie kann »Agitation und Propaganda, worauf linke Arbeit noch reduziert ist, konkret machen« (122). Weil nach Einschätzung der RAF auf absehbare Zeit kein Programm und keine Partei ein »Bündnis zwischen der sozialistischen Intelligenz und dem Proletariat« herstellen kann, fällt diese Aufgabe der »praktische[n] revolutionäre[n] Intervention der Avantgarde« zu (118).

Wegen der derart gründlich vollzogenen Abwendung von all den Modellen, die am »alltäglichen Widerstandsverhalten« ansetzen, handelt sich die RAF konsequenterweise deutliche Kritik sogar von den Gruppen (und ihren Anhängern) wie der Bewegung 2. Juni ein, die ihr im gewaltsamen Kampf sehr nahe stehen.[61] Die RAF-Leute seien nichts weiter als »Leninisten mit Knarren«,[62] heißt es bei Teilen der Kulturrevolutionäre und Spontaneisten vollends vernichtend, ihre Aktionen, die schon im Ansatz von einer möglichen Massenbewegung getrennt seien, würden »den Massen vorgeführt wie ein Theaterstück oder ein Fußballspiel«.[63]

Die Kritik ist verständlich, zumindest im letzten Punkt jedoch falsch. Auch wenn es die RAF erst nach einiger Zeit und immer nur am Rande durchblicken lässt, möchte sie mit ihren Anschlägen nachhaltig in das tägliche Leben der Bevölkerung eingreifen. Natürlich nicht, indem sie diese direkt attackiert (weil die RAF Anschläge, die sich nicht gegen die »Herrschaft«, sondern gegen das »Volk« richten – etwa Bomben in Bahnhöfen –, definitiv mit Terror gleichsetzt, kann sie sich selbst vom Vorwurf des Terrorismus freisprechen[64]). Ihr Ziel ist vielmehr, die Bevölkerung jene direkte staatliche Repression spüren zu lassen, von der die RAF meint, dass sie ohnehin schon stark – wenn auch nicht offen sichtbar –

das Leben beherrsche. Mit anderen Worten: Der Staat soll durch die Anschläge dazu gebracht werden, sich selbst zu »demaskieren«.[65] Weit entfernt von einer Guerilla-Strategie, handelt es sich bei diesem Konzept der RAF um den Versuch, die Bevölkerung provoziertem unverschleierten staatlichen Terror auszusetzen.

Diese verdreht terroristische Strategie ist in mancher Schrift der RAF zu entdecken – immer vorbereitet durch die Argumente, dass der »Faschisierungsprozeß« bereits im Gange sei und dass eine ›Verschleierung‹ der Klassenherrschaft im »Interesse des Kapitals« liege.[66] Allerdings führt die Bindung an sozialistische Argumentationsbestände und antiautoritäre Guerilla-Phantasien alle veröffentlichten RAF-Broschüren vorwiegend in eine andere Richtung. Immer wieder bemüht sich die RAF (vergeblich), den Nachweis zu erbringen, dass sie im Bündnis oder im Sinne einer sich bald einstellenden Unterstützung großer Volksgruppen militärische, materiell wirksame Aktionen durchführe. Alle aufkommenden Zweifel daran werden entweder ›widerlegt‹ oder einfach zur Bekräftigung der Idee einer organisatorisch geschlossenen Guerilla-Avantgarde umgewandelt.

Trotz der Selbststilisierung zur einzigen potentiell erfolgreichen, gewalttätigen Speerspitze bleibt sich die RAF in ihrer ersten Schrift zum »Konzept Stadtguerilla«[67] aber immerhin bewusst, dass es nur »die revolutionäre Interventionsmethode« insgesamt »schwacher revolutionärer Kräfte« darstelle (122). Wohl darum wird an die Pflicht des Revolutionärs, bis zum Tode zu kämpfen, erinnert (124) – was sich bis zu einer Art existentialistischen Freiheit im tödlichen Kampf steigern kann[68] –, wohl darum wird festgestellt, dass einzig die »Praxis« des bewaffneten Kampfes beweisen könne, ob die Behauptung seines möglichen Erfolgs richtig gewesen sei (121). Ungeachtet des Eingeständnisses der Schwäche hält man die Selbstbezeichnung »Stadtguerilla« aufrecht, obwohl das angegebene Ziel, »den Mythos von der Allgegenwart des Systems und seiner Unverletzbarkeit zu zerstören«, allenfalls der erste Schritt einer kommenden Guerilla-Truppe sein kann. Eine zweite Zielbestimmung – »den staatlichen Herrschaftsapparat an einzelnen Punkten zu destruieren« (123) – geht denn auch etwas stärker in diese Richtung und hilft zumindest, eine Trennlinie zum Terrorismus zu ziehen.

In einer nochmals ausführlicheren Schrift wird die Vorgehensweise der deutschen Guerilla näher bestimmt.[69] Horst Mahler verfasst sie, als er nach seiner Festnahme im Oktober 1970 in Untersuchungshaft sitzt. Veröffentlicht wird sie als RAF-Schrift kurz nach der Meinhof-Broschüre im Juni 1971. In ihr wird an einer zentralen Stelle die Übernahme der klassischen Guerillastrategie vorgeschlagen, nämlich der Weg von »einzelne[n] Partisanengruppen« über die »Bildung von Milizen« und einen »zermürbenden Kleinkrieg« gegen die »Unterdrückungsstreitkräfte« bis hin zu »Massenaktionen« (75). Ungewöhnlich ist daran nur, dass es sich um die Konzeption einer westeuropäischen Gruppe handeln soll, nicht um eine lateinamerikanische und schon gar nicht um eine ländliche

Guerilla. Die Kritik an solchen Übertragungsversuchen ist der RAF selbstverständlich bekannt. Bedenken gegen die Möglichkeiten einer Guerilla in den Städten sollen darum mit dem Argument ausgeräumt werden, dass man in der Anonymität der Großstadt »auch ohne Hilfe der Bevölkerung« agieren könne (73).

Trotz des bezeichnenden Hinweises dreht sich aber auch die zweite längere RAF-Schrift um das Problem, wie denn die »Avantgarde« die »Massen« in den Kampf einbeziehen kann (69). Als entscheidendes Hindernis dabei werden die »Deformationen des proletarischen Klassenbewußtseins« deutlich herausgestellt (66) und deshalb die neuen Schichten der Jugendlichen und der »Kopfarbeiter« in den Blick gefasst (93ff.). Wichtiger erscheinen aber letztlich doch die revolutionären »Volksmassen«. Die klar benannten Probleme – das fehlende Klassenbewusstsein der Arbeiter – werden so einfach wieder übersprungen. Erneut triumphiert die Idee, dass die »›Zustimmung der Massen‹ allein durch den Kampf erreicht werden kann« (86). Wie der Pariser Mai gezeigt habe, würden sich die proletarischen Massen »unter dem Bann der befreienden Tat« einer »Avantgarde« überraschend »plötzlich« einem revolutionären Aufbruch anschließen (91) – hält Mahler mit einer Formulierung fest, die bis in die Wortwahl hinein einem avantgardistischen (Künstler-)Manifest entstammen könnte.

Aus dem behaupteten Zusammenhang von plötzlicher avantgardistischer Aktion und schnell nachfolgendem massenhaften revolutionären Aufbruch lässt sich natürlich nur eine Schlussfolgerung ableiten: »Wir müssen also einen Angriff unternehmen, um das revolutionäre Bewußtsein der Massen zu wecken.« Der Terror gegen die Herrschenden – wenn es sich schon (wenigstens zu Beginn) um keine irreguläre militärische Aktion handelt – soll die »Massen« von ihren falschen ideologischen Vorstellungen lösen. Der ›Terror‹ richtet sich demnach auch gegen sie, aber nicht um ihnen Angst zu machen, sondern um sie davon zu befreien: »Die Bomben gegen den Unterdrückungsapparat schmeißen wir auch ins Bewußtsein der Massen.« (100)[70]

Eine weitere längere RAF-Broschüre aus dem April 1972[71] – wiederum verfasst von Ulrike Meinhof – versucht sogar den Nachweis zu erbringen, dass auch die ›objektiven Bedingungen‹ für solche Aktionen sprächen: Die »soziale Lage« in der BRD wird nämlich nach Ansicht der RAF von der »objektiven Aktualität« der Armut bestimmt. Unter diesem Stichwort werden dann in einer verblüffenden Mischung nach den Empfängern geringer Einkommen auch 600.000 an Schizophrenie erkrankte Menschen und 100.000 misshandelte Kinder aufgezählt (129f.). Zwar wird darauf hingewiesen, dass die Armen nicht von sich aus revolutionär seien (131), trotzdem will die RAF selbst in der »hohen Selbstmordquote des Proletariats« nicht nur ein Dokument der Verzweiflung, sondern auch des »Protest[s]« ausmachen (137). Am ausführlich beschriebenen Beispiel eines Streiks in der Chemieindustrie soll schließlich bewiesen werden, dass auch der Protest der organisierten Arbeiterschaft ohne bewaffnete Unterstützung den gewaltsam-legalen Maßnahmen des Kapitals und der »Klassenjustiz« nur unterliegen kann (117ff.).

In den nächsten Schriften der RAF wird jedoch ein anderer Ton angeschlagen. Vielleicht hat das auch etwas damit zu tun, dass fast alle Mitglieder gleich nach der ersten Serie von Bombenanschlägen im Mai 1972 – auf Polizeigebäude, auf das Springer-Hochhaus in Berlin und auf deutsche Quartiere der amerikanischen Armee – festgenommen worden sind, ohne dass ihre verlustreiche Aktion auch nur irgendeinen kleinen Teil der Bevölkerung zu weiteren revolutionären Handlungen animiert hätte. Horst Mahler prangert in einer längeren Erklärung das »korrumpierte Bewußtsein« der westlichen »Arbeiteraristokratie« an und plädiert deshalb dafür, die Guerilla-Strategie auch in Deutschland »in erster Linie nach den Notwendigkeiten des bewaffneten Kampfes der proletarischen Völker in den unterentwickelt gehaltenen Ländern« auszurichten (Mahler denkt dabei vor allem an die Unterstützung der Palästinenser; die tödlich endende Aktion eines ihrer Kommandos gegen die israelische Olympiamannschaft feiert er trotz des »wohlbegründeten Schuldgefühl[s] gegenüber den jüdischen Opfern des faschistischen Rassenwahns« als mutige Tat gegen die »faschistischen Greueltaten« der »Zionisten«). Als wolle er die Hoffnung auf einen innerwestlichen Kampf dann doch nicht ganz vernichten, konstatiert er am Ende seiner Ausführungen immerhin, dass die »Wohlstandsproletarier« zumindest am »ungestillte[n] Hunger nach einem sinnerfüllten Leben« litten, und gibt vor zu glauben, aus solchen »unbefriedigten Bedürfnisse[n]« könne auch der Widerstand entspringen.[72]

Einen Monat darauf, im November 1972, kann man sowohl die Feier des palästinensischen Kommandos »Schwarzer September« als auch das kritische Wort von der deutschen »Arbeiteraristokratie« in einer weiteren Broschüre der RAF nachlesen; auch die Anerkennung der »Avantgarde«-Rolle der revolutionären trikontinentalen Bewegungen findet sich darin – und die Hoffnung darauf, dass angesichts der »Despotie der Kapitalisten in allen Lebensbereichen durch Massenkonsum und Massenmedien« Verweigerungshandlungen (nicht nur im Betrieb) schnell revolutionäre Subjekte hervorbringen werden.[73] Verfasst hat die Broschüre erneut Ulrike Meinhof; wegen der Übereinstimmungen mit der Rede von Horst Mahler hat Gudrun Ensslin, die zu dem Zeitpunkt noch in einem anderen Gefängnis als Meinhof einsitzt, irrtümlich ihn als Autor angenommen.

Es gibt aber auch Unterschiede zwischen Mahler und Meinhof. An antiimperialistischer Radikalität übertrifft sie ihn insofern, als sie zu tiefgreifenden Sabotageakten aufruft. Das Argument, man solle die technologischen Großprojekte der multinationalen Konzerne lieber übernehmen als zerstören, lässt sie nicht gelten. Ein solches Argument laufe auf die falsche Leitlinie hinaus, die »Völker der Dritten Welt« sollten »mit ihren Revolutionen solange warten, bis die Massen in den Metropolen soweit sind«, was bedeute, ausgerechnet auf den »Teil des Weltproletariats« zu warten, der am tiefsten in den »Fängen des Systems« stecke. Trotz dieser pessimistischen Diagnose erteilt sich die RAF (in der Person Meinhofs) aber unverwandt die Aufgabe, »den Zusammenhang herzustellen zwischen dem Befreiungskampf der Völker der Dritten Welt und der Sehnsucht nach Befreiung, wo immer sie in den Metropolen auftaucht«.[74]

Genau den Zusammenhang hatte die RAF mit zweien ihrer Anschläge im Mai '72 zu etablieren versucht, die sich gegen Stützpunkte der US-Armee in Deutschland richteten (mit vier amerikanischen Soldaten als Opfern). Begründet wird der Bombenanschlag damit, dass die amerikanische Luftwaffe in den wenigen Monaten vor dem Anschlag mehr Bomben über Vietnam abgeworfen habe »als im 2. Weltkrieg über Deutschland und Japan zusammen«. Weil die deutsche Bevölkerung »Auschwitz, Dresden und Hamburg« nicht vergessen habe, würde sie – unterstellt die RAF in ihrem Flugblatt – »mit den Verbrechen des amerikanischen Imperialismus und ihrer Billigung durch die herrschende Klasse hier« nichts zu tun haben wollen und die Anschläge auf die Angehörigen der US-Army für gerechtfertigt erachten.[75] Auf die Art und Weise wird der oft – etwa von Herbert Marcuse – gezogene Vergleich zwischen der systematischen Bombardierung Vietnams und dem nationalsozialistischen Genozid noch mit der Erinnerung an den Krieg gegen die Nazis ergänzt, mit der Folge, dass beide gleichrangig erscheinen (und zudem der Krieg der Alliierten als imperialistischer Akt).

Dass ist umso bemerkenswerter, als es der RAF gar nicht darum geht, eine humane Empörung angesichts grausamer Kriegshandlungen zu mobilisieren (von der Gewalt will sie ja selber auf keinen Fall lassen, wenn sie auch nur über bescheidene Mittel verfügt[76]). Wichtig ist der RAF vielmehr die Erkenntnis, dass die imperialistischen Länder – USA, Japan, Westeuropa unter Führung der BRD – grundsätzlich entschlossen seien, »Völkermord« an den Ländern zu begehen, die ihnen »als Markt, als Militärbasis, als Rohstofflieferant, als Lieferant von billigen Arbeitsplätzen« nicht mehr zur Verfügung stehen wollten; wichtig ist der RAF, die Einsicht zu erzeugen, dass der Imperialismus seiner »historischen Tendenz« nach ohnehin »faschistisch« sei, da er auf »Ausbeutung«, »Unterwerfung, Vernichtung, Vergeudung, Entlaubung, Zerstörung von Menschen und Bodenschätzen« aus sei, dass er aber sein »faschistisches Wesen« unverhüllt nur dann zeige, wenn er auf Widerstand stoße.[77]

Erst mit der breit angelegten Einlassung im Januar 1976 vor Gericht in Stammheim gelingt es jedoch wieder – nach manch heftiger interner Kritik an den ›pessimistischen‹ Herabsetzungen der Arbeiterklasse zur Arbeiteraristokratie durch Mahler und teilweise auch Meinhof[78] –, die verschiedenen Ansätze zu vereinen, sprich: die Furcht erregend ausgemalten Schrecken des Imperialismus mit der Diagnose, dass massenhafter massiver Widerstand trotzdem noch nicht anzutreffen ist, so zu verbinden, dass die ausbleibenden Widerstandshandlungen weder auf ›objektive‹ Vorzüge des Systems noch auf eine Korrumpierung der Arbeiterklasse zurückführt werden können. Die Lösung besteht erneut einfach darin, die eigene gewaltsame Praxis zum entscheidenden Moment auszurufen: Die »Massen« können den »Bruch mit dem Kapitalverhältnis, also mit dem Staat«, in der Sicht der RAF nämlich nur dann vollziehen, wenn sie sich durch die »Vermittlung der bewaffneten Aktion der Avantgarde« zum »Aufbau revolutionärer Gegenmacht« bewegen lassen werden.[79]

Einzig die Zeitform des Futurs zeigt hier weiter Reste eines analytischen Bewusstseins an, das aus großer Ferne immer noch die Frage aufscheinen lässt, weshalb die »Massen« sich dieser simplen Erkenntnis weiterhin verweigern und nicht endlich nach dem Vorbild der Avantgarde zu den Waffen greifen. Nach der Logik dieser Avantgarde kann die einzige Antwort in einer Kritik jener Vorstellung liegen, die den ersten Umschwung nur als jähes, plötzliches Ereignis denken kann, auch wenn man sich insgesamt auf einen lang anhaltenden Kampf einstellt.[80] Falls die »bewaffnete Aktion der Avantgarde« nicht sofort zum allgemeinen Bruch mit staatlich-kapitalistischer Macht führt, muss sie eben fortgesetzt werden, so lautet die nächste – letzte – Maxime, um sich unabhängig von irgendeinem Zuspruch und erkennbaren Nachfolgern weiter seiner Vorreiterrolle sicher zu sein.

Schluss

Die seit dem Beginn des 20. Jahrhunderts erteilte Absage der Avantgarde an die Kunst darf nicht mit einer Aufgabe der Kunst verwechselt werden. Die Futuristen, Dadaisten, Surrealisten, Situationisten fordern nicht einfach, dass man sich anderen, wichtigeren Tätigkeiten zuwende. Die häufig umschriebene Losung, die Kunst solle ins Leben übergehen, zeigt dies deutlich an. Die Verwechslung liegt allerdings nahe, weil vom avantgardistischen Prinzip her alle gewohnten Kunstformen einer unnachgiebigen Kritik unterliegen, in der Malerei etwa das gerahmte Bild. Eine bloß politische Verachtung der bildenden Kunst ist in dem Punkt schwer von einer avantgardistischen Kritik zu unterscheiden. Der Maler Hans-Peter Zimmer, Mitglied der Gruppe SPUR, berichtet aus dem Jahr 1967, dass »blanker Haß auf die Kunst« hochkam: »Mitglieder des SDS musterten mißtrauisch meine Finger, ob ich gemalt hatte. Mit einem Bild unter dem Arm durfte man sich nirgendwo blicken lassen: affirmative Scheiße, weg damit auf den Müllhaufen der Geschichte!«[1]

Selbst dem ehemaligen Situationisten Zimmer fällt es schwer, die Absage ans Tafelbild anders als Hass wahrzunehmen. Umgekehrt können sich die Nicht-Künstler der Kommune I für den Maler Zimmer nur recht gewöhnliche Aufgaben vorstellen. Zimmer berichtet (wahrscheinlich aus der Übergangszeit 1968/69) von einem politischen Vorschlag, den Ulrich Enzensberger an ihn als mögliches Mitglied einer Guerilla-Gruppe (vielleicht eine Tupamaro-Vorstufe?) herantrug: Zimmer solle bei der »Gründung eines ›befreiten Territoriums‹, mit eigenem Sender und echten Waffen«, mitmachen. Auf seine Frage, »Was soll ich bei Euch als Maler machen?«, habe Enzensberger geantwortet: »Fahne entwerfen, Flugblätter gestalten, Wandparolen erfinden.«[2]

Zimmers Replik »Das ist mir zu wenig«,[3] die zugleich als Ablehnung des gesamten Plans herhalten muss, könnte sowohl von einem klassischen Künstler als auch von einem Avantgardisten, der nicht ausschließlich auf (halbwegs konstruktivistische) Agit-Prop-Techniken schwört, unterschrieben werden. Schließlich war seit Beginn der Avantgarde-

Bewegungen – seit den Futuristen – an viel spektakulärere Verbindungen von entgrenzter Kunst und Gewalt gedacht worden.

An den futuristischen Manifesten wird sofort deutlich, wieweit sich vertraut klingende Auffassungen von alten Unterscheidungen und Ordnungen absetzen. Der futuristische Wortführer Marinetti ist ein Apologet des nationalistischen Krieges – trotzdem plädiert er weder für das Kriegerepos noch möchte er sich auf politische Argumente, chauvinistische Rhetorik oder militärische Taten beschränken. Die angestrebte Verschmelzung von Kunst und Leben dient genau dazu, solche Bereichs- und Redetrennungen zu vermeiden. Folgerichtig tritt Marinetti für eine entfesselte kriegerische Dynamik ein, die nicht zuletzt mit künstlerischen Mitteln – etwa einer bestimmten Sprachgebung – hervorgetrieben wird, ohne in einem abgeschlossenen Werk zur Ruhe zu kommen.

Selbst wenn man den weitgehend utopischen Charakter dieses Vorschlags ignoriert, ist nur schwer vorstellbar, dass er für terroristische Aktionen einen Ausgangspunkt bilden könnte, deren Wirkung sich vielmehr in den längeren Ruhephasen zwischen überraschenden Anschlägen entfalten soll. Klammert man jedoch den martialischen Anspruch des Futurismus aus, bleiben als avantgardistische Szenarien sogar viele interessante Projekte übrig – theatralische Publikumsbeteiligung, Geräuschmusik –, die überhaupt keine direkten Verbindungen zu irgendeiner Form von Gewalt mehr aufweisen.

Gleiches gilt für die nachfolgenden dadaistischen und surrealistischen Ausprägungen des avantgardistischen Prinzips. Seien es Collagen, Lautgedichte oder Traumprotokolle, automatisches Schreiben oder ready-mades, sie alle brechen auf spielerische oder strenge Weise mit dem Konzept des spezialisierten Künstlertums und des abgetrennten, eindeutig zu identifizierenden Kunstwerks; terroristische Züge sind an ihnen wiederum beim besten (bzw. schlechtesten) Willen nicht zu entdecken; die Provokation, dass so etwas von manchem einfach als Kunst ausgegeben wird (auch wenn dies eigentlich das avantgardistische Prinzip verbietet), trägt oftmals bereits auf mittlere Sicht allenfalls zum Kunstskandal bei.

Vielleicht ändert sich das aber, wenn die Provokation weniger offensichtlich auf den – wenn auch stark erweiterten – Bereich der Kunst beschränkt bleibt. Immerhin gaben sich die Surrealisten selbst als »Spezialisten der Revolte« aus, nicht als Künstler (viele Dadaisten hätten der eigentümlichen Beschreibung ebenfalls nicht widersprochen). Selbst bei den Surrealisten kann man jedoch leicht erkennen, dass ihre Bestrebungen, die gesellschaftliche Ordnung mittels der Sprache der Begierde, des Traums und der Schmähung zu verwirren, ziemlich rasch im Reservat der Kunst eingefangen werden können; sogar die Ausrufung extremer Maximen – etwa dass der Schuss in die Menge eine surrealistische Tat darstelle – bereitet im autonomen Feld der Kunst kaum jemandem Angst.

Die avantgardistischen Revolteure nach dem Zweiten Weltkrieg – vor allem die verschiedenen Anhänger der situationistischen Richtung – ziehen daraus die einfache Konsequenz, sich der Produktion von Werken, die literarische Verlage oder Galerien veröffentlichen oder ausstellen könnten, stärker zu enthalten. Die öffentlichen Spektakel der Kommune I, die im konkreten Moment niemand mit einem künstlerischen Experiment verwechselt, und einige ihrer Flugblätter, die verwirrenderweise weder die Sprache politischer Forderungen noch die des Künstlermanifests sprechen, geben dafür gute Beispiele ab.

Mit Terrorismus hat aber auch dies nichts gemein, es sei denn, man würde jede Ordnungsstörung, die auf Abwehr, Konfusion und vielleicht sogar Erschrecken stößt, als terroristischen Akt bezeichnen. Die terroristische Sprache ist hingegen von kaum zu überbietender Eindeutigkeit: Es handelt sich um schlichte Zerstörungsakte, die ihre Begründung und Rechtfertigung zumeist durch veröffentlichte politische und sozioökonomische Analysen und Ziele finden (was nicht ausschließt – dies muss der Vollständigkeit halber angefügt werden –, dass in der Zukunft einmal mit subtileren Gewaltmitteln Schrecken hervorgerufen werden könnte).

So bleibt (bislang) ein einziger Fixpunkt übrig, an dem Avantgarde und Terrorismus übereinkommen. Die Intensität, mit der sich die Avantgardisten von der arbeitsteiligen und hierarchischen Ordnung abwenden und die sie als schockhafte Wirkung dieser Abwendung bei denen anstreben, die ganz und gar in solcher Ordnung aufgehen, findet sich als Prinzip auch bei den Terroristen wieder. Das avantgardistisch klingende Ziel der Guerilla, die Trennung zwischen Kämpfern und Zivilbevölkerung aufzuheben, wollen viele der linken Terroristen gerade angesichts ihrer offensichtlichen Trennung von den ›Massen‹ in jähen gewaltsamen Attacken erreichen. Die Rhetorik der »Aufhebung« lässt sich zwar allgemein sehr gut marxistischem Gedankengut vermitteln, die Methode des gewaltsamen Schocks gehört aber genau jenem besonderen anarchistischen Erbe an, das in den Avantgarden aufbewahrt worden ist und sich bei den terroristischen Gruppen erneut zeigt – nun von seiner (wie schwach auch immer) künstlerisch sublimierten Form wieder befreit.

Reiches Material zur Feier der Gewalt liefern demgemäß (zumindest bislang) nicht die Bekennerschreiben der Terroristen, sondern die Schriften der Avantgardisten, aber auch vieler Bohemiens, die auf traditionelle Weise der Kunstausübung nachgehen. Der Unterschied zu den Äußerungen von Terroristen liegt selten darin, dass diese Bekenntnisse fiktionalen Charakter trügen. Nein, auch sie sind fast immer dem Autor direkt als Ansicht zuzurechnen. Um aus der Fülle möglicher Beispiele ein besonders eindrucksvolles zu wählen: »Ich weiß«, schreibt Ludwig Rubiner 1916, »daß es nur ein sittliches Lebensziel gibt: Intensität, Feuerschweife der Intensität, ihr Bersten, Aufsplittern, ihre Sprengungen. Ihr Hinausstieben, ihr Morden und ihr Zeugen von ewiger Unvergessenheit in einer Sekunde.« Die »übermäßige Pressung der Seligkeit« soll das »tägliche Leben in Trümmer« sprengen, die »Kraft des Destruktiven«

wird dazu aufgerufen, aber längst nicht nur sie. »Wir suchen Feuerscheine aus unserem Gedächtnis, das ganze Leben lang, stürzen hinter jeder Farbe her, wollen in fremde Räume hinein, hinein mit uns in fremde Körper«, begeistert sich Rubiner weiter, um dann noch eine prosaischer beginnende Aufzählung vorzunehmen: »Wir zünden eine Zigarette an, wir passen uns in einen neuen Rock, wir trinken Schnaps, Frauen lassen sich mit zuen Augen und wirren Armen ins Wasser fallen. Oder brandstifterische Frauen, anbetungswürdig.«[4]

Die Aufzählungen können – vom Boheme-Kanon zumindest teilweise weit entfernt – selbstverständlich auch einen gewaltsamer und politischer klingenden Ton annehmen, wie in Marinettis bekannter Verherrlichung des Militarismus, des Patriotismus und der »Vernichtungstat des Anarchisten«, sie können sich, wie bei Breton, bis zum Lob des Amoklaufs steigern. Eine Gewähr, dass die Brandstifterinnen und Attentäter nur gepriesen werden, damit man sich durch den veröffentlichten Akt ihrer Bewunderung selbst einen intensiven Moment verschafft, indem man einen unüberhörbaren, herausfordernden Kontrapunkt setzt,[5] gibt es natürlich nicht. Für den avantgardistischen Programmatiker können sie jedoch ein nachdrückliches Beispiel für den Grad an Intensität bleiben, der durch ganz anders geartete Versuche einer Verschmelzung von Kunst und Leben erreicht werden soll.

Anmerkungen

Einleitung

1 Etwa Sebastian Scheerer, *Deutschland: Die ausgebürgerte Linke*, S. 232; Iring Fetscher, *Terrorismus und Reaktion in der Bundesrepublik Deutschland und in Italien*, S. 155.
2 Jürgen Habermas, *Briefwechsel mit Kurt Sontheimer*, S. 385; Karl Heinz Bohrer, *Die drei Kulturen*, S. 665.
3 Etwa Jost Hermand, *Pop International*, S. 138ff.; Sebastian Scheerer, *Deutschland: Die ausgebürgerte Linke*, S. 232ff.; Sara Hakemi, *»Burn, baby, burn!«*, S. 69-71; Wolfgang Kraushaar, *Die Bombe im Jüdischen Gemeindehaus*, S. 264ff.
4 Etwa Peter L. Berger, *Zwischen System und Horde*, S. 49. Eine eigene Vorstudie: Thomas Hecken, *Gegenkultur und Avantgarde 1950-1970*, S. 148-158.
5 Jürgen Habermas, *Briefwechsel mit Kurt Sontheimer*, S. 385: »[W]enn man den Verbindungslinien, die der Surrealismus zieht, folgt, scheint *ein* Schlüssel für die Technik der direkten Aktion und für die Psychologie des Terrors in der Entdifferenzierung der zunächst streng geschiedenen Bereiche von Politik und Kultur zu liegen.«
6 Jürgen Habermas, *Protestbewegung und Hochschulreform*, S. 27f.
7 Siehe etwa Günter Grass, *Literatur und Revolution oder des Idyllikers schnaubendes Steckenpferd*, S. 342; Jean Clair, *Die Verantwortung des Künstlers*.

I »Terrorismus« und »Avantgarde«

1 Vgl. Manfred Hildermeier, *Zur terroristischen Strategie der Sozialrevolutionären Partei Rußlands (1900-1914)*, S. 102.
2 Zit. n. Astrid von Borcke, *Gewalt und Terror im revolutionären Narodnicestvo*, S. 74.
3 Rudi Dutschke, *»Wir fordern die Enteignung Axel Springers«*, S. 270.

4 Oskar Negt, *Sozialistische Politik und Terrorismus*, S. 754.

5 Vgl. Maureen Perrie, *Politischer und ökonomischer Terror als taktische Waffen der russischen Sozialrevolutionären Partei vor 1914.*

6 So wie etwa Herbert Marcuse wiederum die RAF verurteilt. Herbert Marcuse, *Die Verlegenheit des revolutionären Geistes*, S. 760.

7 Etwa David Fromkin, *Die Strategie des Terrorismus*, S. 93f.; Paul Wilkinson, *Terrorism and the Liberal State*, S. 49; Franz Wördemann (unter Mitarbeit von Hans-Joachim Löser), *Terrorismus*, S. 15f.; Manfred Funke, *Terrorismus – Ermittlungsversuch zu einer Herausforderung*, S. 15; Herfried Münkler, *Guerillakrieg und Terrorismus*; Alex P. Schmid, Albert J. Jongman u.a., *Political Terrorism*, S. 28; Henner Hess, *Terrorismus und Terrorismus-Diskurs*, S. 59; Jan Oskar Engene, *Patterns of Terrorism in Western Europe 1950-1995*, S. 55ff.; Peter Waldmann, *Terrorismus*, S. 12f.; Noam Chomsky, *Internationaler Terrorismus*, S. 218f.

8 Sebastian Scheerer, *Die Zukunft des Terrorismus*, S. 17ff.; Jacques Derrida, *Autoimmunisierungen, wirkliche und symbolische Selbstmorde*, S. 137ff.

9 Vgl. Hannes Böhringer, *Avantgarde – Geschichte einer Metapher*, S. 90f. u. 96ff.; Matei Calinescu, *Faces of Modernity*, S. 96ff.

10 Vgl. Donald D. Egbert, *The Idea of »Avantgarde« in Art and Politics.*

11 Siehe die Nachweise bei Karlheinz Barck, *Avantgarde*, S. 554ff.

12 Theo van Doesburg, *Revue der avantgarde*, S. 109. Zit. n. Hubert van den Berg, *Zwischen Totalitarismus und Subversion*, S. 61.

13 Ludger Fischer, *Avantgarde – Die Vorhut der alten Ratten*, S. 48f.

14 Filippo Tommaso Marinetti, *Supplement zum technischen Manifest der Futuristischen Literatur*, S. 207.

15 Filippo Tommaso Marinetti, *Gli Arditi, avanguardia della Nazione.* – Vgl. Ferdinando Cordova, *Arditi e legionari dannunziani*, S. 18ff.

16 Mario Carli, *Primo appello alle Fiamme*, in: Ferdinando Cordova, *Arditi e legionari dannunziani*, S. 208f. – Knappe deutsche Extrapolation der Rechercheergebnisse Cordovas durch Friedrich Kittler, *Il fiore delle truppe scelte*, S. 214ff.

17 Zit. n. Filippo Tommaso Marinetti, *Futurismo e Fascismo*, S. 442.

18 Eine halbe Ausnahme: der futuristische Maler Severini veröffentlicht bereits Mitte 1917 einen Aufsatz zur »peinture d'avant-garde«, er konzentriert sich dabei auf die Forderung, Kunst und Technik zusammenzuführen. Gino Severini, *La peinture d'avant-garde.*

19 Filippo Tommaso Marinetti, *Un movimento artistico crea un Partito Politico*, S. 298.

20 Ebd.

21 Ebd., S. 301.

22 Filippo Tommaso Marinetti, *Futurismus*, S. 336.

23 Die Wissenschaft wird diese Bestimmung häufig aufgreifen; etwa Renato Poggioli, *The Theory of the Avant-Garde*; Richard Kostelanetz,

Introduction: What Is Avant-Garde?; Jean Weisgerber (Hrsg.), *Les Avant-Gardes littéraires au XXe siècle.* Zum Problem einer solchen Bestimmung vgl. Gerhard Plumpe, *Avantgarde,* S. 7; Jost Hermand, *Das Konzept ›Avantgarde‹.* Bei letzterem auch weitere Literatur.

24 Sogar Lenin nutzt das Aufhebungstheorem zu einer – wie langfristig auch immer projektierten – Absage an die Arbeitsteilung schlechthin. Der Sozialismus müsse vermittels breiter »Produktionsverbände« dazu übergehen, »die Arbeitsteilung unter den Menschen aufzuheben und allseitig entwickelte und allseitig geschulte Menschen, die alles machen können, zu erziehen, zu unterweisen und heranzubilden. Dahin steuert der Kommunismus, dahin muß und wird er gelangen, aber erst nach einer Reihe von Jahren.« Wladimir Iljitsch Lenin, *Der »linke Radikalismus«, die Kinderkrankheit im Kommunismus,* S. 43.

25 Leo Trotzkij, *Literatur und Revolution,* S. 115 u. 113 (die deutsche Übersetzung zeichnet sich durch konsequente Kleinschreibung aus, die hier wieder rückgängig gemacht wurde).

26 Wahrscheinlich ist Trotzki der erste, der dieses Prinzip derart nachdrücklich herausarbeitet. (Leider fehlt noch eine umfassende Studie zur Rezeption avantgardistischer Strömungen in den 10er und 20er Jahren, darum die vorsichtige Formulierung.) – In der Philologie wird diese Bestimmung erst erstaunlich spät übernommen; wichtigster Vertreter: Peter Bürger, *Theorie der Avantgarde.* Trotz mancher gradueller Einwände – Burkhard Lindner, *Aufhebung der Kunst in Lebenspraxis?*; Andrew Hewitt, *Fascist Modernism,* S. 6; Dietrich Mathy, *Die Avantgarde als Gestalt der Moderne oder: Die andauernde Wiederkehr des Neuen*; Wolfgang Asholt, Walter Fähnders, *Einleitung,* S. XVIf.; Hanno Ehrlicher, *Die Kunst der Zerstörung,* S. 12f. – bildet sie bis heute mindestens den Ausgangspunkt der Forschung; am prägnantesten formuliert durch Gerhard Plumpe, *Epochen moderner Literatur,* S. 177ff.

2 Die Avantgarde im Feld der Kunst

1 Vgl. Christa Baumgarth, *Geschichte des Futurismus.*

2 Vgl. Peter Demetz, *Worte in Freiheit,* S. 14.

3 Jean Moréas, *Le Symbolisme,* S. 28. – Vgl. Joachim Schultz, *Literarische Manifeste der »Belle Epoque« Frankreich 1886-1909,* S. 89ff.

4 Vgl. Walter Fähnders, *»Vielleicht ein Manifest«,* S. 23.

5 So zumindest die Vermutung von Hanno Ehrlicher, *Die Kunst der Zerstörung,* S. 89, der den bislang besten Überblick zur Geschichte der Avantgardebewegungen vorgelegt hat.

6 Filippo Tommaso Marinetti, *Gründung und Manifest des Futurismus.*

7 Filippo Tommaso Marinetti, *Il cittadino eroico, l'abolizione delle polizie e le scuole di coraggio*, S. 384.

8 Georges Sorel, *Über die Gewalt*, S. 203. – Zum Verhältnis von Marinetti und Sorel vgl. Hanno Ehrlicher, *Die Kunst der Zerstörung*, S. 123f. – Als deutscher Vertreter dieser Richtung ist Ernst Jünger hervorzuheben. Vgl. Karl Heinz Bohrer, *Die Ästhetik des Schreckens*, S. 291ff.

9 Vgl. Walther L. Bernecker, *Strategien der »direkten Aktion« und der Gewaltanwendung im spanischen Anarchismus*, S. 110.

10 Michael Bakunin, Sergej Netschajew, *Die Pflichten des Revolutionärs*, S. 123. Häufig wird der Katechismus auch Netschajew allein zugeschrieben.

11 Vgl. Ulrich Linse, *»Propaganda der Tat« und »Direkte Aktion«*. – Zu Kropotkins Vorstellungen zur »Propaganda der Tat« vgl. Caroline Cahm, *Kropotkin and the Rise of Revolutionary Anarchism 1872-1886*, S. 76ff.

12 Georges Sorel, *Über die Gewalt*, S. 129.

13 Michael Bakunin, Sergej Netschajew, *Die Pflichten des Revolutionärs*, S. 118.

14 Ebd., S. 117.

15 An die Stelle des Mythos vom Generalstreik tritt bei Sorel bereits ab 1909 der Nationalismus.

16 Filippo Tommaso Marinetti, *Zweites politisches Manifest*, S. 21.

17 Vgl. Helmut Fries, *Die große Katharsis*.

18 Filippo Tommaso Marinetti, *Gründung und Manifest des Futurismus*, S. 33.

19 Umberto Boccioni, Carlo Dalmazzo Carrà, Luigi Russolo, Giacomo Balla, Gino Severini, *Manifest der futuristischen Maler*, S. 38.

20 Umberto Boccioni, Carlo Dalmazzo Carrà, Luigi Russolo, Giacomo Balla, Gino Severini, *Die futuristische Malerei – Technisches Manifest*, S. 40 u. 41.

21 Filippo Tommaso Marinetti, *Technisches Manifest der futuristischen Literatur*, S. 74.

22 Filippo Tommaso Marinetti, *Zerstörung der Syntax – Drahtlose Phantasie – Befreite Worte – Die futuristische Sensibilität*, S. 123.

23 Ebd., S. 125ff.

24 Filippo Tommaso Marinetti, *Supplement zum technischen Manifest der Futuristischen Literatur*, S. 207. Das literarische Beispiel, das Marinetti eingangs als »neues futuristisches Werk« ankündigt, trägt den Titel »Schlacht« [Bataille].

25 Filippo Tommaso Marinetti, *Zerstörung der Syntax – Drahtlose Phantasie – Befreite Worte – Die futuristische Sensibilität*, S. 124.

26 Filippo Tommaso Marinetti, *Manifest der futuristischen Bühnendichter*, S. 19.

27 Filippo Tommaso Marinetti, E. Settimelli, Bruno Corra, *Das futuristische synthetische Theater*, S. 94.

28 Vgl. Gerhard Plumpe, *Epochen moderner Literatur*, S. 199ff.
29 Vgl. Hanno Ehrlicher, *Die Kunst der Zerstörung*, S. 149ff.
30 Filippo Tommaso Marinetti, [Manifest zum Lybienkrieg], S. 290.
31 Filippo Tommaso Marinetti, E. Settimelli, Bruno Corra, *Das futuristische synthetische Theater*, S. 92.
32 Filippo Tommaso Marinetti, *Das Varieté*, S. 176.
33 Siehe Manfred Hinz, *Die Zukunft der Katastrophe*, S. 133ff.; Manfred Hinz, *Die Manifeste des Secondo Futurismo Italiano*, S. 138ff.
34 Vgl. Peter Bürger, *Theorie der Avantgarde*, S. 65ff.
35 Siehe etwa Filippo Tommaso Marinetti, *Das Varieté*, S. 170.
36 Vgl. hierzu und zu weiteren »Formeln«: Thomas Hecken, *Kunst und/oder Leben*.
37 Filippo Tommaso Marinetti, Bruno Corra, E. Settimelli, Arnaldo Ginna, G. Balla, Remo Chiti, *Der futuristische Film*, S. 125.
38 Luigi Russolo, *Die Geräuschkunst*, S. 107.
39 Filippo Tommaso Marinetti, *Das Varieté*, S. 172 u. 175f.
40 Sylvia Brandt, *Bravo! & Bum Bum!*, S. 26ff.
41 Filippo Tommaso Marinetti, *Jenseits vom Kommunismus*.
42 Michail Larionov, Il'ja Zdanevic, *Warum wir uns bemalen*, S. 68. – Der englischen Übersetzung – in: John E. Bolt (Hrsg.), *Russian Art of the Avant-Garde* – sind Fotos der russischen Originalausgabe beigefügt, die Beispiele der Gesichtsbemalung zeigen.
43 Charles Baudelaire, *Der Maler des modernen Lebens*, S. 248ff.
44 Michail Larionov, Il'ja Zdanevic, *Warum wir uns bemalen*, S. 68.
45 Naum Gabo, Anton Pevsner, *The Realistic Manifesto*, S. 211.
46 Ebd., S. 214.
47 Vladimir Majakovskij, David Burljuk, Vasilij Kamenskij, *Dekret Nr. 1 über die Demokratisierung der Künste*, S. 140.
48 Sergej Tretjakov, *We Are Searching*, S. 458.
49 Tretjakov berichtet darüber in einem Buch, das 1931 ins Deutsche übersetzt wurde: Sergej Tretjakov, *Feld-Herrn*.
50 Walter Benjamin, *Der Autor als Produzent*, S. 689. Diese Stelle wortgleich auch bei Walter Benjamin, *Das Kunstwerk im Zeitalter seiner technischen Reproduzierbarkeit*, S. 455f.
51 Aleksandr Bogdanov, *The Paths of Proletarian Creation*, S. 181.
52 Boris Arvatov, *Kunst und Produktion in der Geschichte der Arbeiterbewegung*, S. 46f.
53 Siehe etwa Aleksei Gan, *Constructivism*; Boris Arvatov, *Kunst und Produktion*. – Zum Überblick vgl. Karla Hielscher, *Vom russischen Futurismus zur linken Avantgarde der LEF*, S. 183ff.
54 Siehe etwa Francis Picabia, *Manifest Cannibale Dada*, S. 48f.
55 Siehe etwa Raoul Hausmann, *Der deutsche Spießer ärgert sich*, S. 66. – Vgl. Alfons Backes-Haase, *Kunst und Wirklichkeit*, S. 126ff.
56 Siehe etwa Tristan Tzara, *Manifest Dada 1918*, S. 36f. Vgl. Hanno

Ehrlicher, *Die Kunst der Zerstörung*, S. 196ff. Dort auch alle nötigen Hinweise auf weitere Literatur.

57 Siehe etwa Tristan Tzara, *Dada Manifest über die schwache Liebe und die bittere Liebe*.

58 Raoul Hausmann, *Pamphlet gegen die Weimarische Lebensauffassung*, S. 52.

59 Richard Huelsenbeck, *Deutschland muss untergehen!*, S. 57.

60 Siehe etwa Richard Huelsenbeck, *Dadaistisches Manifest*, S. 38; Theo van Doesburg, *Was ist Dada?*, S. 41f.

61 Richard Huelsenbeck, *En Avant Dada*, S. 39: »Kunst sollte überhaupt mit schweren Prügeln belegt werden.«

62 Ebd., S. 16.

63 Raoul Hausmann, *Der deutsche Spießer ärgert sich*, S. 68f.

64 Siehe die zeitgenössischen Rezensionen in: Richard Sheppard, *Dada Zürich in Zeitungen*; Karin Füllner, *Dada in Berlin*.

65 Siehe etwa Raoul Hausmann, *Am Anfang war Dada*, S. 62ff.; Johannes Baader, *Der Oberdada*, S. 48f. Vgl. Karl Riha, *Da Dada da war ist Dada da*, S. 144ff.

66 *Legen Sie ihr Geld in d a d a an!*, S. 59.

67 *Die Jungfrau Maria um Schutz Deutschlands angerufen*, S. 57.

68 Zur anarchistischen Ausrichtung vieler Dadaisten vgl. Hubert van den Berg, *Avantgarde und Anarchismus*.

69 Hans Richter, *DADA – Kunst und Antikunst*, S. 129.

70 Siehe die Zeitungsberichte in: Richard Sheppard, *Dada Zürich in Zeitungen*, S. 60ff.

71 *Polizeiliche Auflösung des dadaistischen Weltkongresses*, S. 102f.

72 *Dada-Ball in Genf*, S. 139f.

73 Richard Huelsenbeck, *Erklärung, vorgetragen im Cabaret Voltaire, im Frühjahr 1916*, S. 29.

74 Richard Huelsenbeck, *En Avant Dada*, S. 15.

75 Richard Huelsenbeck, *Einleitung*, S. 6.

76 Wieland Herzfelde, *John Heartfield*, S. 245f.

77 André Breton, *Geben Sie alles auf*, S. 271.

78 Siehe Georges Ribemont-Dessaignes, *Über das Dada-Festival (Salle Gaveau)*.

79 Vgl. Hanno Ehrlicher, *Die Kunst der Zerstörung*, S. 244, Fn. 262.

80 André Breton, *Erstes Manifest des Surrealismus*, S. 11, 35 u. 21.

81 Büro für surrealistische Forschungen, *Erklärung vom 27. Januar 1925*.

82 André Breton, *Zweites Manifest des Surrealismus*, S. 56. – Zur Vorgeschichte des »acte gratuit« vgl. die knappen Hinweise bei Elisabeth Lenk, *Ethik des Ästhetischen am Beispiel des »acte gratuit«*.

83 Belgische Künstler stellen allerdings sofort den ganz unavantgardistischen Charakter des Arguments heraus: »On January 30, 1932, Magritte, Mesens, Nougé, and André Souris published another pamphlet, *La Poésie transfigurée*, which, after pointing out that by

relegating poetry to pure ›aesthetic contemplation‹, the bourgeoisie had succeeded in neutralizing it in a lasting fashion, went on to state that the indictment of a poet was a positive thing insofar as it obliged the bourgeoisie to denounce its own ideology of ›spiritual freedom‹.« Gérard Durozoi, *History of the Surrealist Movement*, S. 232f. – Vgl. Ingo Stöckmann, *Avantgarde und juristischer Diskurs*, S. 49f.

84 Jacques Rigaut, *Posthumes Papier*, S. 493f. – Zu surrealistischen Lobpreisungen zweier anarchistischer Attentäter und einer Giftmörderin siehe Hanno Ehrlicher, *Die Kunst der Zerstörung*, S. 393f.

85 Siehe Maurice Nadeau, *Geschichte des Surrealismus*, S. 70ff.

86 Zit. n. Maurice Nadeau, *Geschichte des Surrealismus*, S. 79. – Vgl. Albert Camus, *Der Mensch in der Revolte*, S. 109f.

87 André Breton, *Jacques Rigaut*, S. 488f.

88 Vgl. Roberto Ohrt, *Phantom Avantgarde*; Greil Marcus, *Lipstick Traces*, S. 163-175, 245-257, 266-311, 323-405; Vincent Kaufmann, *Guy Debord*, S. 43ff.; Andrew Hussey, *The Game of War*, S. 33ff.; Thomas Hecken, *Gegenkultur und Avantgarde 1950-1970*, S. 22ff.

89 Guy Debord, *Rapport zur Konstruktion von Situationen und die Organisations- und Aktionsbedingungen der Internationalen Situationistischen Tendenz*, S. 36 u. 10f.

90 Ebd., S. 12-15 u. 18.

91 Ebd., S. 41.

92 Guy Debord, *Perspektiven einer bewußten Änderung des alltäglichen Lebens*, S. 223.

93 Constant, *Über unsere Mittel und unsere Perspektiven*, S. 64.

94 Guy Debord, *Rapport zur Konstruktion von Situationen und die Organisations- und Aktionsbedingungen der Internationalen Situationistischen Tendenz*, S. 36f. u. 57.

95 Vgl. Roberto Ohrt, *Über eine vergessene Geschichte*; Hans M. Bachmayer, *Die »SPUR« – zur Kunst, Gaudi und Politik.*

96 Gruppe SPUR, *[Katalogtext von 1959]*, S. 25.

97 Constant, *Über unsere Mittel und unsere Perspektiven*, S. 65f.

98 Gruppe SPUR, *[Text aus Spur Nr. 1]*, S. 36 u. 37f.

99 Hans Platschek, *Brief an Dietmar Schrage v. 15.07.1997*, S. 67.

100 Wie es immer so geht, erfährt zumindest der theoretische Kopf der S.I., Guy Debord, hauptsächlich posthum Anerkennung als großer Unversöhnter und altmodischer Stilist.

101 Roberto Ohrt, *Phantom Avantgarde*, S. 200.

102 *Die 5. Konferenz der S.I. in Göteborg*, S. 281f.

103 Ebd., S. 282.

104 *Die 4. Konferenz der S.I. in London*, S. 173.

105 *Die 5. Konferenz der S.I. in Göteborg*, S. 281. – Die Antwort der politischen Mehrheit der S.I. bestand schon in London darin, auf die zunehmenden »›wilden Streiks‹« in »anderen fortgeschrittenen

kapitalistischen Ländern« hinzuweisen: *Die 4. Konferenz der S.I. in London*, S. 173.

106 Redebeitrag von Helmut Sturm zu: *SPUR-Gespräch*, S. 22f.

107 Ebd.

108 *Interview mit HP Zimmer*, S. 55.

109 Redebeitrag von Helmut Sturm zu: *SPUR-Gespräch*, S. 17.

110 *Interview mit HP Zimmer*, S. 54

111 Zit. n. Roberto Ohrt, *Phantom Avantgarde*, S. 245.

112 *Allgemeine Überlegungen für die Zeitschrift MUTANT*, abgedruckt in: Roberto Ohrt, *Phantom Avantgarde*, S. 256.

113 Jacqueline de Jong, *Eine Frau in der Situationistischen Internationale*, S. 69.

114 Michèle Bernstein, *Eloge de Pinot-Gallizio*, Ausstellungskatalog Galleria Notizie, Turin 1958, zit. n.: *Die Aktivität der italienischen Sektion*, S. 67.

115 Guiseppe Pinot-Gallizio, *Diskurs über die industrielle Malerei und eine anwendbare einheitliche Kunst*, S. 107.

116 Constant, *Constant, Amsterdam*. »Im Zeitalter der Automatisierung, das gerade beginnt«, wird der »Kampf ums Dasein ein Ende« nehmen: Constant, *Das Lied der Arbeit*.

117 Constant, *Constant, Amsterdam*.

118 Ebd. – Vgl. Mark Wigley, *Constant's New Babylon*.

119 Guy Debord, *Thesen über die kulturelle Revolution*, S. 26.

120 *Der Kampf um die Kontrolle der neuen Konditionierungstechniken*, S. 13.

121 *Interview mit HP Zimmer*, S. 63.

122 Ausdrücke wie »von unten« oder »testen, wie weit man gehen kann« hat Debord sicher nicht gebraucht.

123 *Interview mit HP Zimmer*, S. 66.

124 Ebd., S. 70.

125 Lawrence Alloway, *Dada 1956*, S. 374.

126 Wilhelm Emrich, *Zur Ästhetik der modernen Dichtung*, S. 371.

127 Theodor W. Adorno, *Rückblickend auf den Surrealismus*, S. 103.

128 Kurt Leonhard, *Zur Definition des modernen Gedichts*, S. 39 u. 38.

129 Hugo Friedrich, *Die Struktur der modernen Lyrik*, S. 115. – Das Zitat von Aragon stammt aus dessen Vorwort zu *Les Yeux d'Elsa* (1942).

130 Peter Weiss, *Avantgarde Film*, S. 305 u. 304.

131 Helmut Krapp, Karl Markus Michel, *Noten zum Avantgardismus*, S. 401ff.

132 Ebd., S. 402 u. 399.

133 Hans Magnus Enzensberger, *Die Aporien der Avantgarde*, S. 291. – Ganz ähnlich bereits: Hans Magnus Enzensberger, *Nachwort*.

134 Hans Magnus Enzensberger, *Die Aporien der Avantgarde*, S. 307.

135 Ebd., S. 315.

136 Ebd., S. 313.

137 Siehe etwa Barbara Rose, *Dada Then and Now*.

138 Vgl. Carol Anne Mahsun, *Pop Art and the Critics.*
139 Vgl. etwa Barbara Haskell, *Blam! The Explosion of Pop, Minimalism and Performance 1958-1964*; Wilfried Raussert, *Avantgarden in den USA*, S. 123ff.
140 Zit. n. *Fluxus. Ein Gemeinschaftsporträt von George Macunias 1931-1978*, S. 142.
141 Raoul Hausmann, *Neorealismus, Dadaismus.*
142 Lil Picard, *New Yorker Pop-Report*, S. 96.
143 *Die Avantgarde der Anwesenheit*, S. 26.
144 Ebd.
145 Karl Heinz Bohrer hat immer wieder darauf hingewiesen, dass »Plötzlichkeit« bei der Avantgarde das »Unbekannte« einschließe, welches die »Wahrnehmungsmaßstäbe und Wertvorstellungen« des Beobachters ins Schwanken bringe. »Die Provokation des Schocks liegt nicht darin allein, daß er provoziert, sondern in dem bis dahin unbekannten Aspekt des Gesagten, der verwirrt.« Karl Heinz Bohrer, *Die Furcht vor dem Unbekannten*, S. 76f.
146 »Das Bewußtsein, das Kontinuum der Geschichte aufzusprengen, ist den revolutionären Klassen im Augenblick ihrer Aktion eigentümlich.« Walter Benjamin, *Über den Begriff der Geschichte*, S. 701. Zur Bedeutung dieser Benjamin'schen Figur auch für die 68er vgl. Karl Heinz Bohrer, *1968: Die Phantasie an die Macht?*, S. 293f.
147 Louis Aragon, *Pariser Landleben*, S. 9.
148 Hugo von Hofmannsthal, *Der Dichter und diese Zeit*, S. 254.

3 Subversive Eingriffe

1 Vgl. Sebastian Scheerer, *Deutschland: Die ausgebürgerte Linke*, S. 232ff.; Frank Böckelmann, *Anfänge*; Siegward Lönnendonker, Bernd Rabehl, Jochen Staadt, *Die antiautoritäre Revolte*, S. 412ff.; Wolfgang Kraushaar, *Kinder einer abenteuerlichen Rebellion.*
2 Subversive Aktion, *Liste von Einfällen für eine Aktion der Subversiven Aktion auf der Kasseler documenta*, S. 131.
3 Ebd., S. 132.
4 Ebd., S. 131.
5 Ebd., S. 130.
6 Christofer Baldeney, Rodolphe Gasché, Dieter Kunzelmann, *Abrechnung und Projekt*, S. 75.
7 Christofer Baldeney, Rodolphe Gasché, Dieter Kunzelmann, *Repressive Aktion*, S. 102.
8 Mikrozelle München, *Konklusionen*, S. 132 u. 134.
9 Ebd., S. 133.
10 Christofer Baldeney, Rodolphe Gasché, Dieter Kunzelmann, *Aspekte und Konklusionen*, S. 114.

11 Dieter Kunzelmann, [*Brief von Dieter Kunzelmann an Frank Böckelmann vom 4.1.1964*], S. 129.
12 Frank Böckelmann, Herbert Nagel, *Nachwort*, S. 491.
13 Dieter Kunzelmann, [*Brief von Dieter Kunzelmann an Frank Böckelmann vom 4.1.1964*], S. 128.
14 Subversive Aktion, *Auch Du Hast Kennedy Erschossen!*, S. 127.
15 Frank Böckelmann, Herbert Nagel (Hrsg.), *Subversive Aktion*, S. 150.
16 Subversive Aktion, *Weihnachtsevangelium*, S. 286.
17 Subversive Aktion, *Botschaft an die Lämmer des Herrn zum Katholikentag*, S. 213.
18 Frank Böckelmann, Herbert Nagel (Hrsg.), *Subversive Aktion*, S. 211. – Vgl. auch Günter Maschke, *»Ich war eigentlich von Jugend an immer ›dagegen‹...«*. »[I]ch kann vielleicht sagen: ›Ich las Marx und dachte, es sei Sorel.‹« Ebd., S. 179.
19 Michael Kapellen, *Doppelt leben: Bernward Vesper und Gudrun Ensslin*, S. 160f.
20 Subversive Aktion, *Aufruf an die Seelenmasseure*, S. 147.
21 Mikrozelle München, *Konklusionen*, S. 133.
22 Subversive Aktion, *Berliner Protokoll vom 10.7.1964*, S. 159 u. 158.
23 Rudi Dutschke [unter dem Pseudonym A. Joffé], *Diskussion: Das Verhältnis von Theorie und Praxis*, S. 191, Fn. 1. – Zu Dutschke und der Subversiven Aktion vgl. Michaela Karl, *Rudi Dutschke*, S. 24ff.
24 Rudi Dutschke [unter dem Pseudonym A. Joffé], *Die Rolle der antikapitalistischen, wenn auch nicht sozialistischen Sowjetunion für die marxistischen Sozialisten in der Welt*, S. 172.
25 Ebd., S. 170.
26 Rudi Dutschke, *Diskussion*, S. 192f.
27 Münchner Konzil der Subversiven Aktion, *Kritik des Idealismus der »GWS« Rolf Gramkes*, S. 303.
28 Frank Böckelmann, *Rundschreiben von Frank Böckelmann aus Kalikutt vom 24.-27.8.1964*, S. 206, 207 u. 209.
29 Frank Böckelmann, Herbert Nagel (Hrsg.), *Subversive Aktion*, S. 279.
30 Bernd Rabehl, *Antwort von Bernd Rabehl auf den Brief von Kunzelmann*, S. 293.
31 Bernd Rabehl, *Von der antiautoritären Bewegung zur sozialistischen Opposition*, S. 160f.
32 Rudi Dutschke, *Die Widersprüche des Spätkapitalismus, die antiautoritären Studenten und ihr Verhältnis zur Dritten Welt*, S. 63. – In einem internen Papier der Antiautoritären im SDS hatte es bereits Ende 1966 geheißen: »Wir müssen uns selbst organisieren ohne Satzung, ohne Vorstand, ohne diese Gesellschaft im Kleinen zu reproduzieren. Unsere Organisation muß die Demonstration sein.« *Entwurf III*, o.S. – Ganz ähnlich in Frankreich: Gabriel Cohn-Bendit, Daniel Cohn-Bendit, *Linksradikalismus – Gewaltkur gegen die Alterskrankheit des Kommunismus*, S. 167ff.

33 Jeremy Varon, *Bringing the War Home*, S. 5.
34 Todd Gitlin, *The Sixties*, S. 134.
35 Leslie A. Fiedler, *Die neuen Mutanten*, S. 20.
36 Siehe etwa *Provo*. Vgl. Walter Hollstein, *Der Untergrund*, S. 51ff.; Konrad Boehmer, Ton Regtien, *Provo – Modell oder Anekdote?* – Zum »Handlungsmuster« der Provokation vgl. allgemein Rainer Paris, *Der kurze Atem der Provokation*; Heinz Steinert (unter Mitarbeit von Henner Hess, Susanne Karstedt-Henke, Martin Moerings, Dieter Paas, Sebastian Scheerer), *Sozialstrukturelle Bedingungen des »linken Terrorismus« der 70er Jahre*, S. 438ff.
37 Roel van Duijn, *Inleiding tot het provocerend Denken*, S. 30.
38 Situationistische Internationale, *Über das Elend im Studentenmilieu*, S. 18.
39 Christopher Gray, Charles Radcliffe, *The Provo Riots*, S. 51.
40 Charles Radcliffe, *Daytripper!*, S. 40.
41 Situationistische Internationale, *Über das Elend im Studentenmilieu*, S. 19.
42 Charles Radcliffe, *The Seeds of Social Destruction*, S. 29.
43 Ebd., S. 31f.
44 Charles Radcliffe, *Daytripper!*, S. 38.
45 Situationistische Internationale, *Über das Elend im Studentenmilieu*, S. 19.
46 Vgl. Stuart Hall, *The Hippies*.
47 Zur Geschichte der Kommune I vgl. Siegward Lönnendonker, Bernd Rabehl, Jochen Staadt, *Die antiautoritäre Revolte*, S. 305ff.
48 Dieter Kunzelmann, *Notizen zur Gründung revolutionärer Kommunen in den Metropolen*.
49 Vgl. Fritz Sack, *Die Reaktion von Gesellschaft, Politik und Staat auf die Studentenbewegung*, S. 116ff.
50 Ausschuß »Rettet die Polizei« e.V., *SPA-PRO. Spaziergangs-Protest gegen die Polizei*, o.S.
51 Ebd.
52 *Entwurf III*, o.S.
53 Rainer Langhans, *Was hier in Berlin los war – für Zeitungsleser*, S. 49.
54 [Kommune I], [Flugblatt Nr. 2], o.S. Wiederabgedruckt in: Dieter Kunzelmann, *Leisten Sie keinen Widerstand!*, S. 72. – Unterzeichnet ist das Flugblatt mit »SDS«. Der SDS nimmt das zum Anlass, die Kommunarden auszuschließen.
55 [*Ostermarschierer, Ostermärtyrer*], o.S.
56 Kommune I, *REVOLUTION IN ROSÉ REVOLUTION IN ROT*, o.S. Wiederabgedruckt in: Klaus Briegleb, *1968*, S. 70.
57 Kommune I, *Warum brennst Du, Konsument?*, o.S. Wiederabgedruckt in: *Sprache im technischen Zeitalter* 28 (1968), S. 319f.
58 Kommune I, *Neue Demonstrationsformen in Brüssel erstmals erprobt*,

o.S. Wiederabgedruckt in: *Sprache im technischen Zeitalter* 28 (1968), S. 318f.

59 Kommune I, *Wann brennen die Berliner Kaufhäuser?*, o.S. Wiederabgedruckt in: *Sprache im technischen Zeitalter* 28 (1968), S. 320.

60 Die Anklageschrift ist dokumentiert in: Rainer Langhans, Fritz Teufel, *Klau mich*. Dort auch umfangreiche Auszüge aus den Protokollen der beiden Gerichtsverhandlungen. – Zum Prozess siehe Marco Carini, *Fritz Teufel*, S. 53ff.

61 Eberhard Lämmert, *Brandstiftung durch Flugblätter?*; Peter Szondi, *Aufforderung zur Brandstiftung?* – Zu den Flugblättern und Gutachten vgl. Hans Egon Holthusen, *Sartre in Stammheim*, S. 110ff.; Klaus Briegleb, *1968*, S. 67ff. u. 103ff.; Susanne Komfort-Hein, *»Flaschenposten und kein Ende des Endes«*, S. 265ff.; Gerrit-Jan Berendse, *Schreiben im Terrordrom*, S. 114ff.

62 Eberhard Lämmert, *Brandstiftung durch Flugblätter?*, S. 327.

63 Jacob Taubes, *Surrealistische Provokation*, S. 1073, 1075, 1078.

4 Aktionistische Pläne und Handlungen

1 Peter O. Chotjewitz, *Was heißt »experimentelle Literatur«*, S. 425.

2 Ebd., S. 426.

3 Ebd.

4 Hans Magnus Enzensberger, *Gemeinplätze, die Neueste Literatur betreffend*, S. 194 u. 196.

5 Aus einem Interview mit Rolf Dieter Brinkmann, zit. n. Thomas Gross, *Alltagserkundungen*, S. 100f., Fn. 2.

6 Peter Handke, *Für* das *Straßentheater, gegen* die *Straßentheater*, S. 61 u. 56.

7 Uwe Nettelbeck, *Hippie-Souvenirs und Hippie-Aktionen*, S. 52.

8 Karl Heinz Bohrer, *Die mißverstandene Rebellion*, S. 42 u. 40.

9 Ebd., S. 42.

10 Ebd., S. 40f.: »Beispielhaft hierfür sind die Flugblätter der Berliner ›Kommune‹, deren formale Ähnlichkeit mit frühen surrealistischen Manifesten inzwischen erkannt worden ist.«

11 Karl Heinz Bohrer, *Surrealismus und Terror*, S. 928.

12 Ebd.

13 Ebd., S. 929.

14 Bohrer selbst besteht allerdings ganz unavantgardistisch darauf, dass »paradoxerweise nur dort, wo die Literatur hermetisch geworden ist, sich gleichzeitig die Explosion nach außen, ins Nicht-Literarische vollzieht.« Ebd., S. 931.

15 Peter Bürger, *Der französische Surrealismus*, S. 7.

16 Ebd., S. 9. In seiner folgenden Schrift wird Bürger sich dann allerdings darauf beschränken, das Scheitern avantgardistischer Ansprü-

che in der institutionalisierten Neo-Avantgarde herauszustellen. Peter Bürger, *Theorie der Avantgarde.* Zur Kritik dieses Abschlusses siehe Paul Mann, *The Theory-Death of the Avant-Garde*, S. 61.

17 Vgl. hierzu grundsätzlich den exzellenten Aufsatz von G. Anders zum Happening als einer Veranstaltung, durch die »Machtlose ihre Ansprüche anmelden«. Günther Anders, *Happenings.*

18 Jean-Jacques Lebel, *Die Dadaisierung des Politischen.*

19 Christopher Gray, *Dada & Surrealist Texts*, S. 43. – Später nimmt man auch die Futuristen hinzu, indem man den »postartistic way of life of a Marinetti« von der Kunst eines Boccioni trennt. Christopher Gray, *Flower Power?*, S. 104.

20 Christopher Gray, Charles Radcliffe, *The Provo Riots*, S. 49.

21 Jerry Rubin, [*Jerry Rubin's Acceptance Speech on Receiving His Conspiracy Indictment*], S. 111.

22 Berkeley Commune, Up Against The Wall/Motherfucker, *Another Carnival of Left Politics*, S. 156.

23 Ebd., S. 156 u. 155.

24 Hans Peter Ernst, *Die Provos sind tot, es lebe die Revolution!*, S. 87 u. 93.

25 Rolf Dieter Brinkmann, *Der Film in Worten*, S. 382.

26 John Sinclair, *The White Panther State/meant*, S. 104f.

27 Siehe etwa The Rebel Worker Group – Chicago Surrealist Group/Anarchist Horde, *The Forecast Is Hot!*, S. 58.

28 Dieter Kunzelmann, *Notizen zur Gründung revolutionärer Kommunen in den Metropolen*, S. 144.

29 Jürgen Werth, [Protokoll von Aussagen Ulrich Enzensbergers], o.S.

30 Christopher Gray, Charles Radcliffe, *All or Not All*, S. 42.

31 International Werewolf Conspiracy, *An Act of Destruction Is An Act of Liberation*, S. 159.

32 Vgl. Walter Laqueur, *Terrorismus*, S. 28ff.

33 Karl Marx, [*Konspekt von Bakunins Buch »Staatlichkeit und Anarchie«*], S. 634.

34 Lenin verurteilt Attentate, den »individuellen Terror«, entschieden, fügt jedoch an: »Selbstverständlich lehnten wir den individuellen Terror nur aus Gründen der Zweckmäßigkeit ab; Leute aber, die es fertigbrächten, den Terror einer siegreichen und von der Bourgeoisie der ganzen Welt bedrängten revolutionären Partei ›prinzipiell‹ zu verurteilen, solche Leute hat bereits Plechanov in den Jahren 1900-1903, als er Marxist und Revolutionär war, dem Spott und der Verachtung preisgegeben.« Wladimir Iljitsch Lenin, *Der »linke Radikalismus«, die Kinderkrankheit im Kommunismus*, S. 20.

35 Vgl. Helmut Kreuzer, *Die Boheme*, S. 301ff.

36 Guy Debord, *Perspektiven einer bewußten Aneignung des alltäglichen Lebens.*

37 Herbert Marcuse, *Der eindimensionale Mensch*, S. 25, 27, 23, 31.

38 Ebd., S. 23, 17, 267f.

39 Vgl. Helmut Kreuzer, *Die Boheme*, S. 281ff.; Walter Fähnders, *Anarchismus und Literatur*, S. 177ff.

40 Herbert Marcuse, *Repressive Toleranz*, S. 127.

41 Zit. n. Rudi Dutschke, *Die Widersprüche des Spätkapitalismus, die antiautoritären Studenten und ihr Verhältnis zur Dritten Welt*, S. 67.

42 Zit. n. ebd., S. 75.

43 Ebd., S. 86. – Diese Ausführungen Dutschkes, veröffentlicht im Mai 1968, gehen auf Reden und Artikel aus den Jahren davor zurück.

44 Siehe Todd Gitlin, *The Sixties*, S. 263 u. 246f.

45 Siehe Rudi Dutschke, *Die Widersprüche des Spätkapitalismus, die antiautoritären Studenten und ihr Verhältnis zur Dritten Welt*, S. 71.

46 Fast schon wieder skurriler Höhepunkt der Fehlrezeption im Kapitel über die »Große Kulturrevolution« eines deutschen Maoisten: »[D]ie Märsche der [chinesischen] Guerilleros sind Tanzweisen ... alles in allem keine ›Wehrmachtsbetreuung‹, vielmehr Indizien, daß soziale Revolution, welche immer Kampf oder Krieg heißt, durch ästhetische Mittel faszinativ wirkt«. Joachim Schickel, *Große Mauer, Große Methode*, S. 218.

47 Frantz Fanon, *Die Verdammten dieser Erde*, S. 239. Bei Rudi Dutschke, *Die Widersprüche des Spätkapitalismus, die antiautoritären Studenten und ihr Verhältnis zur Dritten Welt*, S. 92.

48 Ebd., S. 91.

49 Jean-Paul Sartre, *Vorwort*, S. 18.

50 Rudi Dutschke, *Die Widersprüche des Spätkapitalismus, die antiautoritären Studenten und ihr Verhältnis zur Dritten Welt*, S. 71.

51 Ebd., S. 69. – Dutschke macht das teilweise Guevara-Zitat nicht kenntlich. Im Original heißt es: »Nicht immer muß man warten, bis alle Bedingungen für eine Revolution gegeben sind, der aufständische Fokus kann solche Bedingungen selbst schaffen.« Guevara will mit diesem Satz jene »widerlegen«, die »warten möchten, bis alle notwendigen subjektiven wie objektiven Bedingungen einer Revolution von selbst herangewachsen sind«. Ernesto Che Guevara, *Der Guerillakrieg*, S. 23. – Eine erste deutsche Übersetzung erschien 1962 unter dem Titel »Der Partisanenkrieg«.

52 Ebd., S. 26.

53 Régis Debray, *Der Castrismus*, S. 104.

54 Ernesto Che Guevara, *Vorwort zu dem Buch »Volkskrieg, Volksarmee« von Vo Nguyen Giap*, S. 63.

55 Ernesto Che Guevara, *Der Guerillakrieg*, S. 25.

56 Régis Debray, *Der Castrismus*, S. 100. – Zu Blanqui und zur marxistischen Kritik an ihm vgl. Arno Münster, *Einleitung*.

57 »Die aktivste und breiteste Teilnahme der Massen an der Bewegung wird nicht nur keinen Abbruch erleiden, sondern, im Gegenteil, viel dadurch gewinnen, daß ein ›Dutzend‹ bewährter Revolutionäre,

beruflich nicht schlechter geschult als unsere Polizei, die ganze konspirative Arbeit, wie z.B. die Herstellung von Flugblättern, die Aufstellung eines annähernden Planes, die Einsetzung eines Stamms von Leitern für jeden Stadtbezirk, für jedes Fabrikviertel, für jede Lehranstalt usw., zentralisieren werden«. Wladimir Iljitsch Lenin, *Was tun?*, S. 135.

58 Régis Debray, *Der Castrismus*, S. 119.

59 Siehe Mao Tse-Tung, *Theorie des Guerillakrieges oder Strategie der Dritten Welt*, S. 120; Ernesto Che Guevara, *Der Guerillakrieg*, S. 29; Ernesto Che Guevara, *Guerillakrieg – eine Methode*, S. 140. Vgl. Frank Hampel, *Zwischen Guerilla und proletarischer Selbstverteidigung*, S. 101ff.

60 Dass ausgerechnet Carl Schmitt angesichts der Erfahrungen des Zweiten Weltkriegs ausschließlich den »bolschewistischen« Partisanen als Motor der »entgrenzten« absoluten Feindschaft und des nicht mehr »gehegten« Krieges identifiziert, ist mehr als grotesk. Richtig bleibt aber, dass der Partisan die »klare Unterscheidung« von »Militär und Zivil« zerstört. Carl Schmitt, *Theorie des Partisanen*, S. 65 u. 37.

61 Vgl. Hans-Joachim Müller-Borchert, *Guerilla im Industriestaat*.

62 Régis Debray, *Revolution in der Revolution?*, S. 48ff.

63 Vgl. Peter Worsley, *Revolutionäre Theorie: Guevara und Debray*, S. 74ff.

64 Régis Debray, *Der Castrismus*, S. 108.

65 Zit. n. Carlos Nunez, *Die Tupamaros*, S. 52, 46 u. 45. Nunez datiert die Kommuniques der Tupamaros auf die zweite Jahreshälfte 1967.

66 Carlos Marighella, *Handbuch des Stadtguerilla*, S. 78f. u. 81.

67 Rudi Dutschke, *Die Widersprüche des Spätkapitalismus, die antiautoritären Studenten und ihr Verhältnis zur Dritten Welt*, S. 70.

68 *The Guerrilla Manifesto*, S. 57.

69 Jürgen Habermas, [Rede auf dem Kongress »Hochschule und Demokratie«, 9.6.1967], S. 43.

70 Ebd., S. 44.

71 Ebd., S. 46ff.

72 Theodor W. Adorno, *Kritische Theorie und Protestbewegung*, S. 606.

73 Hans-Jürgen Krahl, [Diskussionsbeitrag auf dem Kongress »Hochschule und Demokratie«, 9.6.1967], S. 72.

74 Jürgen Habermas, [Erster Diskussionsbeitrag auf dem Kongress »Hochschule und Demokratie«, 9.6.1967], S. 75.

75 AStA FU Berlin, *Von der Freien zur Kritischen Universität. Geschichte der Krise an der Freien Universität Berlin* [Wolfgang Lefèvre, *Ursachen und Konsequenzen des 2. Juni*], zit. n. Rudi Dutschke, *Die Widersprüche des Spätkapitalismus, die antiautoritären Studenten und ihr Verhältnis zur Dritten Welt*, S. 70.

76 Hans-Jürgen Krahl, [Diskussionsbeitrag auf dem Kongress »Hochschule und Demokratie«, 9.6.1967], S. 72.

77 Rudi Dutschke, [Rede auf dem Kongress »Hochschule und Demokratie«, 9.6.1967], S. 81f. u. 80. – Zur Position der antiautoritären Studenten zur Legalitätsfrage siehe auch den zusammenfassenden Aufsatz von C. Rainer Roth, *Ritual der Gewaltlosigkeit.*

78 Rudi Dutschke, [Diskussionsbeitrag auf dem Kongress »Hochschule und Demokratie«, 9.6.1967], S. 93.

79 Jürgen Habermas, [Zweiter Diskussionsbeitrag auf dem Kongress »Hochschule und Demokratie«, 9.6.1967], S. 101. [Grammatische Unregelmäßigkeiten im Original; korrigierte Fassung: Jürgen Habermas, *Kleine politische Schriften I-IV,* S. 214.]

80 Jürgen Habermas, *Brief an C. Grossner (13. Mai 1968).*

81 Jürgen Habermas, *Über »linken Faschismus«.* – Erstaunlich ist diese nachträglich erklärende Ersetzung auch insofern, als Sorel ein scharfer Kritiker des utopischen Denkens war. Georges Sorel, *Über die Gewalt,* S. 41ff.

82 Jürgen Habermas, *Universität in der Demokratie – Demokratisierung der Universität,* S. 224f.

83 Burkhard Bluem, *Mißlungene Proben des akademischen Proletariats für den aufgeschobenen Aufstand,* S. 226.

84 Rolf Tiedemann, *Vor Berliner Studenten,* S. 238.

85 Jürgen Habermas, *Protestbewegung und Hochschulreform,* S. 25, 27 u. 24.

86 Herbert Marcuse, *Die Analyse eines Exempels,* S. 207.

87 Herbert Marcuse, *Versuch über die Befreiung,* S. 51 u. 60.

88 Ebd., S. 74, 54 u. 72.

89 Ebd., S. 44 u. 53.

90 Herbert Marcuse, *Nachschrift 1968,* S. 166.

91 Jürgen Habermas, *Zum Geleit,* S. 15f.

92 Herbert Marcuse, *Repressive Toleranz,* S. 115f. u. 122.

93 Ebd., S. 127.

94 Dieter Kunzelmann, *Notizen zur Gründung revolutionärer Kommunen in den Metropolen,* S. 145.

95 Ebd.

96 Herbert Marcuse, *Repressive Toleranz,* S. 125f.

97 Rudi Dutschke, Hans-Jürgen Krahl, *Organisationsreferat auf der XXII. Delegiertenkonferenz des Sozialistischen Deutschen Studentenbundes, 5. September 1967,* S. 290. – Vgl. Wolfgang Kraushaar, *Autoritärer Staat und Antiautoritäre Bewegung.* Kraushaar sieht eine gravierende »qualitative Differenz« zwischen der Konzeption Dutschkes (und Krahls) und der »Praxis der RAF«, weil bei ihnen der »Sinn einer irregulären Aktion« nicht »in der materialiter zerstörenden Kraft der Gewalt, sondern in der Konkretisierung abstrakter Gewalt zur sinnlichen Gewißheit« liege. Ebd., S. 23. Auch diese Konzeption ist der RAF aber keineswegs fremd. – Ohne auf dieses Argument einzugehen, rückt Kraushaar in einem späteren Aufsatz Dutschke dann

doch in die Nähe der RAF, u.a. weil er im Organisationsreferat ein »Konzept des bewaffneten Kampfes« sieht. Wolfgang Kraushaar, *Rudi Dutschke und der bewaffnete Kampf*, S. 20. Es ist aber sehr fraglich, ob man in Dutschkes Zitat von der metropolitanen »›Propaganda der Tat‹« solch ein »Konzept« erblicken kann.

98 Rudi Dutschke, Hans-Jürgen Krahl, *Organisationsreferat auf der XXII. Delegiertenkonferenz des Sozialistischen Deutschen Studentenbundes, 5. September 1967*, S. 290.

99 Rudi Dutschke, [*Referat auf dem »Internationalen Vietnam-Kongreß« in West-Berlin, 18. Februar 1968*], S. 344. Die Schlussfolgerung ist ein Zitat aus dem Jahr 1967. – Zur Rezeption der Rede siehe Klaus Theweleit, *Bemerkungen zum RAF-Gespenst*, S. 97ff.

100 Hans-Jürgen Krahl, [*Diskussionsbeitrag auf dem »Internationalen Vietnam-Kongreß« in West-Berlin, 18. Februar 1968*], S. 347.

101 Siehe Gretchen Dutschke, *Wir hatten ein barbarisches, schönes Leben*, S. 179f.; Bahman Nirumand, *Leben mit den Deutschen*, S. 112ff.; alle nötigen weiteren Hinweise, Ergänzungen und Einordnungen dazu bei: Wolfgang Kraushaar, *Rudi Dutschke und der bewaffnete Kampf*.

102 Rudi Dutschke, T. Käsemann, R. Schöller, *Vorwort*, S. 20 u. 21. Siehe auch Dutschkes spätere Schrift aus dem Jahr 1968: Rudi Dutschke, *Ein Pamphlet*, S. V.

103 In diesem eingeschränkten Sinne kann man Dutschke einen »Begründer der Stadtguerilla in Deutschland« nennen. Wolfgang Kraushaar, *Rudi Dutschke und der bewaffnete Kampf*, S. 46.

5 Terroristische Anschläge und ihre Begründungen

1 Nach Angabe von Werner Kahl, *Akteure und Aktionen während der Formationsphase des Terrorismus*, S. 273, habe auf dem Zettel gestanden: »Ein brennendes Kaufhaus mit brennenden Menschen vermittelt zum ersten Mal in einer europäischen Großstadt jenes knisternde Vietnam-Gefühl, das wir in Berlin bislang noch missen müssen.« In dem Urteil des Landgerichts, das in einem Materialienband von Reinhard Rauball dokumentiert ist, findet sich kein Beleg dafür. Mehrfach dokumentiert ist jedoch ein Gedicht, das der festgenommene Thorwald Proll in sein Notizbuch geschrieben hatte und als Beweismittel vor Gericht verwendet wurde. Es beginnt mit den Zeilen: »Wann brennt das Brandenburger Tor?/Wann brennen die/Berliner Kaufhäuser«. Die drei Schlussstrophen lassen nicht zuletzt die teilweise Frageform fahren, sind aber viel spielerischer und verrätselter: »Ich ließ fast alle meine Haare/bin ausgefranst jetzt + später/Heere steinerner/Ponies traben über meine/ Stirn, das Hirn im Innern/treibt davon/die Leere fremder Meere/umbrandet mich/die Lehre fremder Verkehre/die Lehren fremder/Feuerherren

bleiben//Die Lehren/fremder Feuermänner/treiben davon/Fahrenheit Fahren Heut/Fahrenhight Fahrende Leut//Andreas Kriegsloch/ist eine Ananas/dann eine Anaconda ist/dann ein Anarchist«. Landgericht Frankfurt, *Urteil vom 31. Oktober 1968*, S. 193ff. Mit leichter Variation auch abgedruckt: Thorward Proll, *Gedicht aus den Gerichtsakten*, S. 117 u. 119.

2 Landgericht Frankfurt, *Urteil vom 31. Oktober 1968*, S. 183. – Siehe auch die späteren Erinnerungen des Tatbeteiligten Thorward Proll: Thorward Proll, Daniel Dubbe, *Wir kamen vom anderen Stern*, S. 7 u. 12ff.

3 Landgericht Frankfurt, *Urteil vom 31. Oktober 1968*, S. 209. – Die Verurteilung erfolgt wegen des Anschlags auf das Kaufhaus Schneider, eine Tatbeteiligung am Anschlag auf den Kaufhof kann nicht nachgewiesen werden.

4 *Stellungnahme der Berliner Kommune I für den SPIEGEL*, S. 34.

5 »10 bis 12 Taxifahrer jagten in der Nacht zum 18.2.68 gegen 2 Uhr den Privatwagen, in dem Rudi Dutschke saß. Als einzelne Fahrer aus ihren Wagen stiegen und auf den Privatwagen zugingen, fuhr dieser im Rückwärtsgang den Kudamm zurück und konnte entkommen. Aussprüche der lieben Berliner: ›Politische Feinde ins KZ‹, ›Ihr Schweine werdet ausgeräuchert‹, ›Vietconghure‹, ›Teufel ins Arbeitshaus‹.« *Schlagt zurück!*, o.S.

6 *Gewalt gegen Sachen*, o.S.

7 *Berlin: Leistungsbeweise der Gewalt*, o.S.

8 Ebd. – Vielleicht ist es auch nur ein einzelner Autor, sicherlich steht aber eine geteilte Erfahrung dahinter.

9 Schwarze Front, *Wandelt Euren Hass in Energie*. Der Aufruf ist ein Guevara-Zitat.

10 Bommi Baumann, *Wie alles anfing*, S. 73.

11 Inge Viett, *Nie war ich furchtloser*, S. 114f. – Auf die Gruppe bezogen, entwickelte Sartre in seiner *Kritik der dialektischen Vernunft* ein theoretisch faszinierendes, erschreckendes Modell, das die gemeinsam ausgeübte Gewalt als permanente Konstituierung der Freiheit von der Entfremdung fasst. Vgl. Günter Rohrmoser (unter Mitarbeit von Jörg Fröhlich), *Ideologische Ursachen des Terrorismus*, S. 306ff.

12 Zentralrat der umherschweifenden Haschrebellen, *Es ist Zeit zu zerstören!*, S. 60.

13 Peter Paul Zahl, *Massenkampf und Guerilla einen*, S. 221. – Vgl. Herfried Münkler, *Sehnsucht nach dem Ausnahmezustand*.

14 Siehe auch Ralf Reinders, Ronald Fritzsch, *Die Bewegung 2. Juni*. Vgl. Dieter Claessens, Karin de Ahna, *Das Milieu der Westberliner »scene« und die »Bewegung 2. Juni«*, S. 116ff.; Wolfgang Kraushaar, *Die Bombe im Jüdischen Gemeindehaus*.

15 Schwarze Ratten TW [= Tupamaros Westberlin], *Shalom + Napalm*.

16 Fritz Teufel schreibt 1979: »Der Anblick palästinensischer Na-

palm-Opfer in den Krankenhäusern war 1970 Mit-Anstoß für die allerersten Stadtgerilja-Ansätze in Westberlin und der BRD« – und räumt im nächsten Satz in einem ersten Anlauf einer schwachen (Selbst-)Kritik mit einem taktischen Argument wenigstens ein: »Möglich ist aber auch, daß Verzweiflungsaktionen gegen die israelische Zivilbevölkerung und israelische Flugzeugpassagiere, Aktionen, die das Leben Unschuldiger, das Leben von Kindern, Frauen, Greisen bedrohen oder auslöschen auch der palästinensischen Sache eher schaden als nützen.« Fritz Teufel, *Indianer weinen nicht – sie kämpfen*, S. 743. – Eine unmittelbare Kritik an der völkisch-ethnischen Selektion findet erst Ende 1991 durch einen Teil der RZ statt: *Gerd Albartus ist tot*, S. 22ff.

17 Wolfgang Kraushaar, *Die Bombe im jüdischen Gemeindehaus.*

18 Dieter Kunzelmann, *Brief aus Amman.*

19 Karin Ashley u.a., *You Don't Need a Weatherman to Know Which Way the Wind Blows*, S. 51f. – Zu Weatherman vgl. Richard G. Braungart, Margaret M. Braungart, *From Protest to Terrorism*; Ron Jacobs, *The Way the Wind Blew*; Jeremy Varon, *Bringing the War Home.*

20 Ebd., S. 52ff.

21 »Fascist judges« gleich »pig justice«, heißt es etwa auf einem Blatt der Black Panthers. Faksimile in: Peter Stansill, David Zane Mairowitz (Hrsg.), *BAMN (By Any Means Necessary)*, S. 155.

22 Schockierender Höhepunkt des Wortgebrauchs: Die Sätze Bernadine Dohrns, einer Führerin der Weathermen, die sie auf dem »War Council« der Gruppe Ende Dezember 1969 zum Lobe Charles Mansons äußert: »Dig it, first they killed those pigs, then they ate dinner in the same room with them, then they even shoved a fork into a victim's stomach! Wild!« Zitat nach einem Bericht einer San Franciscoer Zeitschrift: *Stormy Weather*, S. 347.

23 Revolutionäres Aktionskomitee, [*Brief an die Rektoren der europäischen Universitäten*], S. 175.

24 Eindrucksvolle Beispiele dafür auch später bei den im Gefängnis sitzenden Mitgliedern der RAF. Siehe Pieter Bakker Schut (Hrsg.), *das info.*

25 *Revolution in the 70's*, S. 451.

26 Gordon Carr, *The Angry Brigade*, S. 38ff.

27 The Angry Brigade, *Communiqué 6* [19.2.1971], wiederabgedruckt in: Gordon Carr, *The Angry Brigade*, S. 99.

28 The Angry Brigade, *Communiqué 8* [1.5.1971], wiederabgedruckt in: Gordon Carr, *The Angry Brigade*, S. 103f. – Am gleichen Tag explodiert eine Bombe in der »Biba«-Boutique Kensington High Street.

29 John Barker, Rez. zu: Tom Vague, *The Angry Brigade.*

30 Guy Debord, *In girum imus nocte et consumimur igni*, S. 55. »Die schönste Jugend stirbt im Gefängnis« ist eine Zeile aus einem italienischen Lied.

31 Guy Debord, *Vorwort zur vierten italienischen Ausgabe von »Die Gesellschaft des Spektakels«*, S. 134 u. 132.

32 Zit. n. Andrew Hussey, *The Game of War*, S. 266.

33 Vgl. ebd., S. 258f.

34 [Situationistische Internationale], *Brennt der Reichstag?*, S. 116 u. 115.

35 Gianfranco Sanguinetti, *Über den Terrorismus und den Staat*, S. 56, 106. – Auffällig ist hier die Formulierung von den »viel wirklicheren Übeln« (anstelle von ›größeren Übeln‹). Sie verweist mindestens indirekt auf die Konzeption des späteren Debord, das passive, entfremdete, trennende »Spektakel« in der Verwandlung der »wirklichen Welt« in »bloße Bilder« aufgehen zu lassen. Guy Debord, *Die Gesellschaft des Spektakels*, S. 10. Dies führt dann beim früheren situationistischen Anhänger Baudrillard zur äußerst eigentümlichen Konsequenz, terroristische Gewalt als nicht »›real‹« zu klassifizieren. Jean Baudrillard, *Der Geist des Terrorismus*, S. 31. Zur Konjunktur dieser Denkfigur in den Feuilletons zum 11. September vgl. Klaus Theweleit, *Der Knall*.

36 Ebd., 75 u. 110.

37 Siehe etwa Gabriel Cohn-Bendit, Daniel Cohn-Bendit, *Linksradikalismus – Gewaltkur gegen die Alterskrankheit des Kommunismus*, S. 266 u. 272.

38 Siehe etwa: *Bewaffneter Kampf und Massenlinie*; Gauche Prolétarienne, *Volkskrieg in Frankreich?*

39 Siehe Lotta continua, *Nehmen wir uns die Stadt!*; Lotta continua, *Vorschläge für die Organisation der politischen Arbeit.*

40 Vgl. die ausgezeichneten Darstellungen: Iring Fetscher, *Terrorismus und Reaktion in der Bundesrepublik Deutschland und in Italien*; Henner Hess, *Italien: Die ambivalente Revolte*. Dort auch alle nötigen Quellenbelege.

41 Vgl. Peter Brückner, *Politisch-psychologische Anmerkungen zur Roten-Armee-Fraktion*, S. 30ff.

42 So auch der Ansatz der deutschen Bewegung 2. Juni – Bewegung 2. Juni, *Programm* – und der deutschen Revolutionären Zellen (erste Anschläge im Jahr 1973). Siehe *Die Früchte des Zorns.*

43 Siehe etwa Renato Curcio, *Mit offenem Blick*; Mario Moretti, *Brigate Rosse.*

44 Karin Ashley u.a., *You Don't Need a Weatherman to Know Which Way the Wind Blows*, S. 88.

45 Kathy Boudin, Bernadine Dohrn, Terry Robbins, *Bringing the War Back Home*, S. 180; Shin'ya Ono, *A Weatherman: You Do Need a Weatherman To Know Which Way the Wind Blows*, S. 251.

46 Kathy Boudin, Bernadine Dohrn, Terry Robbins, *Bringing the War Back Home*, S. 176.

47 A Weatherwoman, *Inside the Weather Machine*, S. 324; *Honky Tonk Women*, S. 318.

48 Susan Stern, *With the Weathermen*, S. 115.
49 A daughter of the American Revolution, *Affinity Groups*.
50 *Weather Letter*, S. 461.
51 *Communique # 1 From The Weatherman Underground*, S. 508.
52 Karin Ashley u.a., *You Don't Need a Weatherman to Know Which Way the Wind Blows*, S. 89.
53 Jack Weinberg, Jack Gerson, *Weatherman*, S. 117.
54 *Everyone Talks About the Weather...*, S. 446.
55 Shin'ya Ono, *A Weatherman: You Do Need a Weatherman To Know Which Way the Wind Blows*, S. 251. Unmittelbar davor heißt es: »The whites in this country are insulated from the world revolution and the Third World liberation struggles because of their access to, and acceptance of, blood-soaked white-skin privileges. In a large measure, this insulation from the struggle holds true for the radicals in the movement.«
56 Daten und Fakten zur RAF nach: DPA, *»Die Baader-Meinhof-Bande«*; Stefan Aust, *Der Baader Meinhof Komplex*.
57 Ein Flugblatt der Weatherman fordert im Herbst 1969 auf: »Come to Chicago. Join the Red Army«. Zit. n. Andrew Kopkind, *Going Down In Chicago*, S. 286. – Zu weiteren Übereinstimmungen vgl. Jeremy Varon, *Bringing the War Home*. – Auch in Japan gibt es eine Rote Armee Fraktion, die 1971 nach dem Zusammenschluss mit dem »Komitee gegen den amerikanisch-japanischen Sicherheitsvertrag« in der Vereinigten Roten Armee aufgeht.
58 Marcuse spricht präzise davon, dass die »Studenten oder Schwarzen« keineswegs »an sich revolutionäre Kräfte« darstellen, sondern dass sie »als Katalysatoren wirken«. Herbert Marcuse, *Die Verlegenheit des revolutionären Geistes*, S. 759.
59 *Erklärung zur Befreiung von Andreas Baader*, S. 23-25.
60 Rote Armee Fraktion, *Das Konzept Stadtguerilla*. Im gleichen Band befindet sich auch der bereits vorgestellte Aufsatz zum verwandten Konzept der uruguayischen Tupamaros. – Zur Veröffentlichungsgeschichte der RAF-Texte vgl. immer Iring Fetscher, Herfried Münkler, Hannelore Ludwig, *Ideologien der Terroristen in der Bundesrepublik Deutschland*, S. 259ff. – Zur ausführlichen Darstellung und Analyse der RAF-Schriften vgl. die exzellenten Kapitel von Herfried Münkler (ebd., S. 38-183), in denen lediglich die Unterschiede zwischen einzelnen RAF-Schriften etwas zu stark akzentuiert werden. Lesenswert auch Michael Horn, *Sozialpsychologie des Terrorismus*.
61 *Mit dem Rücken zur Wand?*, S. 240.
62 *Rote Armee Fraktion: Leninisten mit Knarren*.
63 Revolutionärer Kampf (FFM), [*Beitrag zum Teach-In in der Roten Hilfe, FFM*], S. 200.
64 Rote Armee Fraktion, *Die Aktion des »Schwarzen September« in München*, S. 176f.

65 Ebd., S. 175.

66 Rote Armee Fraktion, *Über den bewaffneten Kampf in Westeuropa*, S. 102 u. 103.

67 Rote Armee Fraktion, *Das Konzept Stadtguerilla*.

68 So später Gudrun Ensslin in einem internen Schreiben: »freiheit ist nur im kampf möglich + eine bedingung des kampfes ist, im kampfe sterben zu können, alles andere ist dreck«. Pieter Bakker Schut (Hrsg.), *das info*, S. 201.

69 Rote Armee Fraktion, *Über den bewaffneten Kampf in Westeuropa*.

70 Bei Beispielen für mögliche RAF-Aktionen wird wieder stärker unterschieden: Exemplarische bewaffnete Aktionen gegen Zwangsräumungen, die zur Folge hätten, dass künftige Räumungen nur noch unter Mithilfe von Maschinengewehren und Panzern möglich wären, würden zwar viele Proletarier als Anarchie verurteilen, auf der anderen Seite aber viele von der Obdachlosigkeit bedrohte oder betroffene Menschen der Guerilla annähern. Die Proletarier könne man durch andere Aktionen erreichen: Wenn man beispielsweise »unter geeigneten Bedingungen zur richtigen Zeit« einen Konzernchef gefangen nähme, um die Rücknahme von Entlassungen zu erreichen, dann würden viele Arbeiter begreifen, dass solche gewaltsamen Aktionen der einzige Weg seien, ihre Interessen durchzusetzen. Ebd. S. 87.

71 Rote Armee Fraktion, *Dem Volk dienen*.

72 Horst Mahler, *Erklärung zum Prozessbeginn am 9.10.72 vor dem 1. Strafsenat des Westberliner Kammergerichts*, S. 187, 190f. u. 196. Auch auf die deutschen »proletarischen« Jugendlichen setzt er noch Hoffnung. Ebd., S. 195.

73 Rote Armee Fraktion, *Die Aktion des »Schwarzen September« in München*, S. 169 u. 166f.

74 Ebd., S. 160 u. 167.

75 Rote Armee Fraktion, *Erklärung vom 25. Mai 1972 zum Bombenanschlag auf das Hauptquartier der US-Army in Europa in Heidelberg*, S. 148.

76 »Da mag es beruhigend sein, daß Guerillas zwar mit Bomben und Gewehren töten können, bisher aber nicht durch Gegenschläge Städte und Dörfer mit Napalm im undifferenzierten Flächenbombardement einebnen.« Hans-Joachim Müller-Borchert, *Guerilla im Industriestaat*, S. 14.

77 Rote Armee Fraktion, *Die Aktion des »Schwarzen September« in München*, S. 153 u. 159.

78 Siehe die Nachweise bei Iring Fetscher, Herfried Münkler, Hannelore Ludwig, *Ideologien der Terroristen in der Bundesrepublik Deutschland*, S. 71f.

79 Andreas Baader, Gudrun Ensslin, Ulrike Meinhof, Jan Carl Raspe, [Auszug aus der »Erklärung zur Sache«, 13.1.1976], S. 236.

80 Einige Seiten weiter dann die für das Gesamtkonzept der RAF mindestens genauso wichtige, anders geartete Hoffnung bzw. Gewissheit, dass »die untersten im Weltproletariat«, die trikontinentalen Massen, vor allem die Vietnams, als »Avantgarde der weltweiten Insurrektion« dem Imperialismus »eine strategische Niederlage mit globalen Wirkungen« zufügen. Ebd. S. 239.

Schluss

1 HP Zimmer, *Selbstgespräch*, S. 90f. – Bei Ulrich Enzensberger, *Die Jahre der Kommune I*, findet man dazu keine Informationen.
2 HP Zimmer, *Selbstgespräch*, S. 92. – Auch Gudrun Ensslin gibt ganz traditionell als »bewußte Praxis« der Kunst etwa die »Praxis, einen guten aufklärenden, bewußtseinsschaffenden Film zu machen«, an. Gudrun Ensslin, *»Zieht den Trennungsstrich, jede Minute«*, S. 75 (Brief v. 23.11.72).
3 HP Zimmer, *Selbstgespräch*, S. 92.
4 Ludwig Rubiner, *Der Dichter greift in die Politik*, S. 17ff.
5 Mit den Worten Benjamins: »Nur im Kontrast gegen die hilflosen Kompromisse der ›Gesinnung‹ sind gewisse Kernstücke des Sürrealismus, ja der sürrealistischen Tradition, zu verstehen.« Walter Benjamin, *Der Sürrealismus*, S. 304.

Literatur

[Kommune I], [Flugblatt Nr. 2, ca. März 1967], in: Kommune I, *Quellen zur Kommune-Forschung*, o.O., o.J., o.S.

[*Ostermarschierer, Ostermärtyrer* (ungefähr Anfang 1967)], in: Kommune I, *Quellen zur Kommune-Forschung*, o.O., o.J., o.S.

[Situationistische Internationale], *Brennt der Reichstag?* [*Il Reichstag bruccia?*, Flugblatt, 19.7.1969], in: Gianfranco Sanguinetti, *Über den Terrorismus und den Staat. Die Theorie und Praxis des Terrorismus zum ersten Mal enthüllt*, Hamburg 1981, S. 114-116.

A daughter of the American Revolution, *Affinity Groups* [in: *Berkeley Tribe*, 29.5.1970], in: Harold Jacobs (Hrsg.), *Weatherman*, o.O. 1970, S. 452-455.

A Weatherwoman, *Inside the Weather Machine* [in: *Rat*, 6.2.1970], in: Harold Jacobs (Hrsg.), *Weatherman*, o.O. 1970, S. 320-326.

Adorno, Theodor W., *Kritische Theorie und Protestbewegung* [in: *Süddeutsche Zeitung*, 27.4.1969], in: Wolfgang Kraushaar (Hrsg.), *Frankfurter Schule und Studentenbewegung. Von der Flaschenpost zum Molotowcocktail. 1946-1995*, Bd. 2, Hamburg 1998, S. 606f.

Adorno, Theodor W., *Rückblickend auf den Surrealismus* [1956], in: ders., *Noten zur Literatur*, Frankfurt/M. 1981, S. 100-105.

Alloway, Lawrence, *Dada 1956*, in: *Architectual Design*, November 1956, S. 374.

Anders, Günther, *Happenings*, in: *Merkur* 23 (1969), S. 395-399.

Aragon, Louis, *Pariser Landleben* [*Le Paysan de Paris* (1926)], München 1969.

Arvatov, Boris, *Kunst und Produktion in der Geschichte der Arbeiterbewegung* [1926], in: ders., *Kunst und Produktion*, hrsg. v. Hans Günther und Karla Hielscher, München 1972, S. 37-51.

Arvatov, Boris, *Kunst und Produktion*, hrsg. v. Hans Günther und Karla Hielscher, München 1972.

Ashley, Karin, u.a., *You Don't Need a Weatherman to Know Which Way the Wind Blows* [in: *New Left Notes*, 18.6.1969], in: Harold Jacobs (Hrsg.), *Weatherman*, o.O. 1970, S. 51-90.

Asholt, Wolfgang und Walter Fähnders, *Einleitung*, zu: dies. (Hrsg.), *Manifeste und Proklamationen der europäischen Avantgarde (1909-1938)*, Stuttgart und Weimar 1995, S. XV-XXX.

Ausschuß »Rettet die Polizei« e.V., *SPA-PRO. Spaziergangs-Protest gegen die Polizei* [Flugblatt, 17.12.1966], in: Kommune I, *Quellen zur Kommune-Forschung*, o.O., o.J., o.S.

Aust, Stefan, *Der Baader Meinhof Komplex*, erw. u. aktualisierte Ausgabe, München 1998 [1997].

Baader, Andreas und Gudrun Ensslin, Ulrike Meinhof, Jan Carl Raspe, [Auszug aus der »Erklärung zur Sache«, 13.1.1976], in: *Rote Armee Fraktion. Texte und Materialien zur Geschichte der RAF*, Berlin 1997, S. 198-265.

Baader, Johannes, *Der Oberdada*, hrsg. v. Karl Riha, Hofheim 1991.

Bachmayer, Hans M., *Die »SPUR« – zur Kunst, Gaudi und Politik*, in: Klaus Schrenk (Hrsg.), *Aufbrüche, Manifeste, Manifestationen. Positionen in der bildenden Kunst zu Beginn der 60er Jahre in Berlin, Düsseldorf und München*, Köln 1984, S. 134-154.

Backes-Haase, Alfons, *Kunst und Wirklichkeit. Zur Typologie des DADA-Manifests*, Frankfurt/M. 1992.

Bakunin, Michael und Sergej Netschajew, *Die Pflichten des Revolutionärs* [1869], in: Michael Bakunin, *»Gewalt für den Körper, Verrat für die Seele?«*, Berlin 1980, S. 117-123.

Baldeney, Christofer und Rodolphe Gasché, Dieter Kunzelmann, *Abrechnung und Projekt* [in: dies., *Unverbindliche Richtlinien 1* (1962)], in: Frank Böckelmann, Herbert Nagel (Hrsg.), *Subversive Aktion. Der Sinn der Organisation ist ihr Scheitern* [1976], erweiterte Neuausgabe, Frankfurt/M. 2002, S. 73-87.

Baldeney, Christofer und Rodolphe Gasché, Dieter Kunzelmann, *Aspekte und Konklusionen* [in: dies., *Unverbindliche Richtlinien 2* (1963)], in: Frank Böckelmann, Herbert Nagel (Hrsg.), *Subversive Aktion. Der Sinn der Organisation ist ihr Scheitern* [1976], erweiterte Neuausgabe, Frankfurt/M. 2002, S. 114-118.

Baldeney, Christofer und Rodolphe Gasché, Dieter Kunzelmann, *Repressive Aktion* [in: dies., *Unverbindliche Richtlinien 2* (1963)], in: Frank Böckelmann, Herbert Nagel (Hrsg.), *Subversive Aktion. Der Sinn der Organisation ist ihr Scheitern* [1976], erweiterte Neuausgabe, Frankfurt/M. 2002, S. 102-109.

Barck, Karlheinz, *Avantgarde*, in: *Ästhetische Grundbegriffe*, Bd. 1, hrsg. v. Karlheinz Barck u.a., Stuttgart und Weimar 2000, S. 545-577.

Barker, John, Rez. zu: Tom Vague, *The Angry Brigade*, im Internet zu finden unter: http://www.geocities.com/CapitolHill/Senate/7672/barker.html [1998].

Baudelaire, Charles, *Der Maler des modernen Lebens* [in: *Le Figaro*, 26., 29.11. u. 3.12.1863], in: ders., *Sämtliche Werke/Briefe*, hrsg. v. Friedhelm Kemp und Claude Pinois, Bd. 5, Darmstadt 1989, S. 213-258.

Baudrillard, Jean, *Der Geist des Terrorismus. Herausforderung des Systems durch die symbolische Gabe des Todes* [*L'esprit du terrorisme* (2001)], in: ders., *Der Geist des Terrorismus*, Wien 2002, S. 11-35.

Baumgarth, Christa, *Geschichte des Futurismus*, Reinbek bei Hamburg 1966.

Benjamin, Walter, *Das Kunstwerk im Zeitalter seiner technischen Reproduzierbarkeit* [1936], in: ders., *Gesammelte Schriften*, Werkausgabe, Bd. 2, hrsg. v. Rolf Tiedemann und Hermann Schweppenhäuser, S. 431-469.

Benjamin, Walter, *Der Autor als Produzent* [1934], in: ders., *Gesammelte Schriften*, Werkausgabe, Bd. 5, hrsg. v. Rolf Tiedemann und Hermann Schweppenhäuser, S. 683-701.

Benjamin, Walter, *Der Sürrealismus. Die letzte Momentaufnahme der europäischen Intelligenz* [1929], in: ders., *Gesammelte Schriften*, Werkausgabe, Bd. 4, hrsg. v. Rolf Tiedemann und Hermann Schweppenhäuser, Frankfurt/M. 1980, S. 295-310.

Benjamin, Walter, *Über den Begriff der Geschichte* [1942], in: ders., *Gesammelte Schriften*, Werkausgabe, Bd. 2, hrsg. v. Rolf Tiedemann und Hermann Schweppenhäuser, Frankfurt/M. 1974, S. 691-704.

Berendse, Gerrit-Jan, *Schreiben im Terrordrom. Gewaltcodierung, kulturelle Erinnerung und das Bedingungsverhältnis zwischen Literatur und RAF-Terrorismus*, München 2005.

Berg, Hubert van den, *Avantgarde und Anarchismus. Dada in Zürich und Berlin*, Heidelberg 1999.

Berg, Hubert van den, *Zwischen Totalitarismus und Subversion. Anmerkungen zur politischen Dimension des Manifests*, in: Wolfgang Asholt, Walter Fähnders (Hrsg.), *»Die ganze Welt ist eine Manifestation«. Die europäische Avantgarde und ihre Manifeste*, Darmstadt 1997, S. 58-80.

Berger, Peter L., *Zwischen System und Horde. Persönliche Anregungen für widerstrebende Aktivisten*, in: ders., Richard John Neuhaus, *Protestbewegung und Revolution oder Die Verantwortung der Radikalen* [*Movement and Revolution. On American Radicalisme* (1970)], Frankfurt/M. 1971, S. 13-92.

Berkeley Commune, Up Against The Wall/Motherfucker, *Another Carnival of Left Politics*, in: Peter Stansill, David Zane Mairowitz (Hrsg.), *BAMN (By Any Means Necessary). Outlaw Manifestos and Ephemera*, Harmondsworth 1971, S. 155f.

Berlin: Leistungsbeweise der Gewalt [in: *linkeck*, Nr. 6 (ca. September 1968)], in: *linkeck*, Reprint, hrsg. v. Robert Halbach, Berlin 1987, o.S.

Bernecker, Walther L., *Strategien der »direkten Aktion« und der Gewaltanwendung im spanischen Anarchismus*, in: Wolfgang J. Mommsen, Gerhard Hirschfeld (Hrsg.), *Sozialprotest, Gewalt, Terror. Gewaltanwendung durch politische und gesellschaftliche Randgruppen im 19. und 20. Jahrhundert*, Stuttgart 1982 (= Veröffentlichungen des Deutschen Historischen Instituts London, Bd. 10), S. 108-134.

Bewaffneter Kampf und Massenlinie. Beiträge der Gauche Prolétarienne zur Vorbereitung des bewaffneten Aufstands, München 1972 (= Schriften zum Klassenkampf, Nr. 31).

Bewegung 2. Juni, *Programm. Juni 1972*, in: *Der Blues. Gesammelte Texte der Bewegung 2. Juni*, Bd. 1, Reprint, Dortmund 2001, S. 10-12.

Bluem, Burkhard, *Mißlungene Proben des akademischen Proletariats für den aufgeschobenen Aufstand. Überlegungen zur Demonstration gegen den Vietnamkrieg vom 5. Februar 1967* [in: *SDS-Korrespondenz*, Nr. 6, Mai 1967], in: Wolfgang Kraushaar (Hrsg.), *Frankfurter Schule und Studentenbewegung. Von der Flaschenpost zum Molotowcocktail. 1946-1995*, Bd. 2, Hamburg 1998, S. 225-227.

Boccioni, Umberto und Carlo Dalmazzo Carrà, Luigi Russolo, Giacomo Balla, Gino Severini, *Manifest der futuristischen Maler* [Mailand, 11.2.1910], in: Umbro Apollonio (Hrsg.), *Der Futurismus. Manifeste und Dokumente einer künstlerischen Revolution 1909-1918*, Köln 1972, S. 37-39.

Boccioni, Umberto und Carlo Dalmazzo Carrà, Luigi Russolo, Giacomo Balla, Gino Severini, *Die futuristische Malerei – Technisches Manifest* [Mailand, 11.4.1910], in: Umbro Apollonio (Hrsg.), *Der Futurismus. Manifeste und Dokumente einer künstlerischen Revolution 1909-1918*, Köln 1972, S. 40-43.

Böckelmann, Frank, *Anfänge. Situationisten, Subversive und ihre Vorgänger* [1991], in: ders., *Die Emanzipation ins Leere. Beiträge zur Gesinnungsgeschichte 1960-2000*, Berlin und Wien 2000, S. 21-43.

Böckelmann, Frank, *Rundschreiben von Frank Böckelmann aus Kalikutt vom 24.-27.8.1964*, in: ders., Herbert Nagel (Hrsg.), *Subversive Aktion. Der Sinn der Organisation ist ihr Scheitern* [1976], erweiterte Neuausgabe, Frankfurt/M. 2002, S. 201-210.

Böckelmann, Frank und Herbert Nagel (Hrsg.), *Subversive Aktion. Der Sinn der Organisation ist ihr Scheitern* [1976], erweiterte Neuausgabe, Frankfurt/M. 2002.

Böckelmann, Frank und Herbert Nagel, *Nachwort*, in: dies. (Hrsg.), *Subversive Aktion. Der Sinn der Organisation ist ihr Scheitern* [1976], erweiterte Neuausgabe, Frankfurt/M. 2002, S. 489-493.

Boehmer, Konrad und Ton Regtien, *Provo – Modell oder Anekdote?*, in: *Kursbuch*, Nr. 19, 1969, S. 129-150.

Bogdanov, Aleksandr, *The Paths of Proletarian Creation* [*Puti proletarskogo tvorchestva*, in: *Proletarskaya kultura*, Nr. 15/16, 1920], in: John E. Bolt (Hrsg.), *Russian Art of the Avant-Garde. Theory and Criticism 1902-1934*, revised and enlarged edition, London 1988, S. 178-182.

Bohrer, Karl Heinz, *1968: Die Phantasie an die Macht? Studentenbewegung – Walter Benjamin – Surrealismus*, in: Ingrid Gilcher-Holtey (Hrsg.), *1968 – Vom Ereignis zum Gegenstand der Geschichtswissenschaft*, Göttingen 1998 (= Geschichte und Gesellschaft; Sonderheft 17), S. 288-300.

Bohrer, Karl Heinz, *Die Ästhetik des Schreckens. Die pessimistische Romantik und Ernst Jüngers Frühwerk*, München und Wien 1978.

Bohrer, Karl Heinz, *Die drei Kulturen*, in: Jürgen Habermas (Hrsg.), *Stichworte zur »Geistigen Situation der Zeit«*, Bd. 2, Frankfurt/M. 1979, S. 636-669.

Bohrer, Karl Heinz, *Die Furcht vor dem Unbekannten. Zur Vermittlungs-Struktur von Tradition und Moderne*, in: ders., *Plötzlichkeit. Zum Augenblick des ästhetischen Scheins*, Frankfurt/M. 1981, S. 68-85.

Bohrer, Karl Heinz, *Die mißverstandene Rebellion*, in: *Merkur* 22 (1968), S. 33-44.

Bohrer, Karl Heinz, *Surrealismus und Terror*, in: *Merkur* 23 (1969), S. 921-940 [wiederabgedruckt unter dem Titel *Surrealismus und Terror oder die Aporien des Juste-Milieu*, in: Karl Heinz Bohrer, *Die gefährdete Phantasie oder Surrealismus und Terror*, München 1970, S. 32-61].

Böhringer, Hannes, *Avantgarde – Geschichte einer Metapher*, in: *Archiv für Begriffsgeschichte* 22 (1978), S. 90-114.

Bolt, John E. (Hrsg.), *Russian Art of the Avant-Garde. Theory and Criticism 1902-1934*, revised and enlarged edition, London 1988.

Borcke, Astrid von, *Gewalt und Terror im revolutionären Narodnicestvo: Die Partei »Narodnaja Volja« (1879-1883)*, in: Wolfgang J. Mommsen, Gerhard Hirschfeld (Hrsg.), *Sozialprotest, Gewalt, Terror. Gewaltanwendung durch politische und gesellschaftliche Randgruppen im 19. und 20. Jahrhundert*, Stuttgart 1982 (= Veröffentlichungen des Deutschen Historischen Instituts London, Bd. 10), S. 64-79.

Boudin, Kathy und Bernadine Dohrn, Terry Robbins, *Bringing the War Back Home: Less Talk, More National Action* [in: *New Left Notes*, 23.8. 1969], in: Harold Jacobs (Hrsg.), *Weatherman*, o.O. 1970, S. 175-182.

Brandt, Sylvia, *Bravo! & Bum Bum! Neue Produktions- und Rezeptionsformen im Theater der historischen Avantgarde: Futurismus, Dada und Surrealismus. Eine vergleichende Untersuchung*, Frankfurt/M. u.a. 1995.

Braungart, Richard G. und Margaret M. Braungart, *From Protest to Terrorism: The Case of SDS and the Weathermen*, in: *International Social Movement Research*, Vol. 4, Greenwich (Connecticut) und London 1992, S. 45-78.

Breton, André, *Erstes Manifest des Surrealismus* [1924], in: ders., *Die Manifeste des Surrealismus*, Reinbek bei Hamburg 1968, S. 11-43.

Breton, André, *Geben Sie alles auf* [*Lachez tout*, in: *Littérature. Nouvelle Série*, Nr. 2 (1,4), 1922], in: Wolfgang Asholt, Walter Fähnders (Hrsg.), *Manifeste und Proklamationen der europäischen Avantgarde*, Stuttgart und Weimar 1995, S. 271f.

Breton, André, *Jacques Rigaut*, in: ders., *Anthologie des Schwarzen Humors* [*Anthologie de l'humeur noir* (1940)], München 1979, S. 488-490.

Breton, André, *Zweites Manifest des Surrealismus* [1930], in: ders., *Die Manifeste des Surrealismus*, Reinbek bei Hamburg 1968, S. 11-43.

Briegleb, Klaus, *1968. Literatur in der antiautoritären Bewegung*, Frankfurt/M. 1993.

Brinkmann, Rolf Dieter, *Der Film in Worten* [1969], in: ders., Ralf-Rainer Rygulla (Hrsg.), *Acid. Neue amerikanische Szene*, Reinbek bei Hamburg 1983, S. 381-399.

Brückner, Peter, *Politisch-psychologische Anmerkungen zur Roten-Armee-Fraktion* [1973], in: ders., *Über die Gewalt. Sechs Aufsätze zur Rolle der Gewalt in der Entstehung und Zerstörung sozialer Systeme*, Berlin 1979, S. 28-53.

Bürger, Peter, *Der französische Surrealismus. Studien zum Problem der avantgardistischen Literatur*, Frankfurt/M. 1971.

Bürger, Peter, *Theorie der Avantgarde* [1974], 2. Aufl., Frankfurt/M. 1982.

Büro für surrealistische Forschungen, *Erklärung vom 27. Januar 1925*, in: Heribert Becker (Hrsg.), *Es brennt. Pamphlete der Surrealisten*, Hamburg 1998, S. 27f.

Cahm, Caroline, *Kropotkin and the Rise of Revolutionary Anarchism 1872-1886*, Cambridge u.a. 1989.

Calinescu, Matei, *Faces of Modernity: Avant-Garde, Decadence, Kitsch*, Bloomington und London 1977.

Camus, Albert, *Der Mensch in der Revolte* [*L'Homme révolté* (1951)], 25. Aufl., Reinbek bei Hamburg 2003 [1969].

Carini, Marco, *Fritz Teufel. Wenn's der Wahrheitsfindung dient*, Hamburg 2003.

Carli, Mario, *Primo appello alle Fiamme* [20.9.1918], in: Ferdinando Cordova, *Arditi e legionari dannunziani*, Padova 1969, S. 208f.

Carr, Gordon, *The Angry Brigade. The Cause and the Case*, London 1975.

Chomsky, Noam, *Internationaler Terrorismus. Bild und Wirklichkeit* [1989], in: ders., *Pirates and Emperors. Terrorismus in der »Neuen Weltordnung«* [*Pirates and Emperors* (2002)], Frankfurt/M. 2004, S. 216-252.

Chotjewitz, Peter O., *Was heißt »experimentelle Literatur«*, in: *Akzente* 15 (1968), S. 412-428.

Claessens, Dieter und Karin de Ahna, *Das Milieu der Westberliner »scene« und die »Bewegung 2. Juni«*, in: Wanda von Baeyer-Katte u.a., *Gruppenprozesse*, Opladen 1982 (= Analysen zum Terrorismus, hrsg. v. Bundesminister des Innern, Bd. 3), S. 19-181.

Clair, Jean, *Die Verantwortung des Künstlers. Avantgarde zwischen Terror und Vernunft*, Köln 1998.

Cohn-Bendit, Gabriel und Daniel Cohn-Bendit, *Linksradikalismus – Gewaltkur gegen die Alterskrankheit des Kommunismus* [*Le gauchisme – remède à la sénile du communisme* (1968)], Reinbek bei Hamburg 1968.

Communique # 1 From The Weatherman Underground [in: *Berkeley Tribe*, 31.7.1970], in: Harold Jacobs (Hrsg.), *Weatherman*, o.O. 1970, S. 508-511.

Constant, *Constant, Amsterdam*, Katalog zur Ausstellung in der Städtischen Kunstgalerie Bochum, Bochum 1961.

Constant, *Das Lied der Arbeit* [1966], in: ders., *Spielen oder töten. Der Aufstand des Homo ludens*, Bergisch Gladbach 1971, S. 51-85.

Constant, *Über unsere Mittel und unsere Perspektiven* [*internationale situationniste*, Nr. 2, Dezember 1958], in: Situationistische Internationale 1958-1969, *Gesammelte Ausgaben des Organs der Situationistischen Internationale*, 2 Bde., Hamburg 1976f., Bd. 1, S. 63-66.

Cordova, Ferdinando, *Arditi e legionari dannunziani*, Padova 1969.

Curcio, Renato, *Mit offenem Blick. Ein Gespräch zur Geschichte der Roten Brigaden in Italien von Mario Scialoja*, Berlin 1997.

Dada-Ball in Genf, in: *Prager Tageblatt*, 21.3.1920, wiederabgedruckt in: Walter Serner, *Das Gesamte Werk*, Bd. 2, hrsg. v. Thomas Milch, München 1982, S. 139f.

Debord, Guy, *Die Gesellschaft des Spektakels* [*La societé du spectacle* (1967)], Hamburg 1978.

Debord, Guy, *In girum imus nocte et consumimur igni. Wir irren des Nachts im Kreis umher und werden vom Feuer verzehrt* [Filmscript (1978)], Berlin 1985.

Debord, Guy, *Perspektiven einer bewußten Aneignung des alltäglichen Lebens* [*internationale situationniste*, Nr. 1, Juni 1961], in: Situationistische Internationale 1958-1969, *Gesammelte Ausgaben des Organs der Situationistischen Internationale*, 2 Bde., Hamburg 1976f., Bd. 1, S. 226-234.

Debord, Guy, *Rapport zur Konstruktion von Situationen und die Organisations- und Aktionsbedingungen der Internationalen Situationistischen Tendenz* [1957], in: ders., *Rapport zur Konstruktion von Situationen und die Organisations- und Aktionsbedingungen der Internationalen Situationistischen Tendenz und andere Schriften*, Hamburg 1980, S. 5-58.

Debord, Guy, *Thesen über die kulturelle Revolution* [*internationale situationniste*, Nr. 1, Juni 1958], in: Situationistische Internationale 1958-1969, *Gesammelte Ausgaben des Organs der Situationistischen Internationale*, 2 Bde., Hamburg 1976f., Band 1, S. 25-27.

Debord, Guy, *Vorwort zur vierten italienischen Ausgabe von »Die Gesellschaft des Spektakels«* [1979], in: ders., *In girum imus nocte et consumimur igni. Wir irren des Nachts im Kreis umher und werden vom Feuer verzehrt*, Berlin 1985, S. 117-137.

Debray, Régis, *Der Castrismus. Der lange Marsch in Lateinamerika* [1967], in: Regis Débray u.a., *Der lange Marsch*, München 1968, S. 79-163.

Debray, Régis, *Revolution in der Revolution? Bewaffneter Kampf und politischer Kampf in Lateinamerika* [*Révolution dans la révolution?* (1967)], 2., verbesserte Aufl., München 1967.

Demetz, Peter, *Worte in Freiheit. Der italienische Futurismus und die deutsche literarische Avantgarde (1912-1934)*, München und Zürich 1990.

Der Kampf um die Kontrolle der neuen Konditionierungstechniken [*internationale situationniste*, Nr. 1, Juni 1958], in: Situationistische Internationale 1958-1969, *Gesammelte Ausgaben des Organs der Situationistischen Internationale*, 2 Bde., Hamburg 1976f., Bd. 1, S. 11-13.

Derrida, Jacques, *Autoimmunisierungen, wirkliche und symbolische Selbstmorde. Ein Gespräch mit Jacques Derrida*, in: Jürgen Habermas, ders., *Philosophie in Zeiten des Terrors. Zwei Gespräche* [*Philosophy in a Time of Terror* (2003)], geführt v. Giovanna Borradori, Berlin und Wien 2004, S. 117-178.

Die 4. Konferenz der S.I. in London [*internationale situationniste*, Nr. 5, Dezember 1960], in: Situationistische Internationale 1958-1969, *Gesammelte Ausgaben des Organs der Situationistischen Internationale*, 2 Bde., Hamburg 1976f., Bd. 1, S. 172-176.

Die 5. Konferenz der S.I. in Göteborg [*internationale situationniste*, Nr. 7, April 1962], in: Situationistische Internationale 1958-1969, *Gesammelte Ausgaben des Organs der Situationistischen Internationale*, 2 Bde., Hamburg 1976f., Bd. 1, S. 277-284.

Die Aktivität der italienischen Sektion [*internationale situationniste*, Nr. 2, Dezember 1958], in: Situationistische Internationale 1958-1969, *Gesammelte Ausgaben des Organs der Situationistischen Internationale*, 2 Bde., Hamburg 1976f., Bd. 1, S. 67-70.

Die Avantgarde der Anwesenheit [*internationale situationniste*, Nr. 8, Januar 1963], in: Situationistische Internationale 1958-1969, *Gesammelte Ausgaben des Organs der Situationistischen Internationale*, 2 Bde., Hamburg 1976f., Bd. 2, S. 19-29.

Die Früchte des Zorns. Texte und Materialien zur Geschichte der Revolutionären Zellen und der Roten Zora, Berlin 1993.

Die Jungfrau Maria um Schutz Deutschlands angerufen [in: *Der Dada* 1 (1919)], in: *Dada Berlin. Texte, Manifeste, Aktionen*, hrsg. v. Karl Riha in Zusammenarbeit mit Hanne Bergius, Stuttgart 1977, S. 57f.

Doesburg, Theo van, *Was ist Dada?* [*Wat is Dada?* (1923)], in: Richard Huelsenbeck (Hrsg.), *Dada. Eine literarische Dokumentation*, Reinbek bei Hamburg 1964, S. 41-43.

DPA, *»Die Baader-Meinhof-Bande«. dpa-Hintergrund (Archiv- und Informationsmaterial) vom 6. Juni 1972*, in: *Die Baader-Meinhof-Gruppe*, zusammengestellt v. Reinhard Rauball, Berlin 1972, S. 29-83.

Duijn, Roel van, *Inleiding tot het provocerend Denken* [in: *Provo*, Nr. 1, 12.7.1965], in: *Provo. De Geschiedenis van Provotarische Beweging 1965-1967*, zusammengestellt v. Roel van Duijn, Amsterdam 1985, S. 29f.

Durozoi, Gérard, *History of the Surrealist Movement* [*Histoire du mouvement surrealiste* (1997], Chicago und London 2002.

Dutschke, Gretchen, *Wir hatten ein barbarisches, schönes Leben. Rudi Dutschke. Eine Biographie*, Köln 1996.

Dutschke, Rudi [unter dem Pseudonym A. Joffé], *Die Rolle der antikapitalistischen, wenn auch nicht sozialistischen Sowjetunion für die marxistischen Sozialisten in der Welt* [in: *Anschlag*, H. 1, August 1964], in: Frank Böckelmann, Herbert Nagel (Hrsg.), *Subversive Aktion. Der Sinn der Organisation ist ihr Scheitern* [1976], erweiterte Neuausgabe, Frankfurt/M. 2002, S. 169-174.

Dutschke, Rudi [unter dem Pseudonym A. Joffé], *Diskussion: Das Verhältnis von Theorie und Praxis* [in: *Anschlag*, H. 1, August 1964], in: Frank Böckelmann, Herbert Nagel (Hrsg.), *Subversive Aktion. Der Sinn der Organisation ist ihr Scheitern* [1976], erweiterte Neuausgabe, Frankfurt/M. 2002, S. 190-195.

Dutschke, Rudi, *»Wir fordern die Enteignung Axel Springers«* [Interview, in: *Der Spiegel*, 10.7.1967], in: Wolfgang Kraushaar (Hrsg.), *Frankfurter Schule und Studentenbewegung. Von der Flaschenpost zum Molotowcocktail. 1946-1995*, Bd. 2, Hamburg 1998, S. 268-271.

Dutschke, Rudi, [Diskussionsbeitrag auf dem Kongress »Hochschule und Demokratie«, 9.6.1967], in: *Bedingungen und Organisationen des Widerstands. Der Kongreß in Hannover. Protokolle, Flugblätter, Resolutionen*, 2. Aufl., Berlin 1968 [= Voltaire Flugschriften, Bd. 12], S. 92-94.

Dutschke, Rudi, [Rede auf dem Kongress »Hochschule und Demokratie«, 9.6.1967], in: *Bedingungen und Organisationen des Widerstands. Der Kongreß in Hannover. Protokolle, Flugblätter, Resolutionen*, 2. Aufl., Berlin 1968 [= Voltaire Flugschriften, Bd. 12], S. 78-82.

Dutschke, Rudi, [*Referat auf dem »Internationalen Vietnam-Kongreß« in West-Berlin, 18. Februar 1968*], in: Wolfgang Kraushaar (Hrsg.), *Frankfurter Schule und Studentenbewegung. Von der Flaschenpost zum Molotowcocktail. 1946-1995*, Bd. 2, Hamburg 1998, S. 344f.

Dutschke, Rudi, *Die Widersprüche des Spätkapitalismus, die antiautoritären Studenten und ihr Verhältnis zur Dritten Welt*, in: *Rebellion der Studenten oder Die neue Opposition*, eine Analyse von Uwe Bergmann, Rudi Dutschke, Wolfgang Lefèvre, Bernd Rabehl, Reinbek bei Hamburg 1968, S. 33-93.

Dutschke, Rudi, *Ein Pamphlet*, in: *Briefe an Rudi D.*, Vorwort Rudi Dutschke, hrsg. v. Stefan Reisner, Frankfurt/M. 1968, S. I-XII.

Dutschke, Rudi und Hans-Jürgen Krahl, *Organisationsreferat auf der XXII. Delegiertenkonferenz des Sozialistischen Deutschen Studentenbundes, 5. September 1967*, in: Wolfgang Kraushaar (Hrsg.), *Frankfurter Schule und Studentenbewegung. Von der Flaschenpost zum Molotowcocktail. 1946-1995*, Bd. 2, Hamburg 1998, S. 287-290.

Dutschke, Rudi und T. Käsemann, R. Schöller, *Vorwort*, zu: Régis Debray u.a., *Der lange Marsch*, München 1968, S. 5-24.

Egbert, Donald D., *The Idea of »Avantgarde« in Art and Politics* [1967], in: Manfred Hardt (Hrsg.), *Literarische Avantgarden*, Darmstadt 1989 [= Wege der Forschung; Bd. 648], S. 44-65.

Ehrlicher, Hanno, *Die Kunst der Zerstörung. Gewaltphantasien und Manifestationspraktiken europäischer Avantgarden*, Berlin 2001 (= Studien aus dem Warburg-Haus, Bd. 4).

Emrich, Wilhelm, *Zur Ästhetik der modernen Dichtung*, in: *Akzente* 1 (1954), S. 371-387.

Engene, Jan Oskar, *Patterns of Terrorism in Western Europe 1950-1995*, Diss. Bergen 1998.

Ensslin, Gudrun, *»Zieht den Trennungsstrich, jede Minute«. Briefe an ihre Schwester Christiane und ihren Bruder Gottfried aus dem Gefängnis 1972-1973*, hrsg. v. Christiane Ensslin und Gottfried Ensslin, Hamburg 2005.

Entwurf III, in: Kommune I, *Quellen zur Kommune-Forschung*, o.O., o.J., o.S.

Enzensberger, Hans Magnus, *Die Aporien der Avantgarde*, in: ders., *Einzelheiten*, Frankfurt/M. 1962, S. 290-315.

Enzensberger, Hans Magnus, *Gemeinplätze, die Neueste Literatur betreffend*, in: *Kursbuch*, Nr. 15, 1968, S. 187-197.

Enzensberger, Hans Magnus, *Nachwort*, zu: *Museum der modernen Poesie* [1960], eingerichtet von Hans Magnus Enzensberger, 2. Bd., Frankfurt/M. 1980, S. 765-784.

Enzensberger, Ulrich, *Die Jahre der Kommune I. Berlin 1967-1969*, Köln 2004.

Erklärung zur Befreiung von Andreas Baader. Die Rote Armee aufbauen [in: *Agit 883*, 5.6.1970], in: *Rote Armee Fraktion. Texte und Materialien zur Geschichte der RAF*, Berlin 1997, S. 23-25.

Ernst, Hans Peter, *Die Provos sind tot, es lebe die Revolution!* [in: *Peng*, Nr. 2, März 1968], in: H. Martin (Hrsg.), *Strategie und Organisationsfrage in der Antiautoritären Bewegung. Eine Dokumentation*, Darmstadt 1970, S. 87-94.

Everyone Talks About the Weather... [Papier anlässlich des National War Council, 27.-30.12.1969], in: Harold Jacobs (Hrsg.), *Weatherman*, o.O. 1970, S. 440-447.

Fähnders, Walter, *»Vielleicht ein Manifest«. Zur Entwicklung des avantgardistischen Manifestes*, in: Wolfgang Asholt, Walter Fähnders (Hrsg.), *»Die ganze Welt ist eine Manifestation«. Die europäische Avantgarde und ihre Manifeste*, Darmstadt 1997, S. 18-38.

Fähnders, Walter, *Anarchismus und Literatur. Ein vergessenes Kapitel deutscher Literaturgeschichte zwischen 1890 und 1910*, Stuttgart 1987.

Fanon, Frantz, *Die Verdammten dieser Erde* [*Les damnés de la terre* (1961)], Reinbek bei Hamburg 1969.

Fetscher, Iring, *Terrorismus und Reaktion in der Bundesrepublik Deutschland und in Italien*, Reinbek bei Hamburg 1981.

Fetscher, Iring und Herfried Münkler, Hannelore Ludwig, *Ideologien der Terroristen in der Bundesrepublik Deutschland*, in: Iring Fetscher, Günter Rohrmoser, *Ideologien und Strategien*, Opladen 1981 (= Analysen zum Terrorismus, hrsg. v. Bundesministerium des Innern, Bd. 1), S. 15-271.

Fiedler, Leslie A., *Die neuen Mutanten* [*The New Mutants*, in: *Partisan Review*, 1965], in: Rolf Dieter Brinkmann, Ralf-Rainer Rygulla (Hrsg.), *Acid. Neue amerikanische Szene*, Reinbek bei Hamburg 1983 [1969] , S. 16-31.

Fischer, Ludger, *Avantgarde – Die Vorhut der alten Ratten. Versuch einer Begriffsgeschichte*, in: Hans Holländer, Christian W. Thomsen (Hrsg.),

Besichtigung der Moderne: Bildende Kunst, Architektur, Musik, Literatur, Religion. Aspekte und Perspektiven, Köln 1987, S. 41-52.

Fluxus. Ein Gemeinschaftsporträt von George Macunias 1931-1978, aus persönlichen Erinnerungen gesammelt von Emmett Williams und Ay-O, hrsg. v. Ute und Michael Berger, Wiesbaden 1996.

Friedrich, Hugo, *Die Struktur der modernen Lyrik. Von Baudelaire bis zur Gegenwart*, Reinbek bei Hamburg 1956.

Fries, Helmut, *Die große Katharsis. Der Erste Weltkrieg in der Sicht deutscher Dichter und Gelehrter*, Bd. 1, Konstanz 1994.

Fromkin, David, *Die Strategie des Terrorismus* [in: *Foreign Affairs*, Juli 1975], in: Manfred Funke (Hrsg.), *Terrorismus. Untersuchungen zur Strategie und Struktur revolutionärer Gewaltpolitik*, Düsseldorf 1977, S. 83-99.

Füllner, Karin, *Dada in Berlin: Gedächtnisfeiern und Skandale*, Siegen 1986 (= MuK; 43).

Funke, Manfred, *Terrorismus – Ermittlungsversuch zu einer Herausforderung*, in: ders. (Hrsg.), *Terrorismus. Untersuchungen zur Strategie und Struktur revolutionärer Gewaltpolitik*, Düsseldorf 1977, S. 9-36.

Gabo, Naum und Anton Pevsner, *The Realistic Manifesto* [*Realisticheskii manifest* (1920)] in: John E. Bolt (Hrsg.), *Russian Art of the Avant-Garde. Theory and Criticism 1902-1934*, revised and enlarged edition, London 1988, S. 208-214.

Gan, Aleksei, *Constructivism* [*Konstruktivism* (1922)], [Auszug] in: John E. Bolt (Hrsg.), *Russian Art of the Avant-Garde. Theory and Criticism 1902-1934*, revised and enlarged edition, London 1988, S. 217-225.

Gauche Prolétarienne, *Volkskrieg in Frankreich? Strategie und Taktik der proletarischen Linken*, Berlin 1972 (= Rotbuch 34).

Gerd Albartus ist tot [Dezember 1991], in: *Die Früchte des Zorns. Texte und Materialien zur Geschichte der Revolutionären Zellen und der Roten Zora*, Berlin 1993, S. 20-34.

Gewalt gegen Sachen [in: *linkeck*, Nr. 3 (ca. Mai 1968)], in: *linkeck*, Reprint, hrsg. v. Robert Halbach, Berlin 1987, o.S.

Gitlin, Todd, *The Sixties. Years of Hope, Days of Rage*, überarbeitete Aufl., New York 1993 [1987].

Grass, Günter, *Literatur und Revolution oder des Idyllikers schnaubendes Steckenpferd* [1969], in: Wolfgang Kuttenkeuler (Hrsg.), *Poesie und Politik. Zur Situation der Literatur in Deutschland*, Stuttgart u.a. 1973, S. 341-346.

Gray, Christopher, *Dada & Surrealist Texts: A Commentary in Brief* [in: *Heatwave*, Nr. 2, Oktober 1966], in: *King Mob Echo. English Section of the Situationist International*, London 2000, S. 43.

Gray, Christopher, *Flower Power?* [in: *King Mob*, Nr. 3], in: *King Mob Echo. English Section of the Situationist International*, London 2000, S. 102-115.

Gray, Christopher und Charles Radcliffe, *All or Not All* [in: *Heatwave*, Nr. 2, Oktober 1966], in: *King Mob Echo. English Section of the Situationist International*, London 2000, S. 42f.

Gray, Christopher und Charles Radcliffe, *The Provo Riots* [in: *Heatwave*, Nr. 2, Oktober 1966], in: *King Mob Echo. English Section of the Situationist International*, London 2000, S. 48-51.

Gross, Thomas, *Alltagserkundungen. Empirisches Schreiben in der Ästhetik und in den späten Materialbänden Rolf Dieter Brinkmanns*, Stuttgart und Weimar 1993.

Gruppe SPUR, *[Katalogtext von 1959]*, in: *Ein kultureller Putsch. Manifeste, Pamphlete und Provokationen der Gruppe SPUR*, Hamburg 1991, S. 18-34.

Gruppe SPUR, *[Text aus Spur Nr. 1 (August 1960)]*, in: *Ein kultureller Putsch. Manifeste, Pamphlete und Provokationen der Gruppe SPUR*, Hamburg 1991, S. 35-39.

Guevara, Ernesto Che, *Der Guerillakrieg* [*La guerra de guerillas* (1960)], in: ders., *Guerilla – Theorie und Methode. Sämtliche Schriften zur Guerillamethode, zur revolutionären Strategie und zur Figur des Guerilleros*, hrsg. v. Horst Kurnitzky, Berlin 1968 (= Rotbuch 9), S. 20-123.

Guevara, Ernesto Che, *Guerillakrieg – eine Methode* [*Guerra de guerillas: un método* (1963)], in: ders., *Guerilla – Theorie und Methode. Sämtliche Schriften zur Guerillamethode, zur revolutionären Strategie und zur Figur des Guerilleros*, hrsg. v. Horst Kurnitzky, Berlin 1968 (= Rotbuch 9), S. 124-142.

Guevara, Ernesto Che, *Vorwort zu dem Buch »Volkskrieg, Volksarmee« von Vo Nguyen Giap* [1964], in: *Materialien zur Revolution in Reden, Aufsätzen, Briefen von Fidel Castro, Che Guevara, Regis Debray*, Darmstadt 1968, S. 60-69.

Habermas, Jürgen, [Erster Diskussionsbeitrag auf dem Kongress »Hochschule und Demokratie«, 9.6.1967], in: *Bedingungen und Organisationen des Widerstands. Der Kongreß in Hannover. Protokolle, Flugblätter, Resolutionen*, 2. Aufl., Berlin 1968 [= Voltaire Flugschriften, Bd. 12], S. 75f.

Habermas, Jürgen, [Rede auf dem Kongress »Hochschule und Demokratie«, 9.6.1967], in: *Bedingungen und Organisationen des Widerstands. Der Kongreß in Hannover. Protokolle, Flugblätter, Resolutionen*, 2. Aufl., Berlin 1968 [= Voltaire Flugschriften, Bd. 12], S. 42-48.

Habermas, Jürgen, [Zweiter Diskussionsbeitrag auf dem Kongress »Hochschule und Demokratie«, 9.6.1967], in: *Bedingungen und Organisationen des Widerstands. Der Kongreß in Hannover. Protokolle, Flugblätter, Resolutionen*, 2. Aufl., Berlin 1968 [= Voltaire Flugschriften, Bd. 12], S. 100-102.

Habermas, Jürgen, *Brief an C. Grossner (13. Mai 1968)*, in: ders., *Kleine politische Schriften I-IV*, Frankfurt/M. 1981, S. 215f.

Habermas, Jürgen, *Briefwechsel mit Kurt Sontheimer* [1977], in: ders., *Kleine Politische Schriften (I-IV)*, Frankfurt/M. 1981, S. 367-406.

Habermas, Jürgen, *Kleine politische Schriften I-IV*, Frankfurt/M. 1981.

Habermas, Jürgen, *Protestbewegung und Hochschulreform*, Frankfurt/M. 1969.

Habermas, Jürgen, *Über »linken Faschismus«*, Brief an Erich Fried, 26.7. 1967, in: ders., *Protestbewegung und Hochschulreform*, Frankfurt/M. 1969, S. 149-151.

Habermas, Jürgen, *Universität in der Demokratie – Demokratisierung der Universität* [Vortrag auf den Universitätstagen der FU Berlin, 20.1. 1967], in: Wolfgang Kraushaar (Hrsg.), *Frankfurter Schule und Studentenbewegung. Von der Flaschenpost zum Molotowcocktail. 1946-1995*, Bd. 2, Hamburg 1998, S. 222-225.

Habermas, Jürgen, *Zum Geleit*, in: ders. (Hrsg.), *Antworten auf Herbert Marcuse*, Frankfurt/M. 1968, S. 9-16.

Hakemi, Sara, *»Burn, baby, burn!« Die andere Vorgeschichte der RAF*, in: Klaus Biesenbach (Hrsg.), *Zur Vorstellung des Terrors: Die RAF-Austellung*, Bd. 2, Göttingen 2005, S. 69-71.

Hall, Stuart, *The Hippies: An American »Moment«*, in: Julian Nagel (Hrsg.), *Student Power*, London 1969, S. 170-202.

Hampel, Frank, *Zwischen Guerilla und proletarischer Selbstverteidigung. Clausewitz – Lenin – Mao Zedong – Che Guevara – Körner*, Frankfurt/M. 1989.

Handke, Peter, *Für* das *Straßentheater, gegen* die *Straßentheater* [1968], in: ders., *Ich bin ein Bewohner des Elfenbeinturms*, Frankfurt/M. 1972, S. 56-62.

Haskell, Barbara, *Blam! The Explosion of Pop, Minimalism and Performance 1958-1964*, New York und London 1984.

Hausmann, Raoul, *Am Anfang war Dada* [1970], hrsg. v. Karl Riha und Günter Kämpf, 3., völlig neu gestaltete Aufl., Gießen 1992.

Hausmann, Raoul, *Der deutsche Spießer ärgert sich* [in: *Der Dada* 2 (1919)], in: *Dada Berlin. Texte, Manifeste, Aktionen*, hrsg. v. Karl Riha in Zusammenarbeit mit Hanne Bergius, Stuttgart 1977, S. 66-69.

Hausmann, Raoul, *Neorealismus, Dadaismus*, in: *Das Kunstwerk* 17 (1963), S. 13f.

Hausmann, Raoul, *Pamphlet gegen die Weimarische Lebensauffassung* [in: *Der Einzige* 14 (1919)], in: *Dada Berlin. Texte, Manifeste, Aktionen*, hrsg. v. Karl Riha in Zusammenarbeit mit Hanne Bergius, Stuttgart 1977, S. 49-52.

Hecken, Thomas, *Gegenkultur und Avantgarde 1950-1970. Situationisten, Beatniks, 68er*, Tübingen 2006.

Hecken, Thomas, *Kunst und/oder Leben. Futuristisches, dadaistisches Varieté, situationistische Aktion, Pop Art*, in: ders. (Hrsg.), *Der Reiz des Trivialen. Künstler, Intellektuelle und die Popkultur*, Opladen 1997, S. 109-140.

Hermand, Jost, *Das Konzept ›Avantgarde‹*, in: Reinhold Grimm, Jost Hermand (Hrsg.), *Faschismus und Avantgarde*, Königstein/Ts. 1980, S. 1-19.

Hermand, Jost, *Pop International. Eine kritische Analyse*, Frankfurt/M. 1971.

Hess, Henner, *Italien: Die ambivalente Revolte*, in: *Angriff auf das Herz des Staates. Soziale Entwicklung und Terrorismus*, Analysen v. Henner Hess, Martin Moerings, Dieter Paas, Sebastian Scheerer u. Heinz Steinert, Bd. 2, Frankfurt/M. 1988, S. 9-166.

Hess, Henner, *Terrorismus und Terrorismus-Diskurs*, in: *Angriff auf das Herz des Staates. Soziale Entwicklung und Terrorismus*, Analysen v. Henner Hess, Martin Moerings, Dieter Paas, Sebastian Scheerer u. Heinz Steinert, Bd. 1, Frankfurt/M. 1988, S. 55-74.

Hewitt, Andrew, *Fascist Modernism. Aesthetics, Politics, and the Avant-Garde*, Stanford 1993.

Hielscher, Karla, *Vom russischen Futurismus zur linken Avantgarde der LEF*, in: Klaus-M. Bogdal, Burkhardt Lindner, Gerhard Plumpe (Hrsg.), *Arbeitsfeld: Materialistische Literaturtheorie. Beiträge zu ihrer Gegenstandsbestimmung*, Frankfurt/M. 1975, S. 165-192.

Hildermeier, Manfred, *Zur terroristischen Strategie der Sozialrevolutionären Partei Rußlands (1900-1914)*, in: Wolfgang J. Mommsen, Gerhard Hirschfeld (Hrsg.), *Sozialprotest, Gewalt, Terror. Gewaltanwendung durch politische und gesellschaftliche Randgruppen im 19. und 20. Jahrhundert*, Stuttgart 1982 (= Veröffentlichungen des Deutschen Historischen Instituts London, Bd. 10), S. 100-107.

Hinz, Manfred, *Die Manifeste des Secondo Futurismo Italiano*, in: Wolfgang Asholt, Walter Fähnders (Hrsg.), *»Die ganze Welt ist eine Manifestation«. Die europäische Avantgarde und ihre Manifeste*, Darmstadt 1997, S. 132-160.

Hinz, Manfred, *Die Zukunft der Katastrophe. Mythische und rationalistische Geschichtstheorie im italienischen Futurismus*, Berlin und New York 1985.

Hofmannsthal, Hugo von, *Der Dichter und diese Zeit* [1907], in: ders., *Prosa*, Bd. II, Frankfurt/M. 1954 (= Gesammelte Werke in Einzelausgaben), S. 229-258.

Hollstein, Walter, *Der Untergrund. Zur Soziologie jugendlicher Protestbewegungen*, Neuwied und Berlin 1969.

Holthusen, Hans Egon, *Sartre in Stammheim. Literatur und Terrorismus*, in: ders., *Sartre in Stammheim. Zwei Themen aus den Jahren der großen Turbulenz*, Stuttgart 1982, S. 99-239.

Honky Tonk Women [Papier anlässlich des National War Council, 27.-30.12.1969], in: Harold Jacobs (Hrsg.), *Weatherman*, o.O. 1970, S. 313-320.

Horn, Michael, *Sozialpsychologie des Terrorismus*, Frankfurt/M. und New York 1982.

Huelsenbeck, Richard (Hrsg.), *Dada. Eine literarische Dokumentation*, Reinbek bei Hamburg 1964.

Huelsenbeck, Richard, *Dadaistisches Manifest* [12.4.1918], in: ders. (Hrsg.), *Dada Almanach* [1920], Hamburg 1980, S. 36-41.

Huelsenbeck, Richard, *Deutschland muss untergehen! Erinnerungen eines alten dadaistischen Revolutionärs* [1920], in: ders., *En Avant Dada. Die Geschichte des Dadaismus*, 3., erweiterte Aufl., Hamburg 1984, S. 51-62.

Huelsenbeck, Richard, *Einleitung*, zu: ders. (Hrsg.), *Dada Almanach* [1920], Hamburg 1980, S. 3-9.

Huelsenbeck, Richard, *En Avant Dada. Die Geschichte des Dadaismus* [1920], in: ders., *En Avant Dada. Die Geschichte des Dadaismus*, 3., erweiterte Aufl., Hamburg 1984, S. 9-44.

Huelsenbeck, Richard, *Erklärung, vorgetragen im Cabaret Voltaire, im Frühjahr 1916* [Schreibmaschinenmanuskript], in: ders. (Hrsg.), *Dada. Eine literarische Dokumentation*, Reinbek bei Hamburg 1964, S. 29f.

Hussey, Andrew, *The Game of War. The Life and Death of Guy Debord*, London 2001.

International Werewolf Conspiracy, *An Act of Destruction Is An Act of Liberation*, in: Peter Stansill, David Zane Mairowitz (Hrsg.), *BAMN (By Any Means Necessary). Outlaw Manifestos and Ephemera*, Harmondsworth 1971, S. 155f.

Interview mit HP Zimmer, geführt von Diedrich Diederichsen, in: *Gruppe SPUR 1958-1965, erschienen anläßlich der Ausstellung auf der »art cologne 91«*, Mettmann und Düsseldorf 1991, S. 53-74.

Jacobs, Ron, *The Way the Wind Blew. A History of the Weather Underground*, London und New York 1997.

Jong, Jacqueline de, *Eine Frau in der Situationistischen Internationale*, Interview, geführt v. Dieter Schrage, in: *Situationistische Internationale 1957-1972*, Katalog hrsg. v. Dieter Schrage, Museum Moderner Kunst, Stiftung Ludwig, Wien 1998, S. 68-71.

Kahl, Werner, *Akteure und Aktionen während der Formationsphase des Terrorismus*, in: Manfred Funke (Hrsg.), *Terrorismus. Untersuchungen zur Strategie und Struktur revolutionärer Gewaltpolitik*, Bonn 1977, S. 272-290.

Kapellen, Michael, *Doppelt leben: Bernward Vesper und Gudrun Ensslin. Die Tübinger Jahre*, Tübingen 2005.

Karl, Michaela, *Rudi Dutschke. Revolutionär ohne Revolution*, Frankfurt/M. 2003.

Kaufmann, Vincent, *Guy Debord. La révolution au service de la poésie*, Paris 2001.

Kittler, Friedrich, *Il fiore delle truppe scelte*, in: Hans Ulrich Gumbrecht, Friedrich Kittler, Bernhard Siegert (Hrsg.), *Der Dichter als Kommandant. D'Annunzio erobert Fiume*, München 1996, S. 205-225.

Komfort-Hein, Susanne, *»Flaschenposten und kein Ende des Endes«. 1968: Kritische Korrespondenzen um den Nullpunkt von Geschichte und Literatur*, Freiburg im Breisgau 2001.

Kommune I, *Neue Demonstrationsformen in Brüssel erstmals erprobt* [Flugblatt Nr. 6, 24.5.1967], in: Kommune I, *Quellen zur Kommune-Forschung*, o.O., o.J., o.S.

Kommune I, *REVOLUTION IN ROSÉ REVOLUTION IN ROT* [Flugblatt Nr. 9, nicht datiert, wahrscheinlich 24.5. 1967], in: Kommune I, *Quellen zur Kommune-Forschung*, o.O., o.J., o.S.

Kommune I, *Wann brennen die Berliner Kaufhäuser?* [Flugblatt Nr. 8, 24.5. 1967], in: Kommune I, *Quellen zur Kommune-Forschung*, o.O., o.J., o.S.

Kommune I, *Warum brennst Du, Konsument?* [Flugblatt Nr. 7, 24.5.1967], in: Kommune I, *Quellen zur Kommune-Forschung*, o.O., o.J., o.S.

Kopkind, Andrew, *Going Down In Chicago* [in: *Hard Times*, 20.10.1969], in: Harold Jacobs (Hrsg.), *Weatherman*, o.O. 1970, S. 283-292.

Kostelanetz, Richard, *Introduction: What Is Avant-Garde?*, in: *The Avant-Garde Tradition in Literature*, Buffalo 1982, S. 3-6.

Krahl, Hans-Jürgen, [*Diskussionsbeitrag auf dem »Internationalen Vietnam-Kongreß« in West-Berlin, 18. Februar 1968*], in: Wolfgang Kraushaar (Hrsg.), *Frankfurter Schule und Studentenbewegung. Von der Flaschenpost zum Molotowcocktail. 1946-1995*, Bd. 2, Hamburg 1998, S. 345-347.

Krahl, Hans-Jürgen, [Diskussionsbeitrag auf dem Kongress »Hochschule und Demokratie«, 9.6.1967], in: *Bedingungen und Organisationen des Widerstands. Der Kongreß in Hannover. Protokolle, Flugblätter, Resolutionen*, 2. Aufl., Berlin 1968 [= Voltaire Flugschriften, Bd. 12], S. 71f.

Krapp, Helmut und Karl Markus Michel, *Noten zum Avantgardismus*, in: *Akzente* 2 (1955), S. 399-407.

Kraushaar, Wolfgang, *Autoritärer Staat und Antiautoritäre Bewegung. Zum Organisationsreferat von Rudi Dutschke und Hans-Jürgen Krahl auf der 2. Delegiertenkonferenz des SDS in Frankfurt (4.-8. Sept. 1967)* [1987], in: ders. (Hrsg.), *Frankfurter Schule und Studentenbewegung. Von der Flaschenpost zum Molotowcocktail. 1946-1995*, Bd. 3, Hamburg 1998, S. 15-33.

Kraushaar, Wolfgang, *Die Bombe im Jüdischen Gemeindehaus*, Hamburg 2005.

Kraushaar, Wolfgang, *Kinder einer abenteuerlichen Rebellion*, in: Frank Böckelmann, Herbert Nagel (Hrsg.), *Subversive Aktion. Der Sinn der Organisation ist ihr Scheitern* [1976], erweiterte Neuausgabe, Frankfurt/M. 2002, S. 9-31.

Kraushaar, Wolfgang, *Rudi Dutschke und der bewaffnete Kampf*, in: *Rudi Dutschke, Andreas Baader und die RAF*, Hamburg 2005, S. 13-50.

Kreuzer, Helmut, *Die Boheme. Analyse und Dokumentation der intellektuellen Subkultur vom 19. Jahrhundert bis zur Gegenwart* [1968], mit einem Errataverzeichnis versehene, sonst textlich unveränderte Studienausgabe von »Die Boheme. Beiträge zu ihrer Beschreibung«, Stuttgart 1968/1971.

Kunzelmann, Dieter, [*Brief von Dieter Kunzelmann an Frank Böckelmann vom 4.1.1964*], in: Frank Böckelmann, Herbert Nagel (Hrsg.), *Subversive Aktion. Der Sinn der Organisation ist ihr Scheitern* [1976], erweiterte Neuausgabe, Frankfurt/M. 2002, S. 128f.

Kunzelmann, Dieter, *Brief aus Amman* [in: *Agit 883*, 27. November 1969], in: *Der Blues. Gesammelte Texte der Bewegung 2. Juni*, Bd. 1, Reprint, Dortmund 2001, S. 82f.

Kunzelmann, Dieter, *Leisten Sie keinen Widerstand! Bilder aus meinem Leben*, Berlin-Kreuzberg 1998.

Kunzelmann, Dieter, *Notizen zur Gründung revolutionärer Kommunen in den Metropolen* [November 1966], in: Frank Böckelmann, Herbert Nagel (Hrsg.), *Subversive Aktion. Der Sinn der Organisation ist ihr Scheitern* [1976], erweiterte Neuausgabe, Frankfurt/M. 2002, S. 143f.

Lämmert, Eberhard, *Brandstiftung durch Flugblätter?* [Gutachten, 6.7. 1967], in: *Sprache im technischen Zeitalter* 28 (1968), S. 321-329.

Landgericht Frankfurt, *Urteil vom 31. Oktober 1968*, in: *Die Baader-Meinhof-Gruppe*, zusammengestellt von Reinhard Rauball, Berlin und New York 1973, S. 167-209.

Langhans, Rainer und Fritz Teufel, *Klau mich*, Frankfurt/M. und Berlin 1968 (= Voltaire Handbuch 2).

Langhans, Rainer, *Was hier in Berlin los war – für Zeitungsleser*, in: *Neue Kritik*, Nr. 40, Februar 1967, S. 48-51.

Laqueur, Walter, *Terrorismus* [*Terrorism*], Kronberg/Ts. 1977.

Larionov, Michail und Il'ja Zdanevic, *Warum wir uns bemalen. Manifest der Futuristen* [*Pochemu my raskrashivaemsya*, in: *Argus*, Weihnachtsausgabe 1913], in: Wolfgang Asholt, Walter Fähnders (Hrsg.), *Manifeste und Proklamationen der europäischen Avantgarde*, Stuttgart und Weimar 1995, S. 67-69.

Lebel, Jean-Jacques, *Die Dadaisierung des Politischen*, in: Marie Luise Syring (Hrsg.), *Um 1968. Konkrete Utopien in Kunst und Gesellschaft*, Köln 1990, S. 49-52.

Legen Sie ihr Geld in d a d a an! [in: *Der Dada* 1 (1919)], in: *Dada Berlin. Texte, Manifeste, Aktionen*, hrsg. v. Karl Riha in Zusammenarbeit mit Hanne Bergius, Stuttgart 1977, S. 59f.

Lenin, Wladimir Iljitsch, *Der »linke Radikalismus«, die Kinderkrankheit im Kommunismus* [1920], Frankfurt/M. o.J.

Lenin, Wladimir Iljitsch, *Was tun?* [1902], in: ders., *Studienausgabe*, Bd. 1, hrsg. v. Iring Fetscher, Frankfurt/M. 1970, S. 37-179.

Lenk, Elisabeth, *Ethik des Ästhetischen am Beispiel des »acte gratuit«*, Bern 1991.

Leonhard, Kurt, *Zur Definition des modernen Gedichts*, in: *Akzente* 4 (1957), S. 35-43.

Lindner, Burkhard, *Aufhebung der Kunst in Lebenspraxis? Über die Aktualität der Auseinandersetzung mit den historischen Avantgardebewegungen*, in: W. Martin Lüdke (Hrsg.), *Theorie der Avantgarde. Antworten auf Peter Bürgers Bestimmung von Kunst und bürgerlicher Gesellschaft*, Frankfurt/M. 1976, S. 72-104.

Linse, Ulrich, *»Propaganda der Tat« und »Direkte Aktion«. Zwei Formen anarchistischer Gewaltanwendung*, in: Wolfgang J. Mommsen, Gerhard Hirschfeld (Hrsg.), *Sozialprotest, Gewalt, Terror. Gewaltanwendung durch politische und gesellschaftliche Randgruppen im 19. und 20. Jahrhundert*, Stuttgart 1982 (= Veröffentlichungen des Deutschen Historischen Instituts London, Bd. 10), S. 237-269.

Lönnendonker, Siegward und Bernd Rabehl, Jochen Staadt, *Die antiautoritäre Revolte. Der Sozialistische Deutsche Studentenbund nach der Trennung von der SPD*, Bd. 1: 1960-1967, Wiesbaden 2002.

Lotta continua, *Nehmen wir uns die Stadt!*, in: dies., *Nehmen wir uns die Stadt! Klassenanalyse, Organisationspapier, Kampfprogramm*, München 1972 (= Schriften zum Klassenkampf, Nr. 29).

Lotta continua, *Vorschläge für die Organisation der politischen Arbeit* [Juli 1970], in: Adriano Sofri, Luciano Della Mea, *Zur Strategie und Organisation von »Lotta continua«*, Berlin 1971 (= Internationale Marxistische Diskussion 18), S. 88-102.

Mahler, Horst, *Erklärung zum Prozessbeginn am 9.10.72 vor dem 1. Strafsenat des Westberliner Kammergerichts*, in: *Bewaffneter Kampf. Texte der RAF. Auseinandersetzung und Kritik*, Graz 1973, S. 184-197.

Mahsun, Carol Anne, *Pop Art and the Critics*, Ann Arbor und London 1987 [= Studies in the Fine Arts, No. 23].

Majakovskij, Vladimir und David Burljuk, Vasilij Kamenskij, *Dekret Nr. 1 über die Demokratisierung der Künste* [1918], in: Wolfgang Asholt, Walter Fähnders (Hrsg.), *Manifeste und Proklamationen der europäischen Avantgarde*, Stuttgart und Weimar 1995, S. 140f.

Mann, Paul, *The Theory-Death of the Avant-Garde*, Bloomington und Indianapolis 1991.

Mao Tse-Tung, *Theorie des Guerillakrieges oder Strategie der Dritten Welt*, Reinbek bei Hamburg 1966.

Marcus, Greil, *Lipstick Traces. A Secret History of the Twentieth Century*, London 1989.

Marcuse, Herbert, *Der eindimensionale Mensch. Studien zur Ideologie der fortgeschrittenen Industriegesellschaft* [*One-Dimensional Man* (1964)], in: ders., *Schriften*, Bd. 7, Frankfurt/M. 1989.

Marcuse, Herbert, *Die Analyse eines Exempels. Hauptreferat des Kongresses »Vietnam – Analyse eines Exempels«. 22. Mai 1966*, in: Wolfgang Kraushaar (Hrsg.), *Frankfurter Schule und Studentenbewegung. Von der Flaschenpost zum Molotowcocktail. 1946-1995*, Bd. 2, Hamburg 1998, S. 205-209.

Marcuse, Herbert, *Die Verlegenheit des revolutionären Geistes* [Interview, *Süddeutsche Zeitung*, 15.6.1972], in: Wolfgang Kraushaar (Hrsg.), *Frankfurter Schule und Studentenbewegung. Von der Flaschenpost zum Molotowcocktail. 1946-1995*, Bd. 2, Hamburg 1998, S. 759-761.

Marcuse, Herbert, *Nachschrift 1968*, zu: *Repressive Toleranz*, in: ders., Schriften, Bd. 8, Frankfurt/M. 1984, S. 162-166.

Marcuse, Herbert, *Repressive Toleranz*, in: Robert Paul Wolff, Barrington Moore, Herbert Marcuse, *Kritik der reinen Toleranz* [*Critique of Pure Tolerance* (1965)], 10. Aufl., Frankfurt/M. 1982 [1966], S. 91-128.

Marcuse, Herbert, *Versuch über die Befreiung* [*An Essay on Liberation* (1968)], Frankfurt/M. 1969.

Marighella, Carlos, *Handbuch des Stadtguerilla* [1969], Berlin 1970.

Marinetti, Filippo Tommaso, [Manifest zum Lybienkrieg (1911)], wiederabgedruckt in: *Guerra sola igiene del mondo* [1915], in: ders., *Teoria e invenzione futurista*, hrsg. v. Luciano De Maria, Verona 1968, S. 290f.

Marinetti, Filippo Tommaso, *Das Varieté* [*Il teatro di varietà* (21.11. 1913)], in: Umbro Apollonio (Hrsg.), *Der Futurismus. Manifeste und Dokumente einer künstlerischen Revolution 1909-1918*, Köln 1972, S. 170-177.

Marinetti, Filippo Tommaso, *Futurismo e Fascismo* [1924], in: ders., *Teoria e invenzione futurista*, hrsg. v. Luciano De Maria, Verona 1968, S. 425-498.

Marinetti, Filippo Tommaso, *Futurismus* [*Futurismo*, in: *Enciclopedia Italiana di Scienze, Lettere ed Arti* (1932)], [Auszug] in: Hansgeorg Schmidt-Bergmann, *Futurismus. Geschichte, Ästhetik, Dokumente*, Reinbek bei Hamburg 1993, S. 327-336.

Marinetti, Filippo Tommaso, *Gli Arditi, avanguardia della Nazione* [30.9. 1918], in: ders., *Teoria e invenzione futurista*, hrsg. v. Luciano De Maria, Verona 1968, S. 403-407.

Marinetti, Filippo Tommaso, *Gründung und Manifest des Futurismus* [*Fondation et manifeste du futurisme* (in: *Le Figaro*, 20.2.1909)], in: Umbro Apollonio (Hrsg.), *Der Futurismus. Manifeste und Dokumente einer künstlerischen Revolution 1909-1918*, Köln 1972, S. 30-36.

Marinetti, Filippo Tommaso, *Il cittadino eroico, l'abolizione delle polizie e le scuole di coraggio* [26.6.1910], in: ders., *Teoria e invenzione futurista*, hrsg. v. Luciano De Maria, Verona 1968, S. 383-399.

Marinetti, Filippo Tommaso, *Jenseits vom Kommunismus* [*Al di là del communismo* (Dezember 1919)], [Auszug] in: Wolfgang Asholt, Walter Fähnders (Hrsg.), *Manifeste und Proklamationen der europäischen Avantgarde*, Stuttgart und Weimar 1995, S. 181-183.

Marinetti, Filippo Tommaso, *Manifest der futuristischen Bühnendichter* [*Manifesto dei drammathurgi futuristi* (11.1.1910)], [Auszug] in: Wolfgang Asholt, Walter Fähnders (Hrsg.), *Manifeste und Proklamationen der europäischen Avantgarde*, Stuttgart und Weimar 1995, S. 19f.

Marinetti, Filippo Tommaso, *Supplement zum technischen Manifest der Futuristischen Literatur* [Mailand, 11. August 1912], in: Peter Demetz,

Worte in Freiheit. Der italienische Futurismus und die deutsche literarische Avantgarde (1912-1934), München und Zürich 1990, S. 200-208.

Marinetti, Filippo Tommaso, *Technisches Manifest der futuristischen Literatur* [*Manifesto tecnico della letteratura futuristica* (Mailand, 11.5.1912)], in: Umbro Apollonio (Hrsg.), *Der Futurismus. Manifeste und Dokumente einer künstlerischen Revolution 1909-1918*, Köln 1972, S. 74-81.

Marinetti, Filippo Tommaso, *Un movimento artistico crea un Partito Politico* [1919], in: ders., *Teoria e invenzione futurista*, hrsg. v. Luciano De Maria, Verona 1968, S. 297-303.

Marinetti, Filippo Tommaso und Bruno Corra, E. Settimelli, Arnaldo Ginna, G. Balla, Remo Chiti, *Der futuristische Film* [*La cinematografia futurista* (Mailand, 11.9.1916)], [Auszug] in: Wolfgang Asholt, Walter Fähnders (Hrsg.), *Manifeste und Proklamationen der europäischen Avantgarde*, Stuttgart und Weimar 1995, S. 123-126.

Marinetti, Filippo Tommaso und E. Settimelli, Bruno Corra, *Das futuristische synthetische Theater* [*Manifesto del teatro futurista sintetico* (1915)], [Auszug] in: Wolfgang Asholt, Walter Fähnders (Hrsg.), *Manifeste und Proklamationen der europäischen Avantgarde*, Stuttgart und Weimar 1995, S. 92-95.

Marinetti, Filippo Tommaso, *Zerstörung der Syntax – Drahtlose Phantasie – Befreite Worte – Die futuristische Sensibilität* [*Distruzione della sintassi – Immaginazione senza fili – Parole in libertà* (11.5.1913)], in: Umbro Apollonio (Hrsg.), *Der Futurismus. Manifeste und Dokumente einer künstlerischen Revolution 1909-1918*, Köln 1972, S. 119-130.

Marinetti, Filippo Tommaso, *Zweites politisches Manifest* [*Secondo manifesto politico* (11.10.1911)], in: Wolfgang Asholt, Walter Fähnders (Hrsg.), *Manifeste und Proklamationen der europäischen Avantgarde*, Stuttgart und Weimar 1995, S. 21.

Marx, Karl, [*Konspekt von Bakunins Buch »Staatlichkeit und Anarchie«*] [1874/75], in: MEW, Bd. 18, Berlin 1962, S. 597-642.

Maschke, Günter, *»Ich war eigentlich von Jugend an immer ›dagegen‹...«. Gespräch mit Günter Maschke*, in: Claus-M. Wolfschlag (Hrsg.), *Bye-bye '68... Renegaten der Linken, APO-Abweichler und allerlei Querdenker berichten*, Graz und Stuttgart 1998, S. 171-188.

Mathy, Dietrich, *Die Avantgarde als Gestalt der Moderne oder: Die andauernde Wiederkehr des Neuen. Zur Korrespondenz und Grenzüberschreitung der Künste zu Beginn des zwanzigsten Jahrhunderts*, in: Hans Joachim Piechotta, Ralph-Rainer Wuthenow, Sabine Rothemann (Hrsg.), *Die literarische Moderne in Europa*, Bd. 2, Opladen 1994, S. 19-88.

Mikrozelle München, *Konklusionen* [April 1964], in: Frank Böckelmann, Herbert Nagel (Hrsg.), *Subversive Aktion. Der Sinn der Organisation ist ihr Scheitern* [1976], erweiterte Neuausgabe, Frankfurt/M. 2002, S. 132-134.

Mit dem Rücken zur Wand? [Januar 1975], in: *Der Blues. Gesammelte Texte der Bewegung 2. Juni*, Bd. 2, Reprint, Dortmund 2001, S. 227-247.

Moréas, Jean, *Le Symbolisme* [*Le Figaro*, 1.9.1886], in: Bonner Mitchell (Hrsg.), *Les manifestes littéraires de la belle époque, 1886-1914. Anthologie critique*, Paris 1966, S. 28.

Moretti, Mario, *Brigate Rosse. Eine italienische Geschichte* [*Brigate Rosse – Una Storia Italiana* (1994)], Interview v. Carla Mosca und Rossana Rossanda, Hamburg 1996.

Müller-Borchert, Hans-Joachim, *Guerilla im Industriestaat. Ziele, Ansatzpunkte und Erfolgsaussichten*, Hamburg 1973.

Münchner Konzil der Subversiven Aktion, *Kritik des Idealismus der »GWS« Rolf Gramkes* [25.4.1965], in: Frank Böckelmann, Herbert Nagel (Hrsg.), *Subversive Aktion. Der Sinn der Organisation ist ihr Scheitern* [1976], erweiterte Neuausgabe, Frankfurt/M. 2002, S. 301-305.

Münkler, Herfried, *Guerillakrieg und Terrorismus*, in: *Neue Politische Literatur* 25 (1980), S. 299-326.

Münkler, Herfried, *Sehnsucht nach dem Ausnahmezustand. Die Faszination des Untergrunds und ihre Demontage durch die Strategie des Terrors*, in: *Faszination der Gewalt. Politische Strategie und Alltagserfahrung*, Redaktion: Reiner Steinweg, Frankfurt/M. 1983 (= Friedensanalysen 17), S. 60-88.

Münster, Arno, *Einleitung*, zu: Louis-Auguste Blanqui, *Schriften zur Revolution, Nationalökonomie und Sozialkritik*, hrsg. v. Arno Münster, Reinbek bei Hamburg 1971, S. 7-38.

Nadeau, Maurice, *Geschichte des Surrealismus* [*Histoire du Surréalisme* (1945)], Reinbek bei Hamburg 1986 [1965].

Negt, Oskar, *Sozialistische Politik und Terrorismus* [1972], in: Wolfgang Kraushaar (Hrsg.), *Frankfurter Schule und Studentenbewegung. Von der Flaschenpost zum Molotowcocktail. 1946-1995*, Bd. 2, Hamburg 1998, S. 752-757.

Nettelbeck, Uwe, *Hippie-Souvenirs und Hippie-Aktionen. Die Kinder von Sergeant Pepper und Mary Jane (IV und Schluß)*, in: *Die Zeit*, Nr. 38, 22.9.1967, S. 52.

Nirumand, Bahman, *Leben mit den Deutschen. Briefe an Leila*, Reinbek bei Hamburg 1989.

Nunez, Carlos, *Die Tupamaros*, in: Alex Schubert (Hrsg.), *Tupamaros in Uruguay – Rote Armee Fraktion in der Bundesrepublik*, Berlin 1971, S. 32-69.

Ohrt, Roberto, *Phantom Avantgarde. Eine Geschichte der Situationistischen Internationale und der modernen Kunst*, Hamburg 1990.

Ohrt, Roberto, *Über eine vergessene Geschichte*, in: *Gruppe SPUR 1958-1965, erschienen anläßlich der Ausstellung auf der »art cologne 91«*, Mettmann und Düsseldorf 1991, S. 17-50.

Ono, Shin'ya, *A Weatherman: You Do Need a Weatherman To Know Which Way the Wind Blows* [in: *Leviathan*, Dezember 1969], in: Harold Jacobs (Hrsg.), *Weatherman*, o.O. 1970, S. 227-274.

Paris, Rainer, *Der kurze Atem der Provokation*, in: *Kölner Zeitschrift für Soziologie und Sozialpsychologie* 41 (1989), S. 33-52.

Perrie, Maureen, *Politischer und ökonomischer Terror als taktische Waffen der russischen Sozialrevolutionären Partei vor 1914*, in: Wolfgang J. Mommsen, Gerhard Hirschfeld (Hrsg.), *Sozialprotest, Gewalt, Terror. Gewaltanwendung durch politische und gesellschaftliche Randgruppen im 19. und 20. Jahrhundert*, Stuttgart 1982 (= Veröffentlichungen des Deutschen Historischen Instituts London, Bd. 10), S. 80-99.

Picabia, Francis, *Manifest Cannibale Dada*, in: Richard Huelsenbeck (Hrsg.), *Dada Almanach* [1920], Hamburg 1980, S. 47-49.

Picard, Lil, *New Yorker Pop-Report*, in: Jürgen Becker, Wolf Vostell (Hrsg.), *Happenings. Fluxus. Pop Art. Nouveau Réalisme. Eine Dokumentation*, Reinbek bei Hamburg 1965, S. 96-98.

Pinot-Gallizio, Guiseppe, *Diskurs über die industrielle Malerei und eine anwendbare einheitliche Kunst* [*internationale situationniste*, Nr. 3, Dezember 1959], in: Situationistische Internationale 1958-1969, *Gesammelte Ausgaben des Organs der Situationistischen Internationale*, 2 Bde., Hamburg 1976f., Bd. 1, S. 106-110.

Platschek, Hans, *Brief an Dietmar Schrage v. 15.07.1997*, abgedruckt in: *Situationistische Internationale 1957-1972*, Katalog hrsg. v. Dieter Schrage, Museum Moderner Kunst, Stiftung Ludwig, Wien 1998, S. 67.

Plumpe, Gerhard, *Avantgarde. Notizen zum historischen Ort ihrer Programme*, in: *Text und Kritik*, Sonderband IX/01: *Aufbruch ins 20. Jahrhundert. Über Avantgarden*, München 2001, S. 7-14.

Plumpe, Gerhard, *Epochen moderner Literatur. Ein systemtheoretischer Entwurf*, Opladen 1995.

Poggioli, Renato, *The Theory of the Avant-Garde* [ital. Original 1962], Cambridge 1968.

Polizeiliche Auflösung des dadaistischen Weltkongresses, in: *Berliner Börsen-Courier* (7.1.1920), wiederabgedruckt in: Walter Serner, *Das Gesamte Werk*, Bd. 2, hrsg. v. Thomas Milch, München 1982, S. 102f.

Proll, Thorward, *Gedicht aus den Gerichtsakten* [1968], in: ders., Daniel Dubbe, *Wir kamen vom anderen Stern. Über 1968, Andreas Baader und ein Kaufhaus*, Hamburg 2003, S. 117-119.

Proll, Thorward und Daniel Dubbe, *Wir kamen vom anderen Stern. Über 1968, Andreas Baader und ein Kaufhaus*, Hamburg 2003.

Provo. De Geschiedenis van Provotarische Beweging 1965-1967, zusammengestellt v. Roel van Duijn, Amsterdam 1985.

Rabehl, Bernd, *Antwort von Bernd Rabehl auf den Brief von Kunzelmann* [ca. April 1965], in: Frank Böckelmann, Herbert Nagel (Hrsg.), *Subversive Aktion. Der Sinn der Organisation ist ihr Scheitern* [1976], erweiterte Neuausgabe, Frankfurt/M. 2002, S. 291-293.

Rabehl, Bernd, *Von der antiautoritären Bewegung zur sozialistischen Opposition*, in: *Rebellion der Studenten oder Die neue Opposition*, eine Analyse von Uwe Bergmann, Rudi Dutschke, Wolfgang Lefèvre, Bernd Rabehl, Reinbek bei Hamburg 1968, S. 151-178.

Radcliffe, Charles, *Daytripper!: A Visit to Amsterdam 22/6/66* [in: *Heatwave*, Nr. 1, Juli 1966], in: *King Mob Echo. English Section of the Situationist International*, London 2000, S. 37-40.

Radcliffe, Charles, *The Seeds of Social Destruction* [in: *Heatwave*, Nr. 1, Juli 1966], in: *King Mob Echo. English Section of the Situationist International*, London 2000, S. 27-32.

Raussert, Wilfried, *Avantgarden in den USA. Zwischen Mainstream und kritischer Erneuerung 1940-1970*, Frankfurt/M. 2003 (= Nordamerikastudien, Bd. 18).

Reinders, Ralf und Ronald Fritzsch, *Die Bewegung 2. Juni. Gespräche über Haschrebellen, Lorenzentführung, Knast*, Berlin 1995.

Revolution in the 70's [in: *Fire*, 30.1.1970], in: Harold Jacobs (Hrsg.), *Weatherman*, o.O. 1970, S. 447-451.

Revolutionärer Kampf (FFM), [*Beitrag zum Teach-In in der Roten Hilfe, FFM*], in: *Bewaffneter Kampf. Texte der RAF. Auseinandersetzung und Kritik*, Graz 1973, S. 198-203.

Revolutionäres Aktionskomitee, [*Brief an die Rektoren der europäischen Universitäten*] [Mai 1968], in: Jean-Jacques Lebel, Jean-Louis Brau, Philippe Merlhès (Hrsg.), *La Chienlit. Dokumente zur französischen Mai-Revolte* [*La Chienlit*], Darmstadt 1969, S. 174f.

Ribemont-Dessaignes, Georges, *Über das Dada-Festival (Salle Gaveau)* [1920], in: Pierre Gallissaires (Hrsg.), *Dada Paris. Manifeste, Aktionen, Turbulenzen*, Hamburg 1989, S. 30f.

Richter, Hans, *DADA – Kunst und Antikunst. Der Beitrag Dadas zur Kunst des 20. Jahrhunderts*, Köln 1964.

Rigaut, Jacques, *Posthumes Papier* [*Papiers posthumes* (1934)], in: André Breton, *Anthologie des Schwarzen Humors* [*Anthologie de l'humeur noir* (1940)], München 1979, S. 491-496.

Riha, Karl, *Da Dada da war ist Dada da. Aufsätze und Dokumente*, München und Wien 1980.

Rohrmoser, Günter (unter Mitarbeit von Jörg Fröhlich), *Ideologische Ursachen des Terrorismus*, in: Iring Fetscher, Günter Rohrmoser, *Ideologien und Strategien*, Opladen 1981 (= Analysen zum Terrorismus, hrsg. v. Bundesministerium des Innern, Bd. 1), S. 273-339.

Rose, Barbara, *Dada Then and Now*, in: *Art International*, Januar 1963, S. 23-28.

Rote Armee Fraktion, *Das Konzept Stadtguerilla* [als Broschüre April 1971 erschienen], in: Alex Schubert (Hrsg.), *Tupamaros in Uruguay – Rote Armee Fraktion in der Bundesrepublik*, Berlin 1971, S. 108-130.

Rote Armee Fraktion, *Dem Volk dienen. Stadtguerilla und Klassenkampf* [April 1972], in: *Rote Armee Fraktion. Texte und Materialien zur Geschichte der RAF*, Berlin 1997, S. 112-144.

Rote Armee Fraktion, *Die Aktion des »Schwarzen September« in München. Zur Strategie des antiimperialistischen Kampfes* [November 1971], in: *Rote Armee Fraktion. Texte und Materialien zur Geschichte der RAF*, Berlin 1997, S. 151-177.

Rote Armee Fraktion, *Erklärung vom 25. Mai 1972 zum Bombenanschlag auf das Hauptquartier der US-Army in Europa in Heidelberg*, in: *Rote Armee Fraktion. Texte und Materialien zur Geschichte der RAF*, Berlin 1997, S. 147f.

Rote Armee Fraktion, *Über den bewaffneten Kampf in Westeuropa* [unter dem Titel *Die neue Straßenverkehrsordnung* Juni 1971 erschienen], in: *Rote Armee Fraktion. Texte und Materialien zur Geschichte der RAF*, Berlin 1997, S. 49-111.

Rote Armee Fraktion: Leninisten mit Knarren [in: *Agit 883*, 6.12.72], in: *Bewaffneter Kampf. Texte der RAF. Auseinandersetzung und Kritik*, Graz 1973, S. 216-223.

Roth, C. Rainer, *Ritual der Gewaltlosigkeit*, in: Heinz Grossmann, Oskar Negt (Hrsg.), *Die Auferstehung der Gewalt. Springerblockade und politische Reaktion in der Bundesrepublik*, Frankfurt/M. 1968, S. 148-167.

Rubin, Jerry, [*Jerry Rubin's Acceptance Speech on Receiving His Conspiracy Indictment*], in: Peter Stansill, David Zane Mairowitz (Hrsg.), *BAMN (By Any Means Necessary). Outlaw Manifestos and Ephemera*, Harmondsworth 1971, S. 111.

Rubiner, Ludwig, *Der Dichter greift in die Politik*, in: ders., *Der Mensch in der Mitte* [1916], 2. Aufl., Potsdam 1920, S. 17-30.

Russolo, Luigi, *Die Geräuschkunst* [*L'arte dei rumori* (11.03.1913)], in: Umbro Apollonio (Hrsg.), *Der Futurismus. Manifeste und Dokumente einer künstlerischen Revolution 1909-1918*, Köln 1972, S. 86-109.

Sack, Fritz, *Die Reaktion von Gesellschaft, Politik und Staat auf die Studentenbewegung*, in: ders., Heinz Steinert (unter Mitarbeit von Uwe Berlit, Horst Dreier, Henner Hess, Susanne Karstedt-Henke, Martin Moerings, Dieter Paas, Sebastian Scheerer und Hubert Treiber), *Protest und Reaktion*, Opladen 1984 (= Analysen zum Terrorismus, hrsg. v. Bundesminister des Innern, Bd. 4/2), S. 105-226.

Sanguinetti, Gianfranco, *Über den Terrorismus und den Staat. Die Theorie und Praxis des Terrorismus zum ersten Mal enthüllt* [*Del Terrorismo e dello Stato* (1979)], Hamburg 1981.

Sartre, Jean-Paul, *Vorwort*, zu: Frantz Fanon, *Die Verdammten dieser Erde* [*Les damnés de la terre* (1961)], Reinbek bei Hamburg 1969, S. 7-25.

Scheerer, Sebastian, *Deutschland: Die ausgebürgerte Linke*, in: *Angriff auf das Herz des Staates. Soziale Entwicklung und Terrorismus*, Bd. 1, Analysen v. Henner Hess, Martin Moerings, Dieter Paas, Sebastian Scheerer und Heinz Steinert, Frankfurt/M. 1988, S. 193-429.

Scheerer, Sebastian, *Die Zukunft des Terrorismus. Drei Szenarien*, Lüneburg 2002.

Schickel, Joachim, *Große Mauer, Große Methode. Annäherungen an China*, Stuttgart 1968.

Schlagt zurück! [in: *linkeck*, Nr. 1], in: *linkeck*, Reprint, hrsg. v. Robert Halbach, Berlin 1987, o.S.

Schmid, Alex P. und Albert J. Jongman u.a., *Political Terrorism: A New Guide to Actors, Authors, Concepts, Data Bases, Theories and Literature*, Amsterdam 1988.

Schmitt, Carl, *Theorie des Partisanen. Zwischenbemerkung zum Begriff des Politischen*, Berlin 1963.

Schultz, Joachim, *Literarische Manifeste der »Belle Epoque« Frankreich 1886-1909*, Frankfurt/M., Bern 1981.

Schut, Pieter Bakker (Hrsg.), *das info. briefe von gefangenen aus der raf und aus der diskussion 1973-1977*, Köln 1987.

Schwarze Front, *Wandelt Euren Hass in Energie* [Flugblatt (1969)], in: Bommi Baumann, *Wie alles anfing* [1975], 4. Aufl., Duisburg 1988, S. 60f.

Schwarze Ratten TW [= Tupamaros Westberlin], *Shalom + Napalm* [in: *Agit 883*, 13.11.1969], in: *Der Blues. Gesammelte Texte der Bewegung 2. Juni*, Bd. 1, Reprint, Dortmund 2001, S. 152f.

Severini, Gino, *La peinture d'avant-garde*, [in: *Mercure de France*, 1.6.1917], in: *Archivi del futurismo*, zusammengestellt v. Maria Drudi Gambillo und Teresa Fiori, Bd. 1, Rom 1958, S. 210-223.

Sheppard, Richard, *Dada Zürich in Zeitungen: Cabarets, Ausstellungen, Berichte und Bluffs*, Siegen 1992 (= MuK; 82/83).

Sinclair, John, *The White Panther State/meant* [in: *Fith Estate*, November 1968], in: ders., *Guitar Army. Secret Writings/Prison Writings*, New York 1972, S. 103-105.

Situationistische Internationale, *Über das Elend im Studentenmilieu* [1966], Hamburg 1977.

Sorel, Georges, *Über die Gewalt* [*Réflexions sur la violence* (1906)], Frankfurt/M. 1969.

SPUR-Gespräch, geführt und redigiert v. Emil Kaufmann, München, Mai 1979, in: *Gruppe SPUR 1958-1965. Eine Dokumentation*, München 1979, S. 16-45.

Stansill, Peter und David Zane Mairowitz (Hrsg.), *BAMN (By Any Means Necessary). Outlaw Manifestos and Ephemera*, Harmondsworth 1971.

Steinert, Heinz (unter Mitarbeit von Henner Hess, Susanne Karstedt-Henke, Martin Moerings, Dieter Paas, Sebastian Scheerer), *Sozialstrukturelle Bedingungen des »linken Terrorismus« der 70er Jahre. Aufgrund eines Vergleichs der Entwicklungen in der Bundesrepublik Deutschland, in Italien, Frankreich und den Niederlanden*, in: Fritz Sack, Heinz Steinert (unter Mitarbeit von Uwe Berlit, Horst Dreier, Henner Hess, Susanne Karstedt-Henke, Martin Moerings, Dieter Paas, Sebastian Scheerer und Hubert Treiber), *Protest und Reaktion*, Opladen 1984 (=

Analysen zum Terrorismus, hrsg. v. Bundesminister des Innern, Bd. 4/2), S. 387-601.

Stellungnahme der Berliner Kommune I für den SPIEGEL, in: *Der Spiegel*, Nr. 15, 1968, S. 34.

Stern, Susan, *With the Weathermen. The Personal Journal of a Revolutionary Woman*, Garden City 1975.

Stöckmann, Ingo, *Avantgarde und juristischer Diskurs*, in: *Text und Kritik*, Sonderband IX/01: *Aufbruch ins 20. Jahrhundert. Über Avantgarden*, München 2001, S. 37-59.

Stormy Weather [in: *San Francisco Good Times*, 8.1.1970], in: Harold Jacobs (Hrsg.), *Weatherman*, o.O. 1970, S. 341-349.

Subversive Aktion, *Auch Du Hast Kennedy Erschossen!* [Dezember 1963], in: Frank Böckelmann, Herbert Nagel (Hrsg.), *Subversive Aktion. Der Sinn der Organisation ist ihr Scheitern* [1976], erweiterte Neuausgabe, Frankfurt/M. 2002, S. 127.

Subversive Aktion, *Aufruf an die Seelenmasseure* [Mai 1964], in: Frank Böckelmann, Herbert Nagel (Hrsg.), *Subversive Aktion. Der Sinn der Organisation ist ihr Scheitern* [1976], erweiterte Neuausgabe, Frankfurt/M. 2002, S. 147.

Subversive Aktion, *Berliner Protokoll vom 10.7.1964*, in: Frank Böckelmann, Herbert Nagel (Hrsg.), *Subversive Aktion. Der Sinn der Organisation ist ihr Scheitern* [1976], erweiterte Neuausgabe, Frankfurt/M. 2002, S. 157-160.

Subversive Aktion, *Botschaft an die Lämmer des Herrn zum Katholikentag* [September 1964], in: Frank Böckelmann, Herbert Nagel (Hrsg.), *Subversive Aktion. Der Sinn der Organisation ist ihr Scheitern* [1976], erweiterte Neuausgabe, Frankfurt/M. 2002, S. 213.

Subversive Aktion, *Liste von Einfällen für eine Aktion der Subversiven Aktion auf der Kasseler documenta* [2.4.1964], in: Frank Böckelmann, Herbert Nagel (Hrsg.), *Subversive Aktion. Der Sinn der Organisation ist ihr Scheitern* [1976], erweiterte Neuausgabe, Frankfurt/M. 2002, S. 130-132.

Subversive Aktion, *Weihnachtsevangelium* [Dezember 1964], in: Frank Böckelmann, Herbert Nagel (Hrsg.), *Subversive Aktion. Der Sinn der Organisation ist ihr Scheitern* [1976], erweiterte Neuausgabe, Frankfurt/M. 2002, S. 286.

Szondi, Peter, *Aufforderung zur Brandstiftung? Ein Gutachten im Prozeß Langhans/Teufel* [Gutachten, 6.7.1967], in: *Sprache im technischen Zeitalter* 28 (1968), S. 329-338.

Taubes, Jacob, *Surrealistische Provokation. Ein Gutachten zur Anklageschrift im Prozess Langhans-Teufel über die Flugblätter der »Kommune I«* [Gutachten, 6.7.1967], in: *Merkur* 21 (1967), S. 1069-1079.

Teufel, Fritz, *Indianer weinen nicht – sie kämpfen. Die Zeit ist reif in den Metropolen – wofür?* [Mai 1979], in: *Der Blues. Gesammelte Texte der Bewegung 2. Juni*, Bd. 2, Reprint, Dortmund 2001, S. 737-751.

The Angry Brigade, *Communiqué 6* [19.2.1971], wiederabgedruckt in: Gordon Carr, *The Angry Brigade. The Cause and the Case*, London 1975, S. 99f.

The Angry Brigade, *Communiqué 8* [1.5.1971], wiederabgedruckt in: Gordon Carr, *The Angry Brigade. The Cause and the Case*, London 1975, S. 103f.

The Guerrilla Manifesto [Auszug aus *The Guerilla Manifesto of Resurgence Youth Movement*, 25.5.1966, in: *Resurgence*, Nr. 6, wiederabgedruckt in: *Heatwave*, Nr. 2, Oktober 1966], in: *King Mob Echo. English Section of the Situationist International*, London 2000, S. 57f.

The Rebel Worker Group – Chicago Surrealist Group/Anarchist Horde, *The Forecast Is Hot!* [in: *Heatwave*, Nr. 2, Oktober 1966], in: *King Mob Echo. English Section of the Situationist International*, London 2000, S. 58.

Theweleit, Klaus, *Bemerkungen zum RAF-Gespenst. ›Abstrakter Radikalismus‹ und Kunst*, in: ders., *Ghosts*, Frankfurt/M. und Basel 1998, S. 13-99.

Theweleit, Klaus, *Der Knall. 11. September, das Verschwinden der Realität und ein Kriegsmodell*, Frankfurt/M. und Basel 2002.

Tiedemann, Rolf, *Vor Berliner Studenten. Zusammenfassung mehrerer Diskussionsreden zur Ermordung Benno Ohnesorgs* [Juni 1967], in: Wolfgang Kraushaar (Hrsg.), *Frankfurter Schule und Studentenbewegung. Von der Flaschenpost zum Molotowcocktail. 1946-1995*, Bd. 2, Hamburg 1998, S. 237-241.

Tretjakov, Sergej, *Feld-Herrn. Der Kampf um eine Kollektivwirtschaft*, Berlin 1931.

Tretjakov, Sergej, *We Are Searching* [*Novy Lef*, Nr. 11/12, 1918], in: Charles Harrison, Paul Wood (Hrsg.), *Art in Theory 1900-1990. An Anthology of Changing Ideas*, Oxford und Cambridge 1995, S. 458f.

Trotzkij, Leo, *Literatur und Revolution* [1924], Berlin 1968.

Tzara, Tristan, *Dada Manifest über die schwache Liebe und die bittere Liebe* [12.12.1920], in: ders., *Sieben Dada Manifeste*, 2. Aufl., Hamburg 1978, S. 36-51.

Tzara, Tristan, *Manifest Dada 1918* [23.7.1918], in: *Dada Zürich. Texte, Manifeste, Dokumente*, hrsg. v. Karl Riha und Waltraud Wende-Hohenberger, Stuttgart 1992, S. 36-46.

Varon, Jeremy, *Bringing the War Home. The Weather Underground, The Red Army Faction, and Revolutionary Violence in the Sixties and Seventies*, Berkeley u.a. 2004.

Viett, Inge, *Nie war ich furchtloser*, 2. Aufl., Hamburg 1997 [1996].

Waldmann, Peter, *Terrorismus. Provokation der Macht*, München 1998.

Weather Letter [in: *Rat*, 15.7.1970], in: Harold Jacobs (Hrsg.), *Weatherman*, o.O. 1970, S. 456-461.

Weinberg, Jack und Jack Gerson, *Weatherman* [in: *Independent Socialist*, September 1969], in: Harold Jacobs (Hrsg.), *Weatherman*, o.O. 1970, S. 111-118.

Weisgerber, Jean (Hrsg.), *Les Avant-Gardes littéraires au XXe siècle*, 2 Bde., Budapest 1986.

Weiss, Peter, *Avantgarde Film*, in: *Akzente* 10 (1963), S. 297-319.

Werth, Jürgen, [Protokoll von Aussagen Ulrich Enzensbergers (1966)], in: Kommune I, *Quellen zur Kommune-Forschung*, o.O., o.J., o.S.

Wigley, Mark, *Constant's New Babylon. The Hyper-Architecture of Desire*, Rotterdam 1998.

Wilkinson, Paul, *Terrorism and the Liberal State*, London und Basingstoke 1977.

Wördemann, Franz (unter Mitarbeit von Hans-Joachim Löser), *Terrorismus. Motive, Täter, Strategien*, München 1977.

Worsley, Peter, *Revolutionäre Theorie: Guevara und Debray* [in: Leo Huberman, Paul Sweezy (Hrsg.), *Régis Debray and the Latin American Revolution* (1968)], in: Leo Huberman u.a., *Focus und Freiraum: Debray, Brasilien, Linke in den Metropolen*, Berlin 1970 [= Rotbuch 16], S. 62-79.

Zahl, Peter Paul, *Massenkampf und Guerilla einen. Rede vor Gericht*, [Auszug] in: *Der Blues. Gesammelte Texte der Bewegung 2. Juni*, Bd. 1, Reprint, Dortmund 2001, S. 210-226.

Zentralrat der umherschweifenden Haschrebellen, *Es ist Zeit zu zerstören!* [Flugblatt (1969)], in: Bommi Baumann, *Wie alles anfing* [1975], 4. Aufl., Duisburg 1988, S. 60.

Zimmer, HP, *Selbstgespräch. Bilder 1958-84*, München 1984.

Die Titel dieser Reihe

Michael Opielka
Kultur versus Religion?
Soziologische Analysen zu modernen Wertkonflikten
Mai 2006, ca. 160 Seiten,
kart., ca. 17,80 €,
ISBN: 3-89942-393-3

Thomas Hecken
Avantgarde und Terrorismus
Rhetorik der Intensität und Programme der Revolte von den Futuristen bis zur RAF
April 2006, 162 Seiten,
kart., 16,80 €,
ISBN: 3-89942-500-6

Werner Rügemer (Hg.)
Die Berater
Ihr Wirken in Staat und Gesellschaft
2004, 246 Seiten,
kart., 21,80 €,
ISBN: 3-89942-259-7

Peter Fuchs
Das System »Terror«
Versuch über eine kommunikative Eskalation der Moderne
2004, 120 Seiten,
kart., 13,80 €,
ISBN: 3-89942-247-3

Volker Heins, Jens Warburg
Kampf der Zivilisten
Militär und Gesellschaft im Wandel
2004, 164 Seiten,
kart., 16,80 €,
ISBN: 3-89942-245-7

Klaus E. Müller
Der sechste Sinn
Ethnologische Studien zu Phänomenen der außersinnlichen Wahrnehmung
2004, 214 Seiten,
kart., 20,80 €,
ISBN: 3-89942-203-1

Gunter Gebauer, Thomas Alkemeyer, Bernhard Boschert, Uwe Flick, Robert Schmidt
Treue zum Stil
Die aufgeführte Gesellschaft
2004, 148 Seiten,
kart., 12,80 €,
ISBN: 3-89942-205-8

Karl-Heinrich Bette
X-treme
Zur Soziologie des Abenteuer- und Risikosports
2004, 158 Seiten,
kart., 14,80 €,
ISBN: 3-89942-204-X

Thomas Lemke
Veranlagung und Verantwortung
Genetische Diagnostik zwischen Selbstbestimmung und Schicksal
2004, 140 Seiten,
kart., mit Glossar, 14,80 €,
ISBN: 3-89942-202-3

Volkhard Krech
Götterdämmerung
Auf der Suche nach Religion
2003, 112 Seiten,
kart., 12,80 €,
ISBN: 3-89942-100-0

Leseproben und weitere Informationen finden Sie unter:
www.transcript-verlag.de

Die Titel dieser Reihe

Volker Heins
Das Andere der Zivilgesellschaft
Zur Archäologie eines Begriffs
2002, 102 Seiten,
kart., 12,80 €,
ISBN: 3-933127-88-2

Stefan Weber
Medien – Systeme – Netze
Elemente einer Theorie der Cyber-Netzwerke
2001, 128 Seiten,
kart., 13,80 €,
ISBN: 3-933127-77-7